Schottland

Hans-Günter Semsek

Reise-Taschenbuch

Inhalt

Schnellüberblick	6
Whisky, Kilt und Dudelsack	8
Lieblingsorte	10

Reiseinfos, Adressen, Websites

Informationsquellen	14
Wetter und Reisezeit	16
Rundreisen planen	18
Anreise und Verkehrsmittel	20
Übernachten	24
Essen und Trinken	26
Aktivurlaub, Sport und Wellness	28
Feste und Unterhaltung	30
Reiseinfos von A bis Z	31

Panorama – Daten, Essays, Hintergründe

Steckbrief Schottland	38
Geschichte im Überblick	40
Autonomiebestrebungen im hohen Norden	44
Der Kilt – kariert von der Hüfte bis zum Knie	48
Der Dudelsack – in Räumen ohrenbetäubend	50
Kultur Live – das Festival in Edinburgh	53
Robert Louis Stevenson und Sir Walter Scott	55
Baumstammwerfen im hohen Norden	58
Das Ungeheuer von Loch Ness	62
Maria Stuart und Elisabeth I. – zwei Frauen kämpfen um die Macht	66
Der Aufschwung von Glasgow	69
Die schottische Wirtschaft	71
Zu viel Rotwild in Schottland?	74

Inhalt

Unterwegs in Schottland

Edinburgh	**78**
Edinburgh – die Hauptstadt	80
Glasgow	**106**
Glasgow – die neue Schöne	108
Das südschottische Hügelland	**126**
Land des Dichters Robert Burns	**128**
Gretna Green	128
Jedburgh	129
Kelso	132
Melrose	135
Selkirk	141
Roslin	142
Wanlockhead	142
Dumfries	143
Stranraer	145
Girvan	146
Kirkoswald	147
Ayr	148
Die Central Highlands	**150**
South Queensferry	152
Linlithgow	153
Stirling	153
Perth	159
Dunkeld	161
Pitlochry	163
Blair Atholl	165
Kingussie	169
Aviemore	169
Carrbridge	170
Inverness	170
Die zentrale Route	**176**
Braemar	178
Ballater	184
Dufftown	186

3

Inhalt

Die Küste nördlich von Edinburgh	188
Dunfermline	190
Kinross	191
St. Andrews	195
Dundee	201
Glamis	201
Brechin	202
Aberdeen	203
Elgin	208
Forres	209
Die Western Highlands und die Isle of Skye	212
Beauly	214
Strathpeffer	214
Loch Carron	215
Kyle of Lochalsh	216
Isle of Skye	218
Portree	220
Die Northwestern Highlands	230
Shieldaig und Glen Torridon	232
Kinlochewe	233
Gairloch	233
Ullapool	237
Achiltibuie	243
Lochinver	243
Durness	244
Tongue	247
Bettyhill	247
Thurso	247
John O'Groats	252
Wick	253
Helmsdale	253
Dornoch	254
Entlang des Great Glen	256
Loch Ness	258
Fort Augustus	258
Fort Willliam	260
Ben Nevis	261
The Road to the Isles	264
Mallaig	265
Oban	267
Inveraray	273
Loch Lomond	274
Die Trossachs	279

Inhalt

Sprachführer	280
Kulinarisches Lexikon	282
Register	284
Abbildungsnachweis/Impressum	288

Auf Entdeckungstour

Edinburgh Castle	86
Charles Rennie Mackintosh und der Jugendstil in Glasgow	118
New Lanark – eine frühkapitalistische Mustersiedlung	130
In Alloway auf den Spuren von Robert Burns	138
Orte historischer Schlachten	156
Uisce Beathad – das Wasser des Lebens	180
Culross – einst die reichste Stadt Schottlands	192
Die ›Black Houses‹ der Tagelöhner	222
Inverewe Gardens – blühendes Paradies im hohen Norden	234
Handa – die Vogelinsel Schottlands	240

Karten und Pläne

Edinburgh	82
Edinburgh Castle	88
Glasgow	110
Whisky Trail	182
St. Andrews	198
Aberdeen	204

▶ Dieses Symbol im Buch verweist auf die Extra-Reisekarte Schottland

Schnellüberblick

Die Northwestern Highlands
Häufig auf einspurigen Straßen, den sog. Single Track Roads, führt die Route entlang der schärenzerfurchten Westküste und durch die äußerst dünnbesiedelten Northwestern Highlands hoch gen Norden. Von Durness, dem nordwestlichsten Punkt des festländischen Inselreiches, folgt man erst der Nordküste und kehrt dann entlang der nicht so rauen Ostküste wieder zurück nach Inverness. S. 230

Die Western Highlands und die Isle of Skye
Über einige Single Track Roads geht es gemächlich von Inverness an die Westküste, der die zerklüftete Isle of Skye, die geflügelte Insel, vorgelagert ist. Entlang ihrer Küsten und durch das Inselinnere lernt der Besucher das größte Eiland der Inneren Hebriden kennen. S. 212

Entlang des Great Glen
Diese Tour folgt erst einmal der Bruchlinie des Great Glen. Es geht vorbei am sagenumwobenen Loch Ness zum Städtchen Fort William, Ausgangspunkt für die Besteigung des Ben Nevis, Großbritanniens höchstem Berg. Über Oban, einer der Haupttouristenorte an der Westküste, führt die Fahrt zum Loch Lomond, Schottlands größtem See, und durch die abwechslungsreiche Landschaft der Trossachs, deren Schönheit schon von Sir Walter Scott besungen wurde. S. 256

Glasgow
Glasgow stand viele Jahre im Schatten der großen Schwester, doch das hat sich mittlerweile geändert. Im Zuge einer umfangreichen Stadtsanierung ist die einstige Industriemetropole nicht nur für ihre Bewohner lebenswerter geworden, auch die Besucher honorieren die Anstrengungen der Stadtväter, indem sie die Tourismusbranche dort boomen lassen. S. 106

Die zentrale Route
Über das winzige, aber zauberhafte Braemar zu Balmoral Castle, seit Queen Victoria die Hochlandresidenz der englischen Könige, durch den Luftkurort Ballater und auf dem Whisky-Trail zu Brennereien, die alle den sanften Pure Single Malt in ihren Brennblasen destillieren. S. 176

Die Küste nördlich von Edinburgh
Auf der Halbinsel Fife lockt vor allem die Universitätsstadt St. Andrews, in der das Golfspiel erfunden wurde. Von dort führt die Route die Küste entlang zum pittoresken Glamis Castle, nach Aberdeen und in einem Bogen vorbei nach Culloden Moor, wo die letzte Schlacht auf britischem Boden geschlagen wurde. S. 188

Die Central Highlands
Von Edinburgh geht es über Stirling mitten durch die Central Highlands nach Inverness. Hier trifft man auf Schottland pur: raue Berge, die im Frühling noch schneebedeckte Kuppen zeigen und von denen das Schmelzwasser in die Täler mit ihren Seen rauscht, und kleine zauberhafte Städtchen. S. 150

Edinburgh
Schottlands Hauptstadt ist nach London die am meisten besuchte Metropole Großbritanniens. Mit ihrer 1000 Jahre alten mächtigen Festung und dem königlichen Palast von Holyrood, den herausragenden Museen und Sehenswürdigkeiten ist sie immer einen längeren Besuch wert. S. 78

Das südschottische Hügelland
Der Süden Schottlands ist eine saftiggrüne Hügellandschaft mit Dörfern und kleinen Städtchen. Hier finden sich die vier einst bedeutenden Grenzlandabteien, Schlösser und Burgen, die Heimat des Nationaldichters Robert Burns und eine spannende frühkapitalistische Mustersiedlung. S. 126

Der Autor

Mit Hans-Günter Semsek unterwegs
Hans-Günter Semsek studierte Soziologie und Philosophie, darunter ein Semester an der London School of Oriental and African Studies. Später war er Lektor in einem Reise- und Kunstbuchverlag und lebt heute als freier Journalist und Buchautor in Köln. Seit der Autor 1970 das große Rock- und Blues Festival auf der Isle of Wight besucht hat, ist er von Großbritannien nicht mehr losgekommen und hat jeden Winkel des Königreichs besucht. Neben Zeitungsartikeln, Hörfunkbeiträgen und Reiseführern zu England, Wales und Schottland hat er Bücher über ›Englische Dichter und ihre Häuser‹ und über die Themse geschrieben.

Whisky, Kilt und Dudelsack

Whisky, Kilt und Dudelsack sind fast schon Synonyme für den hohen Norden Großbritanniens. Aber selbst jene, die noch nie dort waren, haben neben den symbolträchtigen Klischees auch von der grandiosen Landschaft zwischen Bergen, Tälern und Seen sowie entlang der Küste gehört. Wer auf der Suche nach weitgehend intakter Natur ist, wer der Hektik der Globalisierung entfliehen möchte, wer in kleinen freundlichen Dörfern Kraft tanken will, wandern, Rad fahren, reiten, angeln oder Golf spielen möchte, der findet im wenig schnelllebigen Schottland die richtige Urlaubsatmosphäre.

Lebendige Geschichte

Außerdem wandelt der Besucher auf höchst geschichtsträchtigen Pfaden. In dem kleinen Land am äußeren Rande Europas brodelte es über die Jahrhunderte. Immer wieder gab es Kriege mit den Engländern, immer wieder gingen die vielen Clans aufeinander los. Shakespeare brachte den Königsmörder Macbeth in die Weltliteratur ein. Jeder weiß vom unglücklichen Leben der schottischen Königin Maria Stuart, die sich in ihren eigenen Intrigen verstrickte.

Atemberaubende Landschaften

Die große Attraktion dieser britischen Region aber ist die Landschaft in den einsamen, fast menschenleeren Highlands und an der schärenzerfurchten Westküste mit ihren tief eingeschnittenen Fjorden. Hier mischt sich das Heulen des Windes mit den krächzenden Rufen der vielen Seevögel und dem Donnern der Brandung. Fast glaubt man beim Tosen der Elemente die drei Hexen aus Macbeth zu hören: »Wann werden wir drei uns wiedersehn. Wenns donnert, wenns blitzt, wenn der Regen gehn. Wenn Irrewirre ist vollbracht. Wenn siegreich ist verlorn die Schlacht, bevor der Tag geht in die Nacht. Wo ist der Ort, wo Gras verdorrt. Macbeth zu treffen auf ein Wort.«

Abendstimmung am Rannoch Moor

Jahrhunderte alte Traditionen

In den Dörfern und den kleinen Städten finden im Sommer die Highland Games statt, urige Kraftmeierspiele mit Baumstammwerfen, Seilziehen, Hammerschleudern, aber auch mit Dudelsackdarbietungen und jahrhundertealten Tänzen. Als ein Besuchermagnet allerersten Ranges hat sich das seit 1948 alljährlich im August/September stattfindende Edinburgh Festival erwiesen – Musik, Ballett, Theater, Dichterlesungen und vieles mehr findet Begeisterte aus allen Teilen der Welt. Als passende Begleitmusik dazu spielen Dudelsackkapellen aus aller Herren Länder allabendlich zum Great Tattoo auf, zum großen Zapfenstreich. Überhaupt bekommt der Besucher in den beiden Metropolen Schottlands lebendiges und urbanes Leben als Kontrast zur Einsamkeit der Highlands geboten. Edinburgh, die Kapitale des Landes, ist nach London die meistbesuchte Stadt der britischen Insel. Glasgow hat in den vergangenen Jahren einen enormen Strukturwandel durchgemacht und präsentiert sich nicht mehr als dunkler, heruntergekommener einstiger Industriestandort, sondern als eine höchst lebendige Stadt mit erneuerter Infrastruktur.

Städte mit Esprit

Ganze Straßenzüge wurden in Glasgow saniert und die noch vorhandenen Jugendstilgebäude restauriert, so dass sich Schottlands größte Metropole damit nun eine Reputation erarbeitet hat, die der von Edinburgh in nichts nachsteht. Darüber hinaus ist sie mit ihren herausragenden Museen zu einem kulturell-dynamischen Ort geworden, den man nicht verpassen darf. Aber auch kleinere schottische Städte versprühen ihren Charme – so natürlich Inverness, das im ganzen Land unangefochten als die ›Capital of the Highlands‹ apostrophiert wird, und in der Tat die geschäftige Radnabe des gesamten Hochlands ist. Die Lowlands hingegen werden von Dumfries beherrscht, in der Robert Burns, der schottische Nationaldichter, unermüdlich bechernd seine letzten Lebensjahre verbracht hat, und die ihre Impulse kräftig in die ländliche Umgebung abstrahlt.

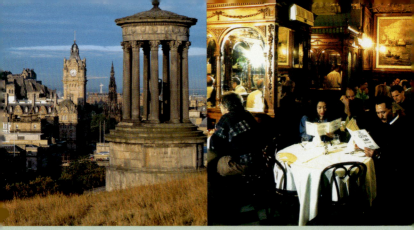

Calton Hill mit einer prachtvollen
Aussicht auf Edinburgh, S. 94

Speisen mit Stil in Edinburghs ältestem
Seafood Restaurant Oyster Bar, S. 98

Lieblingsorte!

Inverness: Picknicken oder Ausruhen am
Flussufer des River Ness, S. 175

Gibt es eine schönere Burgkulisse als
Eilean Donan Castle? S. 217

Im viktorianischen Wintergarten von The People's Palace in Glasgow, S. 114

Queen's View, einer der schönsten Aussichtspunkte der Highlands, S. 166

An landschaftlichen Schönheiten ist das ›Alaska Großbritanniens‹ wahrlich nicht arm – der Besucher weiß manchmal gar nicht, welcher natürlichen Szenerie er den Vorzug geben sollte. Auch die beiden Metropolen Edinburgh und Glasgow kommen mit äußerst netten Plätzchen daher, an denen sich nicht nur die Bewohner gerne aufhalten. Sei es nun ein grandioser Aussichtspunkt, von dem der Blick weit über die Region schweifen kann, ein äußerst atmosphärereiches Lokal oder eine eindrucksvolle, geschichtsbeladene Festung vor einer atemberaubenden Naturkulisse – eines ist sicher, enttäuscht wird man nie!

Natur satt in den Northwestern Highlands, S. 248

Der Loch Lomond wird auch ›The Queen of the Scottish Lochs‹ genannt, S. 276

Reiseinfos, Adressen, Websites

Über Stock und Stein: die schottischen Highlands sind ein Paradies für Wanderer

Informationsquellen

Infos im Internet

Im Internet ist Schottland mit einer Vielzahl von Websites vertreten. Dabei handelt es sich aber zumeist um kommerzielle Auftritte von Reiseveranstaltern, die ihre Angebote von Flügen, Leihwagen, Hotels oder ganze Pauschalreisen an die Kunden bringen möchten. Geduld und Ausdauer sind gefragt, wenn man Hotel- oder Bed & Breakfast-Adressen zu bestimmten Orten sucht, denn dann landet man fast immer zuerst auf Seiten von Vermittlern, die die Buchung natürlich gegen Provision selbst vornehmen wollen und daher kein Interesse haben, den direkten Zugang zu nennen. Viele Websites sind natürlich in englischer Sprache, viele sind auch veraltet und nicht aktualisiert.

de.wikipedia.org/wiki/schottland
Eine Seite, die – wie von Wikipedia gewohnt – umfassend allgemeine Informationen über Schottland gibt, von Geographie über Geschichtliches bis hin zu Kultur, Bildungssystem, Verkehr und Literatur.

www.visitbritain.com/de
Die offizielle Website des britischen Fremdenverkehrsamtes mit einer ganzen Reihe von praktischen Informationen über Land und Leute, Aktivitäten und Attraktionen, Reiseziele, Unterkünfte, Transport etc.

www.schottland.de
Das Portal für die Schottland-Tour mit Informationen zu Anreise, Unterkunft, unterschiedlichen Reiseveranstaltern, zu Aktivitäten im Land wie Wandern, Wassersport und Golf, Landeskunde, Geschichte und vieles mehr.

www.scotland.de
Die deutsche Website von British Travel zu Schottland mit Hinweisen zu Rundreisen, Mietwagen, Fähren und Unterkünften.

www.schottlandportal.de
Alles über Land und Leute und viele touristische Hinweise zu Reisen in Schottland.

www.visitscotland.com/de
Offizielle Website des schottischen Fremdenverkehrsamtes in deutscher Sprache.

www.visitscotland.com
Offizielle Website des schottischen Fremdenverkehrsamtes in englischer Sprache.

www.scotland.org
Wie lebt, arbeitet, studiert und reist man in Schottland (englisch)?

www.eventscotland.org
Eine Website, die alle in Schottland stattfindenden Feste auflistet und die genauen Termine für das jeweilige Jahr liefert.

Fremdenverkehrsämter

… in Deutschland
Visit Britain
Urlaubsservice Großbritannien
Dorotheenstr. 54
10117 Berlin
www.visitbritain.de
Visit Britain hat in Deutschland den telefonischen Auskunftsservice eingestellt, verschickt allerdings kostenlose Informationsbroschüren, die Sie auf der Website bestellen können.

Reiseinfos

… in der Schweiz

Visit Britain in der Schweiz wurde geschlossen. Servicetelefon zum Ortstarif 0844 00 70 07 und Informationsbroschüren zum Herunterladen auf der Website www.visitbritain.ch/de, ch-info@visitbritain.org.

… in Österreich

Die Visit-Britain-Zweigstelle in Österreich wurde geschlossen, Sie können jedoch kostenlos das Servicetelefon der Berliner Zentrale kontaktieren oder sich Informationsbroschüren von der Website herunterladen.
Tel. 0800 15 01 70, www.visitbritain.at, a-info@visitbritain.org

… in Schottland
Scottish Tourist Board (STB)
23 Ravelston Terrace
Edinburgh EH4 3TP
Tel. 0131 332 24 33
Fax 0131 131 34 31 513
Selbst in den allerkleinsten Orten finden Besucher eine Tourist Information. Hier geben kompetente Mitarbeiter freundlich Auskunft zu allen Fragen.

Größere Büros haben oft darüber hinaus eine Wechselstube, in der auch Reiseschecks akzeptiert werden. Bücher und Broschüren zur lokalen Geschichte sowie über Ausflüge in die Umgebung erhält man für nur wenige Pence. Größeren Büros ist oft ein gut sortierter Buchladen angeschlossen. Gegen einen geringen Obolus vermitteln die Mitarbeiter Unterkünfte; auch kann man bei ihnen organisierte Tages- und Mehrtagesausflüge buchen.

Lesetipps

Wer auf der Website von Amazon nach Büchern recherchiert, wird unter dem Suchbegriff ›Schottland‹ mehr als 1000 Titel finden. Hier eine kleine Auswahl

unverzichtbarer Bücher für die Reise, um sich richtig auf Land und Leute einzustimmen:

Bella Bathurst: Leuchtfeuer, München 2001. Die Geschichte der Familie von Robert Louis Stevenson, die etwa 90 Leuchttürme an die Küsten Großbritanniens setzte, sehr spannend geschrieben.

Theodor Fontane: Jenseits des Tweed, Frankfurt/Main 1989. Fontanes Schottlandreise im 19. Jh.; erstaunlich viele seiner Beobachtungen haben bis heute ihre Gültigkeit bewahrt.

Manfred Malzahn: Kauderwelsch – Scots, die Sprache der Schotten, Bielefeld 2001. Wichtig für alle diejenigen, die in Schottland auf gälisch radebrechen möchten.

Heinz Ohff: Gebrauchsanweisung Schottland, München 2002. Alles, was man schon immer über Schottland wissen wollte.

Hagen Seehase, Axel Oprotkowitz: Die Highlander – Die Geschichte der schottischen Clans; Bannockburn – Schottlands Kampf um Freiheit; Die Borderer – Krieger aus dem Grenzland; Montrose – Der Feldzug in den Highlands; Die Stuarts – Geschichte einer Dynastie, Greiz 1999. Die ideale Vorbereitung für die Schottlandreise, in fünf Bänden wird die Geschichte des Landes dargestellt.

William Shakespeare: Die Tragödie des Macbeth, Frankfurt/Main 1992. Wer in der Schule mit Macbeth traktiert wurde, sollte auf der Schottlandreise doch noch einmal zu dem Text greifen – vor Ort liest sich alles anders.

Herrmann Vogt: Kulturen der Einsamkeit – Der keltische Rand Europas, Darmstadt 1994. Auf den Spuren der Kelten in Schottland und Irland.

Stefan Zweig: Maria Stuart, Frankfurt/Main 2000. Das unglückliche Leben der schottischen Königin, vom Romancier sprachgewaltig beschrieben.

Wetter und Reisezeit

Klima

In Schottland wird behauptet, dass man vier Jahreszeiten an einem Tag erleben kann, und das sollte man durchaus ernst nehmen. Allerdings gibt es auch tröstliche Nachrichten für den Besucher, denn die bei uns so gefürchteten stabilen Tiefausläufer, die gleich tageweise zu einem ergiebigen Dauerregen führen, sind in Schottland sehr selten. Das liegt zum einen am stetigen Westwind, der die wasserbeladenen Wolken schnell weiterschiebt, sowie an der geringen Landmasse, über der sich kaum stationäre Wetterlagen stabil halten können. So kann es an einem Sommertag immer zu kurzen, durchaus auch heftigen Schauern kommen, doch schon wenige Minuten später bricht wieder die Sonne durch und der feuchte Spuk ist so schnell vorbei, wie er gekommen ist. Folgerichtig wirbt das Fremdenverkehrsamt auch mit dem Satz: ›Wenn Ihnen das Wetter in Schottland nicht gefällt, dann warten Sie einfach eine Minute.‹

Das vorherrschende atlantische Klima, das sich durch relativ milde Winter und kühle Sommer auszeichnet, ist generell sehr unbeständig. Auf den Bergen kann auch im August Schnee fallen. Aufgrund der nördlichen Lage liegen die Temperaturen niedriger als im restlichen Großbritannien. Die tiefste je gemessene Temperatur betrug in den Central Highlands -27 °C. In den hochgelegenen und weiter vom Meer entfernten Highlands gehen im Winter die Niederschläge als Schnee nieder, die Westküste ist wegen der Auswirkungen des Golfstroms praktisch schnee- und eisfrei.

Im Sommer steigt die Quecksilbersäule im Schnitt auf knapp 20 °C, die höchste je gemessene Temperatur lag im August 2003 an der schottischen Westküste bei unglaublichen 33 °C. Der fast immer vorherrschende atlantische Westwind treibt die feuchten ozeanischen Wolkenmassen an die Westküste, wo sie an den Berghängen ihre Schleusen öffnen und als Steigungsregen ergiebige Wassermengen über das Land fluten lassen. Rund 4000 mm Niederschlag fällt im rauen Westen Schottlands, wesentlich trockener ist die Ostküste, die mit rund 1000 mm gerade mal ein Viertel der Regenmenge aufweisen kann. Dafür ist es im Osten aber aufgrund der fehlenden Einflüsse des Golfstroms wesentlich kälter. Als Faustregel gilt: Wenn es im Westen regnet, ist es im Osten trocken, und umgekehrt.

Die meisten Regentage weist statistisch der Januar auf. Der Mai und der Juni verzeichnen die geringsten Niederschläge und dafür die meisten Son-

Klimadaten Schottland (Edinburgh)

Reiseinfos

Cawdor Castle und seine Gärten: im Frühjahr und Sommer am schönsten

nenstunden am Tag, gefolgt von den Monaten August und September. Statistisch gesehen hat der August auch die wärmsten Tage im Jahr.

Schottland-Reisende sollten sich aber auch im Sommer für alle Wetterlagen rüsten. Eine schottische Redensart spricht von *Four seasons in one day*, also von vier Jahreszeiten an einem Tag, und das sagt wohl alles. Regenkleidung ist ebenso obligatorisch wie Gummistiefel oder Goretex-Schuhe. Regenschirme sollten zu Hause bleiben, da sie dem Wind nicht lange standhalten. Außerdem sollten selbst im Sommer warme Pullover zum Unterziehen im Gepäck nicht fehlen, da der Seewind Reisende schnell frösteln lässt. Die Schotten selbst sind da schon abgehärteter.

Reisezeit

Die beste Reisezeit liegt zwischen Mai und September. Empfehlenswert ist eine Fahrt in der Zeit von Mitte Mai bis Ende Juni. Dann regnet es vergleichsweise wenig, die Besucherzahlen sind noch nicht so hoch, und die *Midges*, Schwärme von kleinen, unangenehmen Steckmücken, sind noch nicht so stechfreudig. Die quälen während des Hochsommers Bewohner wie Reisende gleichermaßen, und es hilft nur ein Hautspray oder ein Ortswechsel: Sie sind nur dort, wo es weitgehend windstill ist. An den Küsten und in höheren Lagen weht jedoch so gut wie immer eine kleine Brise. Im Übrigen stehen in dieser Zeit alle Pflanzen in voller Blüte, und überall leuchtet gelb der Ginster.

Rundreisen planen

Aufgrund der geografischen Beschaffenheit Schottlands kann man Rundreisen nur unzureichend planen, da es in den Highlands fast nur Nord-Süd-Verbindungen gibt und direkte Ost-West-Routen rar gesät sind.

Die Metropolen und das südschottische Hügelland

Bei nur vier Tagen Zeit besichtigt man an je einem Tag zuerst **Edinburgh** und danach **Glasgow**, die 142 km auseinanderliegen.

Von dort aus unternimmt man dann eine zweitägige Rundreise durch die südschottischen Lowlands, die durch das komplett restaurierte Örtchen **New Lanark** (ca. 32 km), zum **Robert Burns Heritage Park** (ca. 90 km) und zum **Culzean Castle** (ca. 22 km) führt. Es geht dann von diesem aus weiter zum **Drumlanrig Castle** (ca. 67 km) und nach **Dumfries** (ca. 32 km), anschließend durch das Moffat Water Valley zu den Grenzlandabteien von **Melrose** (ca. 60 km), **Kelso** und **Jedburgh**. Von hier aus fährt man zurück nach **Edinburgh** (ca. 112 km).

Durch die Highlands

Bei einer Zeitspanne von acht bis zehn Tagen geht es von **Edinburgh** aus auf der A 9 über **Stirling**, **Perth** und **Pitlochry** weiter zum Weiler **Blair Atholl**, **Kingussie** und **Carrbridge** nach **Inverness** (ca. 250 km). Von Inverness aus gelangt man entlang der A 853 über den Weiler **Garve** nach **Ullapool** (ca. 78 km). Von diesem wichtigsten Fischerort der Westküste wendet man sich auf der A 832 und der A 896 wieder in Richtung Süden und folgt der zerfurchten Küstenlinie bis nach **Kyle of Lochalsh** (ca. 190 km), dem Einfallstor für die **Isle of Skye**. Die Isle of Skye kann man auf einer Rundfahrt (ca. 218 km) gut erkunden. Danach geht es von Kyle über die A 87 und A 887 nach **Invermoriston** am **Loch Ness**, von dort gen Süden durch **Fort Augustus** und **Fort William** (ca. 107 km) hindurch nach **Oban** (ca. 73 km). Von Oban aus fährt man weiter nach **Glasgow** (ca. 130 km) und anschließend zurück nach **Edinburgh** (112 km).

Reiseinfos

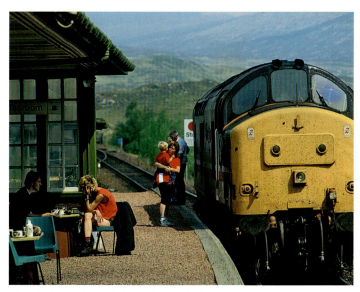

Mitten in den Highlands: die Rannoch Moor Station

Die große Rundreise

Bei 14 Tagen und mehr geht es, wie bei der Rundfahrt für acht bis zehn Tage vorgestellt, über die A 9 nach **Inverness** (ca. 250 km), von dort an die Westküste nach **Kyle of Lochalsh** (ca. 114 km), von wo aus man die Rundreise über die **Isle of Skye** (ca. 218 km) beginnen kann. Von Kyle nun fährt man entlang der Küste gen Norden bis nach **Ullapool** (ca. 190 km) und weiter auf die nordwestlichste Stadt des britischen Festlandes zu, nach **Durness** (ca. 102 km). Von dort geht die Rundreise entlang der Nordküste nach **Thurso** (ca. 108 km) und dann über **Wick**, **Helmsdale** und **Dornoch** zurück nach **Inverness** (ca. 190 km). Von dort führt die A 82 am **Loch Ness** vorbei und über **Fort Augustus** (ca. 33 km) nach **Fort William** (ca. 45 km), die A 828 weiter nach **Oban** (ca. 73 km) und von dort über **Inveraray** (ca. 71 km) und entlang des **Loch Lomond** nach Süden Richtung **Glasgow** (ca. 90 km), nach dessen Besichtigung schnell wieder **Edinburgh** (ca. 112 km) erreicht ist.

19

Anreise und Verkehrsmittel

Einreise-, Ausreise- und Zollbestimmungen

Besucher aus EU-Ländern benötigen für die Einreise nach Großbritannien nur einen gültigen Personalausweis. Auch mit einem Reisepass hat man selbstverständlich keine Probleme bei der Einreise. Schweizer, die mit einem Personalausweis einreisen, bekommen eine Visitor's Card. Legen sie ihren Reisepass vor, erhalten sie einen Stempel.

Streng verboten ist die Einfuhr von Waffen nach Großbritannien.

Mit Tieren unterwegs

Haustiere wie Hunde oder Katzen können nach Schottland mitreisen, wenn sie vorher eine komplizierte veterinärbehördliche Untersuchung und eine Impfung gegen Tollwut bekommen haben. Planen Sie diese zeitaufwändige Prozedur unbedingt rechtzeitig in Ihre Urlaubsvorbeitungen ein. Weiterführende deutschsprachige Informationen finden Sie auf der Website des britischen Botschaft www.britischbotschaft.de/de/ im Menü ›Auf nach GB‹, Unterpunkt ›Pet travel (Haustiere)‹.

Anreise und Ankunft

Flugzeug

Die Lufthansa und British Airways bedienen von allen größeren deutschen Flughäfen Glasgow und Edinburgh. Oft machen diese Flüge eine Zwischenlandung in Birmingham oder Manchester. Der Billigflieger Ryanair bedient Glasgow von Frankfurt-Hahn,

Easyjet fliegt von Köln, München und Dortmund nach London und von dort weiter nach Schottland, Germanwings hat die Strecke Köln–Edinburgh im Programm.
www.lufthansa.de
www.british
www.ryanair.com
www.easyjet.com

Mit dem Auto, der Fähre oder durch den Chunnel

Mit Superfast Ferries (www.superfast.com) gelangt man von Zeebrügge nach Rosyth (nahe Edinburgh an der gegenüberliegenden Seite des Firth of Forth gelegen). Dies ist die derzeit einzige Direktverbindung vom Kontinent nach Schottland. P & O (www.po ferries.com) bringt den Besucher von Zeebrügge und Rotterdam ins nordenglische Hull, und DFDS (www. dfdsseaways.de) hat eine Verbindung von Ijmuiden nach Newcastle. Vor allem im Süden Großbritanniens bringen zahlreiche Fähren Reisende über den Kanal. Die kürzeste Verbindung ist die zwischen Calais und Dover.

Ohne große Wartezeiten und tagsüber im 15-Minuten-Rhythmus befördern die Shuttle-Züge Autos und Passagiere durch den Chunnel (Wortschöpfung aus *channel* und *tunnel*), den Kanaltunnel (www.eurotunnel. com). Die Fahrt durch den 50 Kilometer langen so genannten Eurotunnel dauert nur etwa 35 Minuten.

Bei den angegebenen Internet-Seiten bekommt man Frühbucherrabatte und Sonderangebote.

Für die weitere Autofahrt in Richtung Norden bieten sich zwei Möglichkeiten an: Hat man den Ballungsraum London auf der Ringautobahn hinter sich gelassen, so kann man auf Autobahnen über Birmingham, Manchester und Carlisle nach Glasgow gelangen. Empfehlenswerter, da weniger mit Staus belastet, ist die Strecke M 1/A 1 über Sheffield, Leeds und Newcastle nach Edinburgh. Zwar geht es hier teilweise über Landstraßen, doch sind diese gut ausgebaut. Die Beschilderung ist zufriedenstellend; man folge den eindeutigen Hinweisen ›North‹.

Bahn

Von allen deutschen Bahnhöfen verkehren Züge nach Paris oder Brüssel, von dort aus gelangt man mit dem Eurostar (www.eurostar.com) genannten Zug durch den Kanaltunnel zum Bahnhof London-St. Pancras. Mit der U-Bahn (*tube*) geht es dann zu den Bahnhöfen King's Cross oder Euston.

Von King's Cross verkehren mehr oder weniger im Stundentakt Züge nach Edinburgh, Aberdeen und Inverness, von Euston aus nach Glasgow und ebenfalls nach Inverness und Edinburgh. Reiseauskunft und Fahrkarten sind auf der Website www.national rail.co.uk erhältlich. Es lohnt sich, rechtzeitig nach Sondertarifen Ausschau zu halten (s. Kasten S. 24).

Bus

Von allen größeren deutschen Städten fahren während der Saison mehrmals wöchentlich Busse nach London. Auskünfte erteilt jedes Reisebüro oder die Deutsche Touring GmbH, Am Römerhof 17, 60486 Frankfurt/Main, Tel. 069 79 03 50, www.touring.de.

In London angekommen, kann man mehrmals täglich von der Victoria Coach Station (am Victoria-Bahnhof) mit den Bussen des National Express (www.nationalexpress.com) oder der Linie Megabus (www.megabus.com) Glasgow oder Edinburgh erreichen. Es empfiehlt sich, die Fahrkarten vorzubestellen.

Verkehrsmittel in Schottland

Mit dem Auto oder dem Mietwagen

Sieht man einmal vom Linksverkehr ab, gibt es keine großen Abweichungen von den bekannten Verkehrsregeln, selbst die Regel ›rechts vor links‹ hat Gültigkeit. Es gelten die folgenden Höchstgeschwindigkeiten: 30 mph (48 km/h) in Ortschaften, 60 mph (96 km/h) auf zweispurigen Landstraßen und 70 mph (112 km/h) auf vierspurigen Autobahnen. Etwas gewöhnungsbedürftig sind die vielen Kreisverkehre (*roundabout*), die den Verkehr besser und schneller abfließen lassen als unsere Kreuzungen. Fahrzeuge im Kreisverkehr haben grundsätzlich Vorfahrt. Unschön, verwirrend und sogar gefährlich sind vor allem auf dem Land in kleinen Dörfchen jene ganz normalen Kreuzungen, die man mittels eines ca. 30 cm großen weißen Kreises in der Mitte zu Roundabouts umgestaltet hat. Der deutsche Urlauber hält das anfangs für eine ganz gewöhnliche Kreuzung, und schnell ist ein Blechschaden passiert.

Vor allem im schottischen Hochland fährt man häufig auf *Single Track Roads*. Diese einspurigen Straßen haben in regelmäßigen Abständen Ausbuchtungen (*passing places*), an denen man den Gegenverkehr vorbeilässt oder schnelleren Fahrzeugen die Möglichkeit zum Überholen gibt. Fahren Sie auf den einspurigen Straßen äußerst defensiv und vorsichtig. Die Straßen sind sehr kurvenreich und unübersichtlich. Zudem grasen Schafe, seltener auch Kühe an den Fahrbahnrändern oder suchen sich mitten auf dem warmen Asphalt ein Ruheplätzchen. Große Umsicht ist im Frühsommer angebracht, dann nämlich werden die

Reiseinfos

Lämmer langsam selbstständig und rennen dann auch mal unerwartet auf die Straßen.

Vor allem im Hochland ist das Tankstellennetz nicht in gewohnter Dichte vorhanden, man sollte also nicht auf Neige fahren. Ein Ersatzkanister leistet gute Dienste. Bleifreies Benzin (*unleaded*) ist überall erhältlich. Die Kraftstoffqualität ist durch Sterne gekennzeichnet: ** 90 Oktan, *** 94 Oktan, **** 97 Oktan.

Mitglieder deutscher Automobilklubs erhalten bei Pannen schnell und unproblematisch Hilfe von den folgenden Organisationen:

The Royal Automobile Club (RAC), 200 Finnieton St., Glasgow, Tel. 0141 248 44 44, Pannenhilfe 0800 82 28 22.

The Automobile Association (AA): Fanum House, 18–22 Melville Street, Edinburgh, Tel. 0131 225 35 62, Pannenhilfe 0800 88 77 66.

Es ist davon abzuraten, mit einem Wohnwagengespann in den hohen Norden zu fahren. Auch für große Wohnmobile auf Lkw-Basis sind viele *Single Track Roads* zu schmal, und oft gibt es über viele Kilometer keine Ausweichmöglichkeit!

Bahn

Leider ist das schottische Schienennetz nicht sehr dicht. Außerdem schließt die chronisch defizitäre Bahn von Jahr zu Jahr immer mehr Strecken. Unerlässlich ist ein Fahrplan, den man an jedem Bahnhof erstehen kann.

Bus

Alle größeren Orte werden von der Busgesellschaft Scottish Citylink angefahren. Fahrpläne erhält man an jedem Busbahnhof oder im Internet unter www.citylink.co.uk. Problematisch gestaltet sich der öffentliche Busverkehr allerdings in den einsamen Regionen der Highlands. Zwar ist grundsätzlich jedes Dörfchen erreichbar, häufig jedoch nur mit einem erheblichen Zeitaufwand. Die lokalen Tourist-Information-Büros helfen weiter und versorgen Reisende mit Fahrplänen der Regionaldienste.

In Postämtern und Informationsbüros bekommt man den Fahrplan des Scottish Postbus. Man kann seine Route über auch Internet planen: www.royalmail.com. Hier klickt man auf ›Product A-Z‹, dann auf ›P‹ (für Postbus), und man findet im ›Postbus Routefinder‹ alle Routen, Haltestellen und Abfahrtzeiten sowie Preise.

Man kann mit dem Postboten bis in die entlegensten Gebiete fahren. Zwar dauert die Tour wegen der vielen Stopps recht lange, bodenständiger jedoch kann man kaum reisen. Vor allem in den einsamen Gebieten halten die Busse auch auf Handzeichen, und auch Schulbusse nehmen allerorten Rucksackreisende mit in den nächsten Ort.

Sondertarife bei Bahnfahrten

Es lohnt sich, Informationen über Sondertarife bei Bahnfahrten einzuholen. So kann sich z. B. der InterRail Pass auszahlen. First ScotRail bietet regional gültige Bahnpässe an, beispielsweise den Freedom of Scotland Travelpass, der zu unbeschränktem Bahnfahren innerhalb Schottlands berechtigt. Erwähnenswert ist auch der Highland Rover für unbeschränkte Bahnreisen im schottischen Hochland. Weitere Informationen: First ScotRail, Tel. 0845 755 00 33, www.firstgroup.com/scotrail, www.interrailnet.com, www.nationalrail.co.uk.

Reiseinfos

Unerlässlich für Reisen vor allem im Hochland ist eine Ausgabe von ›The Rough Guide to Scottish Highland and Islands‹ (11,99 £). Vom Flugzeug über Busse und Bahnen bis zu den Fährverbindungen sind alle öffentlichen Verkehrsmittel und wichtige Internet-Adressen aufgeführt.

Taxi

Auf der Straße hält man Taxen per Handzeichen an; an Bahn- und Busbahnhöfen sowie Flugplätzen stehen sie vor Ort. Hotels, Restaurants, B & B rufen dem Gast natürlich auch gerne ein Taxi per Telefon, am Wochenende und später am Abend kann das aber außerhalb großer Städte manchmal schwierig werden. Wie alles in Großbritannien sind auch Taxifahrten teurer als bei uns daheim.

Fähren

Von Oban verkehrt eine Autofähre zur **Insel Mull**, von dort eine kleinere nach **Iona**.

Von Uig, auf der Isle of Skye, gelangt man zur Äußeren Hebriden-Insel **Isle of Lewis** and **Harris** und legt dort am Pier von Tarbert an.

Von Ullapool aus gelangt man ebenfalls nach **Lewis** and **Harris**, die Fähre steuert aber den Hafen von Stornoway im Norden der Insel an. Diese Strecken werden von Caledonian MacBrayne (www.calmac.co.uk) bedient.

Von Scrabster, dem 3 km von Thurso entfernten Hafen, verkehrt eine Autofähre (www.northlinkferries.co.uk) zur Insel **Mainland**.

Eine Personenfähre zu den **Orkney-Inseln** legt vom Pier in John O'Groat's ab (www.jogferry.co.uk), das einige Kilometer östlich von Thurso im äußersten Nordosten Schottlands liegt.

Von Aberdeen schließlich gibt es einen Fähre zu den **Shetland-Inseln** (www.northlinkferries.co.uk).

Gute Ausrüstung ist ein Muss!
Man sollte nur mit einem guten Mountainbike Touren unternehmen – 21 Gänge sind durchaus kein Luxus, wenn es gilt, lange oder auch steile Passagen zu erklimmen.

Fahrrad

Wer Schottland mit dem Fahrrad erkunden möchte – und dies ist durchaus empfehlenswert –, kann im Flugzeug und in allen Bussen gegen eine geringe Gebühr sein eigenes Gefährt befördern lassen. In Bahnen werden Fahrräder kostenlos transportiert (Platz vorab reservieren).

Wer nur ab und zu einmal mit dem Rad fahren möchte, um bestimmte Regionen genauer zu erforschen, der findet eine Vielzahl von Verleihstellen (Rent-a-Bike) über ganz Schottland verteilt. Die Tourist Informations in den einzelnen Orten geben Hinweise auf Vermieter und haben oft Radtouren ausgearbeitet.

Übernachten

Das Unterkunftsangebot in Schottland reicht vom luxuriösen Hotel in einem ehemaligen Landsitz bis hin zum kleinen Dorfgasthof. In der Regel ist im Zimmerpreis das opulente englische Frühstück eingeschlossen. Vor allem in kleineren Dörfern sorgen das hoteleigene Restaurant und die Bar auch für hausfremde Gäste. In jeder Tourist Information bekommt man ein vollständiges Verzeichnis sämtlicher schottischer Hotels und Guest Houses und B & B. Jedes lokale Tourist Information Centre übernimmt zudem gegen eine geringe Gebühr Vorausbuchungen für den nächsten Tag im Zuge des ›Book a bed ahead‹ (BABA).

Hotels

Hotels gibt es in allen Größen und zu allen Preisen, die Klassifizierung folgt dabei dem internationalen Sterne-Standard, wobei ein Stern die niedrigste Kategorie und fünf Sterne die höchste bezeichnet. Es gibt prachtvolle Herbergen, die in ehemaligen Burgen oder Adelssitzen eingerichtet wurden, viele Häuser nationaler und internationaler Hotelketten sowie immer noch viele familiengeführte Hotels, die, wenn sie einen gewissen Standard halten konnten, individueller gestaltet und mit größerer Atmosphäre ausgestattet sind als die doch weitgehend gesichtslosen und normierten Hiltons, Best Western etc.

Bed & Breakfast

Bed & Breakfast bezeichnet die klassische Übernachtungsart für Reisende in Großbritannien. Dabei wohnt man in einem Privathaus, in dem je nach Größe zwei, drei, manchmal sogar vier Räume für Besucher zur Verfügung stehen. Morgens serviert die Dame des Hauses im familieneigenen Esszimmer ein umfangreiches englisches Frühstück.

B & B zu finden, ist nicht weiter schwierig: Große Schilder in den Vorgärten machen an allen Ausfallstraßen der Städte oder Dörfer vorbeifahrende Reisende auf diese Übernachtungsmöglichkeit aufmerksam. Man klingelt einfach an der Haustür und fragt nach einem freien Zimmer. Häufig ist die Belegungsquote auch schon außen angegeben: *Vacancies* = Zimmer frei; *No Vacancies* = alle Zimmer belegt. Auch über die Ausstattung der Räume informieren die Werbetafeln im Vorgarten: *Rooms en suite* (oder *private facilities*) = Zimmer mit eigenem Bad; *Tea-Making-Facilities* = Möglichkeiten zur Teezubereitung; *C/TV* = Farbfernseher. Viele Landladies offerieren auch ein abendliches Dinner. Wer dieses Angebot nutzen möchte, sollte rechtzeitig Bescheid sagen. Auch darf man nicht vergessen, bei Bedarf selbst eine Flasche Wein zu kaufen, denn Bed & Breakfast-Unterkünfte haben keine Lizenz für den Alkoholausschank. Viele B & B sind außerhalb der Saison geschlossen.

In jeder Tourist Information bekommt man ein vollständiges B & B-Verzeichnis. Gegen eine geringe Gebühr buchen die Angestellten auch Zimmer vor.

Guest Houses

Guest Houses sind Pensionen auf Bed & Breakfast-Niveau (s. o.). Allerdings

Reiseinfos

haben diese Pensionen wesentlich mehr Zimmer als B & B. Der Preis liegt deshalb ein wenig über dem der B & B.

Jugendherbergen und Hostels

Derzeit stehen 80 Jugendherbergen für Reisende zur Verfügung, wobei Qualität und Ausstattung stark variieren können: Stufe 1 bezeichnet die ›Luxusunterkünfte‹ mit warmen Duschen, Waschmaschinen und Trocknern. Geschlossen wird um 23.45 Uhr. Der Zusatz ›Late Opening‹ zeigt an, dass man hier auch einmal erst gegen 2 Uhr morgens zurückkehren darf.

Herbergen der Stufe 2 nehmen eine geringe Gebühr für die warme Dusche, Waschmaschinen gehören nicht zur normalen Ausstattung, und die Sperrstunde liegt bei 23 Uhr.

Unterkünfte der Klassifikation 3 besitzen nur Betten und einfache Waschräume ohne Dusche. Auch hier muss man um 23 Uhr im Haus sein. Vollends spartanisch sind die in sehr einsamen Gegenden befindlichen und als *Unclassified* bezeichneten *Youth Hostels*.

Verwirrung bei den Besuchern stiften häufig die Preiskategorien für so genannte *Juniors* oder *Seniors*. Wer älter als 18 Jahre ist, gehört bereits zu den ›Senioren‹. In jeder Jugendherberge, die man übrigens nur mit einem gültigen Ausweis nutzen kann (zu bekommen in jeder deutschen Jugendherberge oder bei DJH, www.jugendherberge.de, bis 26 Jahre 12,50 €, sonst 21 €), gibt es eine kleine Broschüre, in der alle Hostels aufgeführt sind, erhältlich auch in jeder Tourist Information. Weitere Informationen unter www.syha.org.uk.

Immer mehr setzen sich auch privat geführte Herbergen des Verbandes Independent Backpacker's Hostel in Schottland durch, die einem nicht so strengen Reglement unterworfen sind wie die offiziellen Häuser. Auf deren Website www.hostel-scotland.co.uk kann man einen kostenlosen Hostel Guide bestellen.

Die Preise für staatliche wie private Hostels liegen je nach Ausstattung pro Person zwischen 14 und 19 £.

Ferienhäuser

In jeder Region Schottlands kann man Ferienhäuser von zwei bis fast beliebig vielen Betten in der Regel auf Wochenbasis mieten. Das britische Fremdenverkehrsamt verschickt auf Anfrage entsprechende Kataloge. Im Internet wird man fündig unter: www.holidaycottages.scotland.org.uk www.scotland-holiday-cottage.com, www.unique-cottages.co.uk. Ferienhäuser mit Selbstverpflegung können helfen, die Reisekasse zu schonen und sind deshalb in der Hochsaison gefragt.

Camping

Schottland ist mit einem dichten Netz von Camping- und Caravanplätzen überzogen. Camper wie auch Wohnmobilfahrer finden dort alle notwendigen Einrichtungen. An vielen Plätzen kann man auch stationäre Wohnwagen für einen längeren Zeitraum mieten. Die größten davon haben Platz für bis zu sechs Personen.

Wildes Campen ist in Schottland verboten. Jedoch wird sich kaum ein Bauer der höflich vorgetragenen Bitte verschließen, auf seinem Grund und Boden ein Zelt aufzuschlagen. Es versteht sich von selbst, dass man kein offenes Feuer macht und Abfälle wieder mitnimmt.

Essen und Trinken

Die schottische Küche

Die britische Küche hat einen traditionell schlechten Ruf, der in einfachen Lokalen auch immer wieder bestätigt wird. Der französische Präsident Jacques Chirac erklärte einmal, man könne Leuten, die so schlecht kochen, einfach nicht vertrauen. Voltaire stellte die These auf, dass Großbritannien zwar 42 Religionen, aber nur zwei Saucen kenne, und der Romancier Somerset Maugham merkte an, dass man im Königreich durchaus gut essen könne, wenn man sich dreimal am Tag ein Frühstück servieren ließe.

Aber es gibt in Schottland viele erstklassige Restaurants, die auf hohem Niveau kochen und deren Küchenchefs mit den Spitzenköchen Frankreichs oder Italiens konkurrieren können. Hinweise auf solche Gourmet-Tempel findet der Leser im Reiseteil am Ende der Ortsbeschreibungen.

Äußerst opulent und bis in den späten Nachmittag hinein sättigend, wenngleich ungeheuer cholesterinhaltig, ist das englische Frühstück. Man beginnt mit *Cereals*, Corn Flakes oder *Porridge* (Haferbrei), dann folgen *Bacon and Eggs*, gebratener Speck mit Eiern. Eine gegrillte Tomate sowie *Baked Beans* (Bohnen in Tomatensoße), angebratene Champignons oder Kartoffelröstis dienen als Beilage. Gewöhnungsbedürftig für Kontinentaleuropäer sind die *Sausages*, Würstchen, die häufig im Blätterteigmantel serviert werden.

Geschmacklich ebenfalls umstritten ist das schottische Nationalgericht *Haggis* (der Name kommt übrigens aus Frankreich und ist von *hachis* = Hackfleisch abgeleitet). Haggis – das der schottische Schriftsteller und Poet Robert Burns als den ›Great Chieftain o' the Puddin Race‹, als großen Häuptling aller Wurstsorten, bezeichnet – besteht aus gehacktem Schafsmagen sowie einer Vielzahl weiterer, zerkleinerter Innereien, Hafermehl, aromatischen Kräutern und Gewürzen und wird in einem Schafsmagen gekocht (heute meist im Plastikdarm).

Beliebter als *Haggis* sind bei Touristen die Steaks der Hochlandrinder, die je nach Wunsch *well done*, *medium* oder *rare* serviert werden. Überall ist Lachs erhältlich, und in den Seafood-Restaurants gibt es ausgezeichnete, zumeist fangfrische Meeresfrüchte. Zum Lunch servieren viele Pubs über Mittag die in der Regel sehr gute *Scottish Broth*, eine Graupensuppe mit Lammfleisch, oder *Cock-a-Leekie*, Hühnersuppe mit Lauch. *Kail* (Grünkohl), ein klassisches Arme-Leute-Essen vergangener Tage, sucht man meist vergebens in Restaurants. So gibt es *Kail and Knockit Corn* (Grünkohl mit Haferbrei) und *Lang Kail* (Grünkohl mit Butter). Klassische Beilagen sind weiterhin *Neeps* (Kohlrüben) und *Tatties* (Kartoffeln).

Wenngleich sich die Schnellrestaurants wie McDonald's auch in Schottland immer mehr auf dem Vormarsch befinden, so ist das klassische englische Fastfood immer noch *Fish & Chips*, das in den letzten Jahren eine Renaissance sondergleichen erlebt hat. Man bestellt entweder *Cod* (Kabeljau) oder *Haddock* (Schellfisch).

An englische Brotsorten werden sich Reisende nur schwer gewöhnen, im Handel ist fast ausnahmslos pappiges Toastbrot zu finden. Viele Bed & Breakfast-Wirtinnen haben sich aber auf die Besucher aus dem Ausland eingestellt und bieten zum Frühstück selbst gebackenes Graubrot an.

Reiseinfos

Whisky und Ale

Das schottische Nationalgetränk ist natürlich der Whisky. Die Rede ist jedoch nicht etwa von den hierzulande bekannten Rachenputzern, in denen häufig Fusel mit einem hochwertigen Destillat verschnitten wird, sondern vom reinen Malt Whisky, dem Pure Single Malt (s. S. 180). Herausragende und weltbekannte Sorten sind etwa Glenlivet, Glenfiddich oder Highland Park, die nicht wie nach amerikanischem Vorbild *on the rocks*, sondern wie in Irland auch mit Wasser getrunken werden. Übrigens darf man viele Destillen im schottischen Hochland kostenlos besichtigen. Besonders dicht ist die Brennereikonzentration rund um das Dörfchen Dufftown. Hier lädt auch der weltweit einzige Whisky-Trail zu einer Rundfahrt von Destille zu Destille ein. Nach Abschluss der Führung kann man sich überall bei einem Abschiedsschluck (*wee drum*) von der hohen Qualität des hochprozentigen Destillats überzeugen.

Wirklich gut sind die englischen Biere, das deutsche Vorurteil gegen die British Ales ist völlig ungerechtfertigt. Lager ist dem deutschen Pils vergleichbar und wird häufig von Frauen getrunken, während das Bitter (das nicht bitter schmeckt) ein vollmundiges, obergäriges, kräftig gehopftes Fassbier ist. Vereinzelt wird auch das dunkle Stout gereicht, zumeist das aus Irland stammende Guinness.

Alkohol wird nur in den so genannten *Off-Licence*-Geschäften verkauft. Gro-ße Supermärkte haben in der Regel einen abgetrennten *Off-Licence*-Be-reich. Über ganz Schottland verteilt sind die Läden der Kette Victoria Wine oder Odd Bins, die auch bis spät in den Abend geöffnet haben und sich an den Schließzeiten der Pubs orientieren.

Fettnäpfchen

In einem britischen Pub gelten einige andere Regeln als in unseren heimischen Kneipen. Man wird nicht am Tisch bedient, sondern geht an den Tresen und gibt die Bestellung auf.

No smoking, please!

Man sollte in Pubs und Restaurants, aber auch in sämtlichen öffentlichen Räumen daran denken, dass dort seit 2006 das Rauchen verboten ist. Schottland hat damit im Vereinigten Königreich eine Vorreiterrolle eingenommen: Smokefree England wurde ein ganzes Jahr später eingeführt.

Also: *A Pint of Bitter*, oder *Half a Pint of Lager*, und schließt mit einem kräftigen Please ab. Wenn man die Getränke bekommen hat, muss gleich gezahlt werden und zwar ohne Trinkgeld zu geben, das in Pubs verpönt ist. Wer in eine schottische Kneipe kommt, sich an den Tisch setzt und auf eine Bedienung wartet, wird von sämtlichen anderen Gästen und der Bedienung komplett ignoriert.

Wer in einem Pub etwas zu essen bestellen möchte, findet entweder eine Speisekarte auf dem Tisch oder eine Tafel mit den Angeboten am Tresen. Wieder geht man an die Bar und gibt die Bestellung auf. Wenn gut sichtbar am Tisch eine Nummer angebracht ist, sagt man diese dem Wirt, ansonsten bekommt man eine Nummernkarte und zahlt wieder sofort und wieder ohne Trinkgeld. Wenige Minuten später kommt eine Bedienung aus der Küche, ruft laut und deutlich die Nummer des Zettels, den man bekommen hat. Also gibt sich der Gast zu erkennen und bekommt die Mahlzeit serviert.

Aktivurlaub, Sport und Wellness

Angeln

In den vielen sauberen Flüssen und Seen wird es sicher den Besucher reizen, einmal die Angel auszuwerfen und eigenhändig einen Lachs oder eine Forelle für das abendliche Dinner aus dem Wasser zu ziehen. Hotels, Angelgeschäfte (*tackle shop*), Lebensmittelläden und Postämter stellen Angelscheine (*fishing licence*) für ca. 5 £ pro Tag aus. In vielen Orten vor allem an der Westküste kann man Hochseeangeln bei Anbietern buchen. Infos unter www.fishing-uk-scotland.com oder www.fishscotland.com.

Golf

Für Golfspieler ist Schottland ein wahres Eldorado, denn hier wurde der Sport erfunden. Fast 500 Golfplätze gibt es im Land. Viele davon sind nicht in Privatbesitz, sondern gehören den Kommunen, und hier kann man schon zum Preis von rund 10 £ einputten. Plätze im Besitz von Clubs verlangen das Doppelte und mehr. Auch die Ausrüstung kann man fast überall ausleihen, und überall bekommt man Einführungslektionen in den Nationalsport. Einige Hotels mit angeschlossenen Golfplätzen bieten Ferienkurse an. Infos unter www.scottishgolf.com und www.golf.visitscotland.com.

Rad fahren

In vielen Ortens Schottlands kann man Fahrräder für Tages- oder auch Wochenausflüge mieten. Je länger man ein Rad ausleiht, umso preiswerter wird es; eine Kaution muss hinterlegt werden. Die *Rent-a-Bike*-Stationen vermieten auch Zubehör wie etwa Packtaschen. Es lohnt sich, in den Tourist Information Offices nach dem informativem Scottish Mountain Biking Guide zu fragen. Die Mitarbeiter in den lokalen Informationsbüros in Dörfern und Städten kennen auch die Verleiher und Veranstalter, die sich dem *Cycling Hire Code* angeschlossen ha-

Immer ein Auge auf das Wetter haben, das in Schottland schnell umschlägt

ben. Infos unter www.ctc.og.uk. 150 Fahrradrouten und nützliche Infos unter www.visitscotland.com/cycling.

Reiten

Reiten oder Ponytrekking sind in einer landschaftlich so attraktiven Region wie Schottland eine sehr angenehme Art, um die Natur kennenzulernen. Die Tourist Information Offices geben Auskunft über die von der Trekking and Riding Society of Scotland empfohlenen Zentren. In diesen kann man auch Unterricht für Anfänger und Reitausflüge mit Begleitung buchen (www.riding inscotland.com).

Wandern

Schottland ist ein ideales Wandergebiet, in dem man sowohl Strecken- als auch Bergtouren sowie Fernwanderungen unternehmen kann. Der bekannteste und beliebteste dieser Fernwanderwege ist der 153 km lange **West Highland Way**. Er beginnt in Glasgow und endet in Fort William, am Fuße des Ben Nevis, dem mit 1344 m höchsten Berg Großbritanniens. Der **Southern Upland Way** verbindet auf 341 km die West- und die Ostküste miteinander. Er beginnt in Portpatrick und endet in Cockburnspath. Der **St. Cuthbert's Way** im südschottischen Hügelland ist 100 km lang und verläuft von der Melrose Abbey bis zur Küste von Northumberland. Der **Speyside Way** schlängelt sich 80 km entlang des River Spey und durch die Grampian Mountains von Tomintoul bis zum Meer. Der **Fife Coastal Path** verbindet auf der nördlich von Edinburgh liegenden Halbinsel Fife die Brücke über den Firth of Forth von North Queensferry bis zur Tay Bridge bei Dundee.

Bergwanderer wird sicherlich der Ansturm auf die Spitzen der Munros reizen, dies sind alle über 3000 Fuß (ca. 914 m) hohen Bergspitzen in Schottland. Corbetts werden jene Felsmassive genannt, deren Gipfel zwischen 762 und 914 m in die Wolken ragen.

Bei diesen Gipfeltouren ist höchste Vorsicht geboten, denn aufgrund der Nähe zum Meer sind schnelle Wetterumschwünge keine Seltenheit. Hinterlassen Sie unbedingt im Hotel oder bei Ihrer Bed & Breakfast-Wirtin die Nachricht, welchen Berg Sie besteigen möchten. So kann, wenn Sie nicht rechtzeitig zurück sind, die Bergwacht alarmiert werden. Infos unter www.visitscotland.com/walking.

Karten für Wanderer und Mountainbiker
Ordnance Survey, die britische Vermessungsinstitution, hat jede Region Schottlands in den über 100 Explorer-Karten genauestens in einem Maßstab von 1 : 25 000 kartografisch erfasst, das heißt ein Kilometer in der Natur entspricht auf der Karte einer Linie von 4 cm. Genauer geht's nicht.

Wellness

Vielen Hotels in Schottland sind so genannte Spas angeschlossen, Wellness-Bereiche bestehend aus Pool, Sauna und Fitness-Club, in denen etwa Massagen etc. angeboten werden. Diese Einrichtungen können in der Regel auch von Nichtgästen genutzt werden und erfreuen daher sowohl die Besucher als auch die Einheimischen.

In den praktischen Reiseinformationen werden Hotels mit solchen Einrichtungen genannt.

Feste und Unterhaltung

Im Sommer finden in vielen Städten und Dörfchen die Highland Games (s. S. 58) statt, urkomische Kraftspiele aus dem Mittelalter.

In den Lowlands wird im Sommer eine jahrhundertealte Tradition wiederbelebt, das Riding of the Marches. Einmal ist dies die Umrundung der Gemeindegrenzen, um hier nach dem Rechten zu sehen, zum anderen gedenkt man dabei jener Männer, die gegen England in den Krieg zogen.

Am Glorious Twelfth, alljährlich am 12. August, beginnt traditionell die Moorhuhn-Jagd, nicht nur eine wichtiges Datum für Jäger, sondern Anlass für viele gesellschaftliche Ereignisse und Veranstaltungen.

Am St. Andrew's Day gedenken die Schotten ihres Nationalheiligen. Viele tragen dann ein blau-weißes X am Revers der Jacke und erinnern damit daran, dass der Schutzpatron des Landes von den Römern gekreuzigt wurde.

Infos zu aktuellen Events

In jeder Tourist Information bekommt man das Heft ›Scotland Events‹ mit Veranstaltungshinweisen zu Highland Games, Umzügen, Sportereignissen, Pferdemärkten etc. Dementsprechend kann man dann die Route wählen. Infos auch unter www.eventscotland.org.

Festkalender

Dezember
Große **Silvester-Parties** in vielen Städten Schottlands, die bekannteste in Edinburgh: 31.12./1.1.

Januar
Burns Supper: Die Schotten gedenken am 25. Januar dem Geburtstag ihres Nationaldichters (Burns Night); opulente, stark ritualisierte Festessen.

Mai
Burns an 'a' That: Burns Festival mit Musik, Poesie und Gesang in der Grafschaft Ayrshire.
Spirit of Speyside Whisky Festival: fünftägige Feierlichkeiten für die Öffentlichkeit in sämtlichen Destillen in der Region des River Spey.

Juni – August
Riding of the Marches: in südschottischen Gemeinden.

Juni – September
Highland Games

Ende September
Doors open Day: Öffentliche und private Gebäude können an einem Wochenende besichtigt werden.

Oktober
Royal National Mod: mehrtägiges gälisches Musikfestival in vielen Orten des Landes.

November
St. Andrew's Day: Gedenken an Schottlands Nationalheiligen, 30.11.

Reiseinfos von A bis Z

Apotheken

Die Bezeichnungen *Dispensing Chemist* oder *Pharmacy* weisen auf Apotheken hin. Viele Apotheken gehören zu großen Ladenketten (beispielsweise Boots). Verschreibungspflichtige Medikamente werden nur gegen ein Rezept (*prescription*) ausgehändigt.

Ärztliche Versorgung

Der staatliche National Health Service befindet sich in einer desolaten Situation. Da zwischen Deutschland und Großbritannien ein Gesundheitsabkommen besteht, werden deutsche Besucher kostenlos behandelt. Prüfen Sie jedoch, ob Ihre Krankenkasse die Kosten einer wesentlich besseren privaten ärztlichen Versorgung trägt. Zahnärzte schreiben in der Regel eine Rechnung und verlangen nach der Behandlung Barzahlung.

Jede Tourist Information besitzt die Adressen von Ärzten der Umgebung. In Notfällen wählen Sie die gebührenfreie Nummer 999.

Diplomatische Vertretungen Großbritanniens

… in Deutschland
Britische Botschaft
Wilhelmstr. 70
10117 Berlin
Tel. 030 204 57-0
Fax 204 57 579
www.britischebotschaft.de

… in der Schweiz
Britische Botschaft
Thunstr. 50
3005 Bern
Tel. 031 359 77 00
Fax 031 359 77 01
www.britishembassy.ch

… in Österreich
Britische Botschaft
Jauresgasse 12
1030 Wien
Tel. 01716 130
Fax 01716 13 29 99
www.britishembassy.at

Unbürokratische Behandlung
Ihre Kasse begleicht die Forderungen nach der Rückkehr problemloser, wenn Sie sich vorab bei ihr eine europäische Krankenversicherungskarte (European Health Insurance Card) besorgt haben. Diese ersetzt den lange üblichen Auslandskrankenschein und ermöglicht den Versicherten eine unbürokratische medizinische Behandlung innerhalb Europas.

Diplomatische Vertretungen in Schottland

Deutsches Konsulat
16 Eglinton Cres.
Edinburgh
Tel. 0131 337 23 23
Fax 0131 346 15 78
www.edinburgh.diplo.de

Honorarkonsulat der Bundesrepublik Deutschland
The Glebe House
Kirkton of Durris
Aberdeen
Tel. 01330 84 44 14

Reiseinfos

Fax 01330 84 44 86
andrew@durris.co.uk

Österreichisches Konsulat
9 Howard Place, Edinburgh
Tel. 0131 55 81 955
Fax 0131 55 81 802
austrianconsulate@
focusscotland.co.uk

Schweizerisches Konsulat
255 C Colington Road
Edinburgh
Tel. 0131 44 14 044
Fax 0131 44 17 238
edinburgh.vertretung@eda.admin.ch

Elektrizität

Die Netzspannung beträgt 220 Volt. Deutsche Schukostecker passen nicht in die dreipoligen britischen Anschlüsse. Wenn man einen Haarfön nutzen möchte, so sollte man sich in Deutschland einen entsprechenden Adapter kaufen. Es gibt ihn aber auch in Flughafenläden und in Schottland in allen größeren Haushaltswarengeschäften. In den Bädern vieler Hotels und Pensionen findet sich ein Elektroanschluss, in den unsere heimischen Stecker passen, der allerdings nur für Elektrorasierer genügend Stromstärke aufweist. Wattstarke Geräte wie etwa ein Haarfön werden dadurch nicht in Gang gesetzt, allerdings reicht es, um ein Handy aufzuladen.

Feiertage

Feiertage in Schottland sind Neujahr, Karfreitag, Tag der Arbeit (erster Montag im Mai), *Bank Holiday* im Frühling (letzter Montag im Mai), *Bank Holiday* im Sommer (erster Montag im August) und der Weihnachtstag (25. Dezember).

Geld

In Großbritannien – und damit eben auch Schottland – wird noch nicht mit dem Euro (€) bezahlt. Besonders viel Britische Pfund (£) muss man nicht mit ins Land bringen: Fast alle Geldautomaten – soweit sie das EC- oder Maestro-Zeichen tragen – geben mit der Euroscheck-Karte Bargeld heraus. Reiseschecks werden von allen Banken und Wechselstuben eingelöst. Weit verbreitet sind Kreditkarten, vor allem die Euro/Master Card sowie die Visa Card genießen weite Akzeptanz.

In Großbritannien zahlt man mit dem Pfund Sterling (£/GBP), (Stand April 2008) das 1,27 € entspricht; 1 € = 0,79 £. Ein Pfund hat 100 Pence. Es gibt Münzen zu 1, 2, 5, 10, 20, 50 Pence sowie Scheine zu 1, 5, 10, 20 und 50 Pfund. In England hat die Pfund-Münze weitgehend den Ein-Pfund-Schein abgelöst, in Schottland dagegen sind noch viele Ein-Pfund-Noten im Umlauf. Die Bank of Scotland und die Royal Bank of Scotland haben das Recht, eigene Banknoten herauszugeben. Das schottische Pfund hat den gleichen Wert wie das englische, wird jedoch nicht immer in England akzeptiert.

Geld wechseln kann man in allen Banken, vielen Postämtern und in größeren Tourist-Information-Büros. Nicht in allen Hochland-Dörfchen findet man jedoch eine Bankfiliale. Hilfe verspricht in diesen Fällen meist nur das ›Postamt‹ im örtlichen Lebensmittelgeschäft, in dem kleinere Geldbeträge ausgezahlt werden. Insgesamt ist die Bankendichte in Schottland aber in allen Regionen durchaus zufriedenstellend.

Maßeinheiten

Längenmaße

1 inch	2,54 cm
1 foot	30,48 cm
1 yard	91,44 cm
1 mile	1,609 km

Hohlmaße

1 gill	0,142 l
1 pint	0,568 l
1 quart	1,136 l
1 gallon	4,546 l

Gewichte

1 ounce	28,35 g
1 pound	453,6 g
1 stone	6,35 kg
1 quarter	12,7 kg
1 hundredweight	50,8 kg

Offiziell aber gelten mittlerweile auch in Großbritannien die Maße und Gewichte des kontinentalen metrischen Systems. Ausnahmen bilden lediglich Mile und Pint!

Medien

Die BBC sendet auf sechs Radiokanälen, BBC 1 bedient dabei das junge Publikum mit den aktuellen Chart-Hits, BBC 2 sendet ebenfalls hauptsächlich Musik, aber mehr die Pop-Klassiker, BBC 3 spielt klassische Musik, BBC 4 ist hauptsächlich ein Sprechkanal und BBC 5 hat Sport und Aktuelles. BBC Radio Scotland sendet ein Potpourri aus allen Lebensbereichen zu schottischen Themen.

Die staatlichen Sender BBC 1 und BBC 2 bestreiten das Fernsehen, hinzu kommen die Privatsender ITV und Channel 4; diese sind über Antenne zu empfangen. Per Kabel oder Satellit erreicht eine Vielzahl von weiteren Privatsendern die Wohnzimmer. Nur in Schottland aktiv sind zwei kommerzielle Sender, Scotland Television (STV) und Grampian TV.

›The Glasgow Herald‹ ist ein seriöses, konservatives, landesweit vertriebenes Blatt, das jedoch hauptsächlich im Westen gelesen wird. ›The Scotsman‹, dessen Redaktion in Edinburgh beheimatet ist, erscheint zwar auch überregional, findet seine Leserschaft jedoch hauptsächlich im Südosten des Landes. In Aberdeen und Umgebung sowie im Hochland wird gerne das gute Blatt ›The Press and Journal‹ gelesen. Einmal im Monat erscheint das ›Scot's Magazine‹, dessen Themenbereiche um schottische Angelegenheiten kreisen. Im 14-tägigen Rhythmus informiert ›The List – Glasgow and Edinburgh Events Guide‹ über Veranstaltungen aller Art in den beiden schottischen Metropolen.

Zeitungen und Magazine kauft man übrigens beim so genannten Newsagent. In den größeren Städten, manchmal aber erstaunlicherweise auch in kleinen Dörfern, bekommt man beim Newsagent auch ›Spiegel‹, ›FAZ‹ und ›Stern‹.

Notruf

Der landesweit gültige Notruf für Polizei, Feuerwehr, Küstenwache und Krankenwagen ist 999.

Öffnungszeiten

In aller Regel sind die Geschäfte montags bis samstags 9–17.30/18 Uhr geöffnet. Einige Ladenbesitzer schließen allerdings auch Samstagnachmittags. Doch stehen – vor allem in touristisch bedeutsamen Regionen – viele Läden auch bis in den frühen Abend hinein für die Kundschaft zur Verfügung. In

Reiseinfos

den Städten hat der lange Donnerstag seinen Einzug gehalten; zwischen 19.30 und 20 Uhr liegen hier die Schließzeiten. Die Geschäfte in den vielen Dörfchen auf dem Lande haben einmal in der Woche – meist mittwochs – einen Early Closing Day, sind also nachmittags geschlossen.

Banken sind montags bis freitags 9–15.30/16 Uhr geöffnet (die Royal Bank of Scotland schließt aber erst um 16.45 Uhr). Donnerstags offerieren die Geldinstitute einen verlängerten Service bis 17.30 Uhr.

Postämter haben montags bis freitags 9–17.30 Uhr, Sa bis 12.30 Uhr Dienst. In kleineren Dörfern hat die Post häufig über Mittag kurze Zeit geschlossen und hält es auch am Early Closing Day (meist mittwochs) mit den anderen Geschäftsleuten.

Restaurants sind in der Regel 11.30/12–14.30 und 18/19–24 Uhr geöffnet. In kleinen Orten können die abendlichen Schließzeiten durchaus auch früher liegen.

Pubs laden in den Kernzeiten von 11–23 Uhr, sonntags 12.30–14.30 und 18.30–23 Uhr ein. Viele Pubs besitzen auch eine Lizenz für den nachmittäglichen Alkoholausschank. Die rigiden Öffnungszeiten wurden vor einigen Jahren abgeschafft, so dass viele Wirte auch länger geöffnet haben.

Post

In kleineren Ortschaften befindet sich ein Postamt meist in einem Lebensmittelgeschäft. Briefe und Postkarten nach Deutschland müssen mit einer 50-Pence-Briefmarke versehen werden, und es empfiehlt sich, nach einen Airmail-Aufkleber zu fragen.

Reisekosten und Spartipps

In Großbritannien und damit auch in Schottland liegen die Lebenshaltungskosten um rund ein Viertel höher als

Telefonzellen gibt es in Schottland an den abgelegensten Orten

hierzulande. Die günstigsten Unterkünfte sind Bed & Breakfast, zwei oder drei Gästezimmer, die ab 50 £ für zwei Personen zu bekommen sind. Britain direct, erreichbar über die Website des Britischen Fremdenverkehrsamtes Visit Britain, bietet eine ganze Reihe von Touring Pässen, die zu verbilligten Eintritten von Sehenswürdigkeiten führen. Generell gilt, dass man schon länger vor Reiseantritt Fährverbindungen etc. preiswerter über das Internet buchen sollte. Das Busunternehmen City Link bietet einen Explorer Pass, mit dem man kostenlos an drei von fünf, an fünf von zehn oder an acht von 16 Tagen sämtliche Busse benutzen kann. Siehe auch Kasten S. 24.

Sicherheit

Schottland ist ein sehr sicheres Reiseland. Natürlich gibt es in Glasgow, Edinburgh oder Aberdeen die gleichen Straftaten wie in allen anderen Großstädten der Welt. Voll bepackte Autos von Touristen wird kein Langfinger ungeschoren lassen, wenn sich eine gute Gelegenheit ergibt. Auf dem Land aber geht es friedlich zu, hier muss man weder Diebstahl noch Betrug und ganz sicher keine Gewaltdelikte fürchten. Auch allein reisende Frauen müssen sich auf ihrer Schottlandreise keine Sorgen machen.

Souvenirs

Wer eine Destille im Hochland besucht hat, wird sich sicher eine Flasche Whisky mit nach Hause nehmen. Unbedingt sollte man sich auch ein paar Meter Tweed kaufen und den strapazierfähigen Stoff hier bei einem Schneider zu einem Jacket (eventuell gleich mit Weste) maßschneidern las-

sen – eine solche Jacke hält ein ganzes Leben. Überall im Land findet man die Dependancen der Edinburgh Woollen Mill, bei denen es herrlich dicke Winterpullover und viele andere Wollprodukte gibt.

Telefon

Die Vorwahl für Gespräche nach Schottland ist in Deutschland, Österreich und der Schweiz die 0044. Die Vorwahl von Schottland nach Deutschland ist 00 49, nach Österreich 00 43, in die Schweiz 00 41.

Immer mehr setzen sich auch in Schottland die Kartentelefone (*card phones*) durch. Telefonkarten (*phone cards*) sind in allen Postämtern, vielen Geschäften sowie bei der Tourist Information erhältlich. In jeder Telefonzelle kann man sich auch anrufen lassen; die Nummer ist am Gerät angebracht.

Handys, die im Englischen *mobile phone* heißen, funktionieren im Hochland aufgrund der Funklöcher nicht überall.

Trinkgeld

Wie überall in Europa gibt man dem Kellner im Restaurant oder dem Taxifahrer einen Obolus von ca. 10 %, Trinkgelder (*tips*) in Pubs sind verpönt.

Zeit

In Schottland gilt die Greenwich Mean Time (GMT), die der mitteleuropäischen Zeit um eine Stunde ›nachhinkt‹. Die Umstellung von Sommer- auf Winterzeit und umgekehrt erfolgt in der gesamten EU gleichzeitig am letzten Sonntag im März bzw. am letzten Sonntag im Oktober.

Panorama – Daten, Essays, Hintergründe

Gespenstisch schön: die Ruine von Kilchurn Castle am Loch Awe

Steckbrief Schottland

Daten und Fakten
Lage und Fläche: Schottland bedeckt das nördliche Drittel der britischen Insel. Die Fläche beträgt 78 762 km^2
Hauptstadt: Edinburgh
Amtssprache: Englisch
Einwohner: 5,15 Mio.
Währung: Pfund Sterling
Zeitzone: GMT
Landesflagge: Weißes Andreaskreuz auf blauem Grund (Saltiretire)

Geografie und Natur

An der Grenze zu England schweift der Blick im Westen über das Solvay-Küstentiefland, und im Osten sieht man auf das landschaftlich ähnlich eintönige Tweed-Tyne-Tiefland. Die beiden Tiefebenen gehen in die Southern Uplands über, das südschottische Hügelland. Daran schließt sich das mittelschottische Tiefland mit den beiden Metropolen Glasgow und Edinburgh an. Nördlich davon ragen die Höhen des nordschottischen Berglandes auf, die in den Bergspitzen der Grampian Mountains gipfeln. Diese enden an der Bruchlinie des Great Glen, das sich von Inverness im Nordosten bis Fort William im Südwesten erstreckt. Jenseits dieses Grabens beginnen die menschenleeren nordwestlichen Highlands – hier ist die Küste besonders stark zerklüftet, und Robben und Seevögel geben sich ein Stelldichein.

Mehr als 300 Vogelarten, von denen viele auf dem Kontinent ausgestorben sind oder nur noch in kleinen Populationen vorkommen, tummeln sich entlang der Küste oder im Hochland. Zahlreiche Wildgänse überwintern im südlichen Teil von Schottland, zu weiteren Zugvögeln zählen auch die häufig zu beobachtenden Regenpfeifer und die Seeschwalben. Schottland ist ein Paradies für Ornithologen.

Rotwild sieht man im Hochland oft an den steilen Hängen äsen; der Fuchs durchstreift wieder häufiger das Unterholz. In der Nacht sorgt der Dachs für seinen Lebensunterhalt, das Wiesel – das kleinste Raubtier der Welt – jagt Mäuse und erbeutet gelegentlich junge Kaninchen. Selten geworden ist der Baummarder.

Vor der Küste tummeln sich viele Robben, mit einer großen Portion Glück erblickt man vielleicht sogar Delfine oder ein Walross. In den Flüssen werfen die Angler ihre Köder für Forellen, vor allem aber für Lachse aus, die von Mai bis September zu ihren Laichplätzen ziehen.

Die Pflanzenwelt ist in Schottland wesentlich ärmer als auf dem Kontinent – Biologen zählen nur etwa 1000 unterschiedliche Arten. Endemisch ist die erstaunlich widerstandsfähige schottische Kiefer, die in früheren Jahrhunderten weite Teile des Landes bedeckte.

Geschichte

Um 10 000 v. Chr. wanderten die ersten Siedler über die Landbrücke ein, welche die britische Insel damals noch mit dem Kontinent verband. Erste archäologische Spuren datieren aus dem 6. Jh.

v. Chr. Zwischen 82 und 206 n. Chr. marschierten mehrfach die Römer in die Region ein, die sie jedoch nicht dauerhaft besetzen konnten. Um 844 vereinigte Kenneth MacAlpin die einzelnen Stämme und gründet eine Nation, die fortan für 900 Jahre von England bedrängt wurde und sich in vielen verlustreichen Kriegen ihrer Haut wehren musste. 1707 avancierte Schottland durch den Act of Union mit England zum Königreich Großbritannien. Der Wunsch nach Unabhängigkeit blieb jedoch und wurde über die Jahrhunderte immer stärker. 1997 stimmten die Schotten mit überwältigender Mehrheit für ein eigenes Parlament mit begrenzten Kompetenzen, dessen Mitglieder 1999 erstmals gewählt wurden. Das 431 Mio. £ teure neue Parlamentsgebäude des spanischen Architekten Enric Miralles wurde im Oktober 2004 eingeweiht.

Staat und Verwaltung

Schottland besitzt einen weitgehenden Autonomiestatus und kann bis auf die Außen- und Verteidigungspolitik seine inneren Angelegenheiten selbst regeln. Ein Parlament kontrolliert den so genannten ersten Minister und sein Kabinett. Allerdings kann das Parlament des Vereinigten Königreiches in London Entscheidungen der schottischen Volksvertretung überstimmen. Staatsoberhaupt ist die Königin. Es ist geplant, für das Jahr 2010 ein Referendum über die vollständige Unabhängigkeit des Landes abzuhalten.

Wirtschaft und Tourismus

Schottland ist das Zentrum der europäischen Whisky-Produktion und der Erdölförderung in der Nordsee. Durch die Ölbohrungen ist eine maritime Zuliefererindustrie entstanden, und die Produktion von Computerhardware und -software ist der größte Exportschlager.

Schottland ist ein gut entwickeltes Reiseland, das als ökologisch weitgehend unbelastet und sauber gilt. Der Tourismussektor beschäftigt rund 200 000 Menschen und spült ca. 4 Mrd. £ in den Staatssäckel. Die meisten Besucher kommen aus England, aber 1,5 Mio. sind ausländische Touristen.

Bevölkerung

Im hohen Norden Großbritanniens leben 5,15 Mio. Menschen, 70 % davon in den Städten. Nur 4 % (200 000) der Schotten haben im Hochland ihre Heimat. Mit 65 Einwohnern pro Quadratkilometer (Bundesrepublik Deutschland: 230) ist die Region sehr dünn besiedelt.

Sprache

Amtssprache ist englisch, doch wird das Gälische, eine keltische Sprache, heute noch im Alltag in den Northwestern Highlands und auf den Inneren und Äußeren Hebriden gesprochen. Die letzte Volkszählung ergab, dass noch rund 60 000 Personen als Idiom das Gälische verwenden, selbstverständlich ist diese Gruppe bilingual und beherrscht auch Englisch.

Religion

42 % gehören der protestantischen Church of Scotland an, 16 % bekennen sich zum römisch-katholischen Glauben, 7 % zu anderen christlichen Kirchen, 28 % bezeichnen sich als konfessionslos, den Rest stellen Muslime, Juden, Buddhisten, Sikhs und andere.

39

Geschichte im Überblick

4. Jh. v. Chr.   Die Kelten dringen in Schottland ein.

Die Römer in Britannien

55/54 v. Chr.   Um Gallien dauerhaft für Rom zu sichern, marschiert Julius Cäsar zweimal in Britannien ein.

78 n. Chr.   Agricola amtiert sechs Jahre lang als Statthalter in Britannien. Ein Jahr nach seinem Amtsantritt marschieren seine Truppen in Schottland ein.

122   Kaiser Hadrian schlägt mit seinen Truppen einen Aufstand im Norden Britanniens nieder und lässt fünf Jahre lang an dem 120 km langen ›Hadrianswall‹ bauen. Der Limes erstreckt sich vom Solvay-Fjord im Westen bis zur Mündung des Tyne im Osten.

ab 143   Noch weiter nördlich legen die Römer den ca. 65 km langen ›Antoniuswall‹ an, der vom Firth of Forth bis zum Clyde reicht.

Anf. 5. Jh.   Die Römer verlassen Britannien.

Reichseinigung

um 844   König Kenneth MacAlpin von Dalriada vereint sein Herrschaftsgebiet mit dem der Pikten und begründet die schottische Monarchie. Hauptstadt ist das keltische Scone.

1016   Der Schottenkönig Malcolm II. erobert Northumbria.

1034–40   Duncan, ein Neffe von Malcolm II., regiert in Schottland und wird von Macbeth, Sohn seines Feldherrn Finnlaech, ermordet. In Schottland kommt es zu blutigen Thronstreitigkeiten zweier verfeindeter Geschlechter. Macbeth gehört zum Clan der Moray, Duncan war ein Spross derer von Atholl. 1057 ermordet Malcolm den blutrünstigen Macbeth und wird schottischer König (1057–93).

bis 1153   Unter Herrschaft von Malcolms Sohn David wandelt sich Schottland in einen Feudalstaat nach normannischem Vorbild.

1174   Davids Enkel, Wilhelm I. der Löwe (1165–1214), versucht, seine Herrschaftsansprüche auf nordenglische Gebiete zu erweitern, verliert jedoch die militärischen Auseinandersetzungen mit Heinrich II. von England und wird gefangen genommen. Heinrich zwingt den Unterlegenen zum Vertrag von Falaise, in dem der englische König als Lehnsherr von Schottland anerkannt wird (gelöst 1189).

1237   Der schottische König Alexander II. (1214–49) akzeptiert die Solvay-

Tweed-Linie als Südgrenze von Schottland; dennoch kommt es regelmäßig zu Grenzscharmützeln zwischen Engländern und Schotten.

1249 Alexander III., ein Enkel von Wilhelm dem Löwen, verbündet sich mit Norwegen. 1281 verheiratet er seine Enkelin Margarete mit Erich III. Magnusson von Norwegen. Nach Alexanders Tod 1286 wird Margarete, die Maid of Norway, als schottische Königin anerkannt. Als sie 1290 stirbt, versuchen zahlreiche Anwärter, die schottische Krone zu erlangen. Der englische König Eduard I. (1272–1307) soll als Schlichter fungieren. Er wird vom schottischen Adel als Overlord anerkannt.

Kriege mit England

1296 Der englische König marschiert zur Sicherung seines Overlord-Status in Schottland ein, maßregelt die Adligen und raubt den Stone of Scone, den schottischen Krönungsstein. Die Schotten verbünden sich daraufhin mit den Franzosen, um den Einfluss der Engländer zu begrenzen.

1297 Mit William Wallace an der Spitze revoltieren die Schotten und siegen mit ihren *schiltrons*, dem lanzenbewaffneten Fußvolk, bei Stirling über das englische Heer. Im darauffolgenden Jahr fällt Eduard erneut im hohen Norden ein, besiegt in der Schlacht von Falkirk die Schotten und lässt als Vergeltung die Städte Perth und St. Andrews niederbrennen.

1314 Der schottische König Robert Bruce und seine Lanzenträger reiben erneut das englische Heer bei Bannockburn vollständig auf und sichern damit auf lange Zeit die schottische Unabhängigkeit.

1320 In der Declaration of Arbroath wird der englische Versuch der Einflussnahme scharf zurückgewiesen (s. S. 45).

1328 Die englische Krone erkennt im Vertrag von Northampton die Souveränität Schottlands an; gleichwohl versuchen die Nachfolger von Eduard weiterhin, die Herrschaft in Schottland an sich zu reißen.

1371 Robert Stewart wird schottischer König; mit nur zwei kurzen Unterbrechungen regieren die Stewarts (die sich später Stuart schreiben) bis zum Jahre 1714.

1488 Jakob IV. wird schottischer König, eint das Land und stärkt 1491 die schottisch-französischen Beziehungen. Dank seiner Heirat mit der Tochter des englischen Königs Heinrich VII. kommt es in einem Zeitraum von 20 Jahren zu keinerlei militärischen Auseinandersetzungen zwischen beiden Ländern. Schottland erlebt in kultureller und wirtschaftlicher Hinsicht ein blühendes Zeitalter.

1513 Heinrich VIII. von England liegt im Krieg mit Frankreich und verlangt eine deutliche Stellungnahme der Schotten; Jakob IV. steht zu Frankreich und marschiert in England ein. Bei der Schlacht von Flodden finden Jakob und Tausende seiner Männer den Tod.

1542 Geburt von Maria Stuart (s. S. 66).

1542–60 John Knox agiert als Führer der schottischen Reformationsanhänger, die eine katholisch-französische Vorherrschaft fürchten. Er gründet die Church of Scotland. Ein Bürgerkrieg zwischen protestantischen und katholischen Glaubensanhängern spaltet das Land.

1603 Tod der englischen Königin Elisabeth I. Jakob VI. von Schottland, Sohn von Maria Stuart, wird als Jakob I. Herrscher von England.

1647–49 Die schottischen National Convanters schlagen sich auf die Seite des englischen Parlaments und kämpfen gegen Karl I., den Oliver Cromwell hinrichten lässt. In Schottland wird Karl II. zum König ausgerufen, Cromwell fällt daraufhin in Schottland ein und schlägt die Anhänger Karls vernichtend.

Vereinigung von England und Schottland

1706 Wirtschaftliche Gründe veranlassen das schottische und das englische Parlament, über eine Vereinigung der beiden Häuser nachzudenken. Das schottische Parlament erkennt den Vertrag zur Vereinigung sowie das Thronrecht der Hannoveraner an.

1746 Die Jakobiten, Anhänger des Hauses Stuart, akzeptieren den Verlust der schottischen Souveränität nicht und versuchen, mit dem Stuart-Prinzen Bonnie Prince Charlie die schottische Krone zurückzugewinnen. Vor allem die Bewohner der Lowlands halten jedoch aus wirtschaftlichen Gründen an der Union mit England fest. Prinz Charlies 10 000 Mann starkes Heer wird in der Schlacht von Culloden vollständig aufgerieben. Die Briten regieren Schottland nun wie eine Kolonie und versuchen, die kulturellen Wurzeln systematisch zu vernichten; so werden auch die Kilts und die Clan-Zeichen verboten.

1814 Year of the Burning; viele Hochlanddörfer werden im Zuge der sogenannten Land Clearances niedergebrannt. Die Großgrundbesitzer organisieren eine Politik der Menschenverfolgung, um in großem Umfang Schafzucht betreiben zu können. Viele vertriebene Schotten wandern in die USA aus.

1842 Königin Viktoria und Prinzgemahl Albert von Sachsen-Coburg besuchen das schottische Hochland. Das Herrscherpaar verbringt alljährlich viele Wochen im königlichen Feriensitz Balmoral Castle.

Schottlands Unabhängigkeitsbestrebungen

1928 Die Scottish National Party (SNC) wird gegründet, um die Unabhängigkeit von England zu beschleunigen.

ab 1950 Wirtschaftlicher Niedergang in Schottland, damit einhergehend auch der Verlust von Wählerstimmen für die Konservative Partei.

1968 Erste Erdöl- und Erdgasfunde in der Nordsee. Schottland hofft auf wirtschaftlichen Aufschwung.

1978 Das Parlament beschließt ein Gesetz über die Teilautonomie von Schottland; 1979 enden vorerst die Unabhängigkeitsbestrebungen der Scottish National Party (SNC) an fehlenden Wählerstimmen.

1987/92 Die Konservative Partei gewinnt in Großbritannien zwei Wahlen. In Schottland wird der Ruf nach Autonomie und Unabhängigkeit lauter.

1996 Der 1296 von Eduard I. geraubte Stone of Scone wird den Schotten von den Engländern zurückgegeben.

1997 Nach dem Sieg der Labour Party in Großbritannien lässt die neue Regierung ein Referendum über eine Teilautonomie und ein eigenes Parlament in Schottland abhalten. Die Schotten entscheiden sich mit großer Mehrheit für eine eigene Volksvertretung.

1999 Königin Elisabeth II. eröffnet im Juli das schottische Parlament; damit ist die Selbstverwaltung Schottlands auch offiziell in Kraft getreten.

2004 Die schottischen Abgeordneten beziehen ihr neues Parlament.

2006 Seit dem 26. März ist das Rauchen in sämtlichen öffentlichen Räumen Schottlands verboten.

2008 Bei den schottischen Kommunalwahlen stürzt die vormals höchst populäre Labour Party ab und ist nach den Tory und den Liberalen nur noch drittstärkste Kraft.

Autonomiebestrebungen im hohen Norden

Symbol der Unabhängigkeit mit eigenwilliger Architektur: Parlament in Edinburgh

»Brits out now!« – Briten raus und zwar jetzt! So stand es noch vor 1997 in riesengroßen Sprühlettern auf vielen grauen Häuserwänden in ganz Schottland zu lesen. Die Schotten wollten nicht mehr als Kolonie von London regiert werden, sondern verlangten nach Autonomie. Sie machten Ihren Unmut unmissverständlich klar – und hatten Erfolg damit.

Das hatten auch die Redakteure der Glasgower Ausgabe der ›Sun‹, dem Schmierenblatt des Pressezaren Rupert Murdoch, erkannt. Sie schlugen sich auf die Seite der Scottish National Party (SNC) und machten ihren Leitartikel reißerisch mit dem Appell auf: »Schotten erhebt euch und ersteht wieder als Nation.« Und darunter: »Warum Schottland unabhängig werden muss.« Auf sieben Sonderseiten erfuhren die Schotten, dass es nun an der Zeit sei, »die Ketten der Union zu sprengen«. Das auflagenstärkste Blatt Großbritanniens wusste seine Leser zu begeistern und appellierte an den nationalen Stolz: »Unsere Fähigkeiten werden auf der ganzen Welt bewundert.« Verständlich, dass bei solch reißerischen Zeilen die ›Sun‹ im Nu ausverkauft war.

Doch nicht nur die Boulevardpresse, sondern auch die seriöse ›Times‹ hatte mittlerweile erkannt, dass »die Schotten Bürger einer Nation mit einer ebenso stark ausgeprägten Kultur und Identität sind wie irgendeiner des Dutzends neuer Staaten in Osteuropa« und dass »Schottlands gegenwärtige Stellung im Königreich auf Dauer nicht zu halten ist«.

Weg von England

Laut einer Meinungsumfrage der Edinburgher Zeitung ›Scotland on Sunday‹ aus dem Jahre 1992 wollten 78 % der über 5 Mio. Schotten ihr Land von England abkoppeln, 34 % verlangten nach einer Totalautonomie und 44 % waren für eine Teilunabhängigkeit mit eigenem Parlament innerhalb des Königreichs. Alle Schotten aber erinnerten sich an die ›Declaration of Arbroath‹ aus dem Jahr 1320: »Wir kämpfen nicht für Ruhm oder Reichtum oder Ehr', sondern einzig für die Freiheit; nie und unter keinen Umständen werden wir uns englischer Herrschaft unterwerfen.«

Diese Herrschaft jedoch bestand nun schon seit geraumer Zeit und wurde in bester Kolonialherrenmanier ausgeübt. Die Regierungsgewalt lag in den Händen des vom Premier eingesetzten Secretary of State, einem Minister im Kabinettsrang. Der führte mit seinen vier Staatsministern – alle selbstverständlich Tories – einen Beamtenapparat von geradezu kafkaesker Größe. Die Schotten waren sich einig in ihrer Abneigung gegen die Herrschaft der Konservativen.

Vor allem die Arroganz von Premierministerin Maggie Thatcher ließ die schottischen Wähler in Scharen zu anderen Parteien überlaufen. Noch in den 1950er-Jahren schickten die Schotten überwiegend Tories in das Londoner Unterhaus. Auch der von der so genannten ›eisernen Lady‹ forcierte Verfall der Schwerindustrie – von 71 Kohlebergwerken war kein einziges mehr in Betrieb, und die letzte Stahlhütte hatte Anfang der 1980er-Jahre ihre Pforten schließen müssen – sorgte verständlicherweise für Unmut und ließ ihr Wählerpotenzial weiter schwinden. Thatcher rächte sich auf ihre Weise: Als einer ihrer Gefolgsmänner seinen Wahlkreis im schottischen Hochland verlor, ließ sie den Mann adeln und schickte ihn als Staatsminister mit weit reichenden Befugnissen für das renitente Hochland erneut ins Rennen. Die unsoziale, verhasste ›Kopfsteuer‹ führte sie zwangsweise in Schottland ein Jahr früher ein als im Rest der Insel. Das war zuviel! Die Scottish National Party und die Militant Tendency, eine von der Labour Party vertriebene Linksgruppierung, riefen zum Steuerboykott auf – ein einmaliger Vorgang in der jüngeren Geschichte des Inselreichs.

James Bond fordert die Unabhängigkeit

So konstatierte der Londoner ›Observer‹ ganz zu Recht: »Dreizehn Jahre konservativer Herrschaft haben England und Schottland unaufhaltsam auseinanderdriften lassen.« Der Edinburgher Historiker George Rosie sah das ganz ähnlich: »Das Ende des Vereinigten Königreiches in seiner jetzigen Form ist besiegelt. Schottlands Britishness, ein letztes Mal gehärtet im Zweiten Weltkrieg, wird in der nächsten halben Generation aussterben.« Auch Ex-007-Mime Sean Connery tat etwas für die Unabhängigkeit seiner Heimat; er finanzierte aus der eigenen Tasche TV-Spots mit dem Slogan: »Weg von England – jetzt oder nie!«

Die Tories schienen das alles noch gar nicht so recht mitbekommen zu haben. John Majors Schottland-Minister Ian Lang meinte nur wenige Tage vor der Wahl 1992 höhnisch: »Ein Schottland auf eigenen Füßen wäre doch nur ein neues Albanien.«

Die Unzufriedenheit wächst

Als dann am 9. April 1992 die Konservativen zum vierten Mal hintereinander die Parlamentswahlen gewonnen, kam es in vielen Orten Schottlands zu spontanen Demonstrationen. Der schottische Labour-Abgeordnete William McKelvey drohte mit Bürgeraktionen gegen die Regierung in London und sprach gar davon, dass mit einer ›Explosion‹ gerechnet werden müsse. Nur wenige Stunden nach der Veröffentlichung der Wahlergebnisse wurde spontan Scotland United gegründet – massenhaft strömten die Anhänger der Autonomie in die neue Organisation.

Zu Recht erbost waren die Schotten über die Auswüchse des Mehrheitswahlrechts. Fast 75 % der (noch) Nordbriten wählten Parteien, die für die schottische Unabhängigkeit eintraten, und nur 25,7 % der Stimmen entfielen auf die Tories. Am Kräfteverhältnis im Londoner Parlament änderte sich jedoch nichts. Was das Mehrheitswahlrecht aus dem schottischen Votum gemacht hat, war auch für den Londoner ›Independent‹ ein »Monument des Irrsinns«. Der Edinburgher Labour-Vorsitzende Donald Dewar stellte fest: »Die Konservativen haben kein Mandat mehr, Schottland zu regieren.«

Schottland-Minister Ian Lang hatte aber auch nach der Wahl die Zeichen der Zeit noch immer nicht erkannt. In gewohnt arroganter Weise hielt er die Selbstverwaltungsfrage für erledigt: »Schottland hat Nein gesagt zum Nationalismus!«

Bei der offiziellen Eröffnung des Parlaments ist Sean Connery – der sich vehement für die Unabhängigkeit von England eingesetzt hat – sichtlich zufrieden

Endlich ein eigenes Parlament

Im Mai 1997 siegte dann die Labour Party bei den Unterhauswahlen. Ein halbes Jahr später ließ Premierminister Tony Blair im hohen Norden Großbritanniens ein Referendum abhalten. Mit überwältigender Mehrheit entschieden sich die Schotten für eine Teilautonomie und für ein eigenes Parlament. Auf den Straßen von Edinburgh tanzten die Menschen vor Freude die ganze Nacht hindurch. Zwei Jahre später – im Juli 1999 – eröffnete Königin Elisabeth offiziell die schottische Volksvertretung. Das neue Parlamentsgebäude wurde ein paar Jahre später am 9. Oktober 2004 eingeweiht. Der spanische Architekt Enric Miralles hatte es entworfen, und der Bau kostete 431 Millionen £. Nun ist geplant, für das Jahr 2010 ein Referendum über die vollständige Unabhängigkeit des Landes abzuhalten.

Eigenwillig wie die Schotten selbst

Wer sich über die Arbeit des noch jungen schottischen Parlamentes informieren möchte, der kann in Edinburgh im architektonisch eigenwilligen Parlamentsgebäude von einer Besuchertribüne aus die Debatten verfolgen und in der sitzungsfreien Zeit das gesamte Gebäude besichtigen. Auf www.scottish.parliament.uk gibt es deutschsprachige Informationen und einen Gebäudeplan zum Herunterladen.

Der Kilt –
kariert von der Hüfte bis zum Knie

Hosen tragende Frauen sind seit Jahrzehnten ein selbstverständlicher Anblick, aber Rock tragende Männer sind zumindest für außerbritische Europäer gewöhnungsbedürftig. Wer zum ersten Mal einen kiltgewandeten Highlander sieht, wird sich fragen, auf welche Ursprünge der Rock zurückgeht.

»Was trägt der Schotte unter dem Kilt?« Gleich vorweg soll der Kalauer beantwortet werden: Entweder ganz ›normale‹ Unterwäsche oder – wie traditionsbewusste Schotten – ein *leni croich*, ein so genanntes Hochlandhemd, das nach alter Sitte mit Safran gestärkt und damit so steif ist, dass es auch kräftigen, unter den Rock greifenden Windböen Paroli bieten kann. Der Vorläufer des heutigen Kilt geht auf den *breacan feilidh* zurück. Jene Tracht bestand aus zwei Stoffbahnen: Die eine wurde in kunstvolle Falten gelegt (*kilted*) und mit einem Gürtel rund um die Hüfte befestigt, das zweite Plaid dann schützte den Rücken, wurde von dort über die linke Schulter geworfen, mit einer Brosche fixiert und ließ so den rechten Schwertarm frei. Das Kleidungsstück war zu jeder Tages- und Nachtzeit und an jedem Ort

Wo Männer Röcke und Frauen Hosen tragen

dienlich. Im Jahre 1803 notierte Johanna Schopenhauer in ihrem Reisetagebuch, dass sich die Hochländer nachts auf Reisen und zu Hause in diese Oberkörperbedeckung einwickelten.

Symbol der Highlands

Allerdings erwies sich vor allem beim Schwertkampf jene Stoffbahn als hinderlich, die den Oberkörper bedeckte. So ließen die Recken sie fort, und es blieb nur noch der Rock. Allerdings vermelden Quellen, dass schon um das Jahr 1626 die Hochländer nur den Kilt trugen und bisweilen auf das zweite Plaid verzichteten. Etwas später dann kam der *sporran* hinzu, jenes pinselartige Gebilde, das einst beim Kampf dem Schutz der verwundbarsten Körperpartien diente. Und zu guter Letzt steckte im Strumpf ein Dolch oder ein Kurzschwert. Während traditionsbereite Schotten heute derart martialischen Stahl bei hohen gesellschaftlichen Ereignissen tragen, bedeutete ein Schwert früher nichts Gutes und deutete auf einen Kampf hin.

Nach der Schlacht von Culloden 1746 versuchten die Engländer, die schottische Kultur systematisch auszumerzen – sie verboten neben vielen anderen Dingen auch das Tragen des Kilt. Ein Highlander, der sich nicht an die Unterdrückungsverordnung hielt, bekam beim ersten Mal eine Gefängnisstrafe von sechs Monaten, beim zweiten Mal drohte ihm für sieben Jahre die Deportation nach Übersee. In der am 1. August 1747 ergangenen ›Order zur Erhaltung des Friedens in den Highlands‹ hieß es, »dass kein Mann in demjenigen Teil Großbritanniens, der Schottland genannt wird, unter welchem Vorwand auch immer jene Kleidung tragen darf, die allgemein als Highland-Kleidung bekannt ist.«

Heute noch modern

Königin Viktoria ist es zu verdanken, dass Kilts im Hochland wieder eine Renaissance erlebten. Auf ihren Befehl hin mussten die Angestellten von Balmoral Castle den Kilt tragen, eine Anordnung, die alsbald auch für die Hochländer in der Umgebung erging.

Auch heutzutage ist der Kilt noch up to date, man sieht ihn ganz selbstverständlich im Straßenbild. Die große Stunde kommt aber bei festlichen Anlässen – dann wird er zur eleganten Smoking-Jacke getragen, und ein so gewandeter Highlander ist eine überaus schicke Erscheinung.

Ein maßgeschneiderter Kilt für zu Hause
Jeder größere Ort in Schottland hat einen Kiltmaker – einen auf Schottenröcke spezialisierten Schneider –, der nicht nur Kilts produziert, sondern ein gesamtes festliches Ensemble mit Sporran, Strümpfen, Hemd, Kravatte und einer eleganten Smoking-Jacke zusammenstellt. Angeboten werden beispielsweise das Prince Charlie Outfit für bedeutende gesellschaftliche Ereignisse, das Semi Dress Outfit für normale Gelegenheiten und das Daywear Outfit für das alltägliche Geschehen. Der Prince Charlie Outfit Heavy Weight, dessen Bezeichnung auf Bonnie Prince Charlie zurückgeht, kostet 499 £.

Der Dudelsack – in Räumen ohrenbetäubend

Der Dudelsack oder besser, das, was aus der ›bagpipe‹, der Sackpfeife, an Tönen herauskommt, entzweit die Gemüter. Die einen mögen Dudelsackmusik, die anderen verabscheuen sie. Es geht nicht, das Instrument und seine Melodien nur ein wenig zu schätzen oder ein wenig abzulehnen.

Der Windsack besteht aus Ziegen- oder Schafsleder, die Rohre aus Hartholz und die Schmuckringe aus Elfenbein. Mittels eines Mundrohrs bläst der Spieler Luft in den Sack, der gleichzeitig von einem Arm zusammengedrückt wird, wodurch die Luft in die Schalmeienrohre strömt. Nur ein Rohr hat Grifflöcher (die Spiel- oder Melodiepfeife), die anderen zwei oder drei klarinettenartigen Rohre (Stimmer und Brummer) geben gleichbleibende Töne von sich. Das erklärt den eher monotonen Sound der *bagpipe*.

Der Quetschsack ist keineswegs originär schottischer Herkunft, wenngleich er stets mit dem hohen Norden Großbritanniens assoziiert wird. Wie es

heißt, soll die mehrtonige *bagpipe* vermutlich auf die aus Indien stammenden Windkapselinstrumente zurückgehen und in Asien entwickelt worden sein. In Zentral- und Osteuropa, in der Türkei, auf dem Balkan und in Irland sind noch leicht voneinander abweichende Varianten in Gebrauch. Hinweise, seit wann die Sackpfeife in Schottland geblasen wird, kann man den Ornamenten der Melrose Abbey (15. Jh., s. S. 135) und der Roslin Chapel (16. Jh., s. S. 141) entnehmen.

Ein Stück Kultur

Das Instrument ist ebenso wie der Kilt ein fester Bestandteil der schottischen Kultur. Das entging auch den Engländern nach der Schlacht von Culloden nicht, und so verboten sie den Gebrauch der Sackpfeife – war das Stück doch kein Instrument, sondern eine ›Waffe‹. Immer schon zogen die Schotten unter der martialischen Musikbegleitung des Dudelsacks in den Kampf. Als die ersten Schotten in der englischen Armee kämpften, durften sie unter Musikbegleitung in die Schlacht ziehen. An dieser Tradition hat sich bis heute nichts geändert: Jedes schottische Regiment hat seine Dudelsackspieler, die bei öffentlichen Auftritten die Kameraden im Gleichschritt halten.

Museums-Tipp
Auf der Isle of Syke gibt es im Weiler Boreraig ein kleines Dudelsack-Museum. Im MacCrimmon Piping Heritage Centre wurden früher über die Jahrhunderte Sackpfeifenbläser ausgebildet.

**Keine Nachwuchssorgen:
Dudelsack spielen ist populär**

Die Stadt summt wie ein Bienenkorb und ist bunt herausgeputzt wie ein Papagei. An jeder Ecke ertönt Dudelsackmusik. Besucher aus aller Welt flanieren auf den Bürgersteigen, so dass es kaum ein Durchkommen gibt. Die schottische Hauptstadt ist im Festival-Fieber!

Die Mitarbeiter im Tourist Office wischen sich den Schweiß von der Stirn, und die Wirte in den Pubs drehen die Bierhähne gar nicht mehr zu. Zwei Millionen Besucher kommen von Mitte August bis Anfang September zum größten Kulturfest der Welt. Mehr als

über eine neue Form der Völkerverständigung nachdachten. Gleichzeitig sollten aber auch möglichst viele zahlende Gäste in den strukturschwachen Norden Großbritanniens gelockt werden. Über zumeist persönliche Verbindungen ergingen Einladungen an europäische Künstler, und 1947 eröffnete das erste Edinburgh International Festival seine Saison.

Das Ganze war ein so großartiger Erfolg, dass man direkt daranging, ein neues, größeres Fest für das kommende Jahr zu planen. Schneller als erwartet waren die Edinburgher Festspiele aus dem Kulturleben der briti-

Kultur Live –
das Festival in Edinburgh

2 000 Veranstaltungen versprechen allerbeste Unterhaltung. Das Angebot reicht von experimentellem Free Jazz bis hin zu klassischen Theatervorstellungen und Sinfonie-Konzerten. Und wenn der Kulturbeflissene durch die Straßen zur Konzerthalle eilt, dann passiert er auch Gaukler, Feuerschlucker und Akrobaten. Edinburgh Festival, das heißt Oper, Ballett, Theater, Musik und Kunstausstellungen!

Völkerverständigung

Es war kurz nach Ende des Zweiten Weltkriegs, als Sänger, Schauspieler und einige Stadträte von Edinburgh

Pantomime auf dem Fringe Festival

schen Insel nicht mehr wegzudenken. Die Organisatoren erhielten jetzt erste staatliche Zuschüsse, Sponsoren wurden gefunden, und Schallplattenfirmen sowie Rundfunksender zahlten für Live-Mitschnitte der Konzerte. Der aufkommende Tourismus tat sein übriges, und aus aller Herren Länder strömen nun Jahr für Jahr die Besuchermassen in die schottische Hauptstadt.

Kultur, Film und Buch

Parallel zum Kulturfest gibt es ein Internationales Film Festival und alle zwei Jahre auch ein Book Festival. Was jedoch die Masse der Veranstaltungen ausmacht, das ist das Fringe Festival. *Fringe* bedeutet soviel wie Rand, und

Zum Kulturfestival kommen Straßenkünstler aus der ganzen Welt nach Edinburgh

etwas abseits vom hehren Kulturbetrieb finden eben an dessen Rändern die alternativen Veranstaltungen statt. Das Programm im Magazinformat hat an die 130 eng bedruckte Seiten. Wahrlich alles ist vertreten – Kabarett, Theater, Tanz, Ausstellungen, Folk Music, Pantomime, Rock und Blues, Life Performances, Multi Media Shows, Musik aus der Dritten Welt …

Sogwirkung für ganz Schottland

So ein Riesenspektakel kostet viel Geld, bringt aber noch mehr ein. Joanna Baker, Marketing-Direktorin der Festivalorganisation, berichtet von umgerechnet rund 78 Mio. €, die in die Kassen fließen. Vor allem profitieren die Geschäftsleute und die Hoteliers. In den drei Wochen des Kulturfestes sind sämtliche Bettenkapazitäten in einem Radius von 30 km rund um Edinburgh ausgebucht. Ein Drittel des Jahresumsatzes macht die Übernachtungsindustrie in diesen wenigen Tagen, und die Buchungen gehen schon Monate vorher ein. Von der Riesenveranstaltung geht natürlich auch eine Sogwirkung für ganz Schottland aus. Wer Shakespeares Macbeth auf der Festival-Bühne gesehen hat, der möchte dann vielleicht auch die schottischen Orte sehen, wo der Königsmörder sein Unwesen trieb. Die Magnetwirkung, die das Festival für das ›Alaska Großbritanniens‹ hat, ist auch der Grund dafür, dass die Regierung das Riesenfest zu rund 40 % subventioniert. Dies ist eine erkleckliche Summe, wenn man weiß, dass die britische Kulturförderung im Gegensatz zu jener in Deutschland seit jeher nahezu gegen Null tendiert. Weitere 40 % der Festival-Kosten kommen von den rund 20 festen Sponsoren, zu denen große Firmen und Banken gehören, sowie durch einmalige Spenden oder kostenlose Dienstleistungen. Die restlichen 20% werden durch die Eintrittskarten, vor allem aber durch die Rechteverkäufe an den Rundfunk und an Musikverlage gesichert. Auf das Jahr hin gesehen sichert das Festival zudem 3 000 Arbeitsplätze.

Robert Louis Stevenson und Sir Walter Scott

Die beiden schottischen Romancier-Klassiker Robert Louis Stevenson und Sir Walter Scott sind seit mehr als einem Jahrhundert weltberühmt. Ihre Bücher waren niemals ›Out of Print‹, und viele Leser werden zumindest mit der ›Schatzinsel‹ und ›Ivanhoe‹ vergnügliche und spannende Lektüre-Stunden gehabt haben.

An den unschlüssigen Käufer: / Wenn Seemannsgarn zu Seemannssang, / wenn Wagnis, Sturm und Untergang, / wenn Segler, Piraten, vergrabnes Gold / und Inseln, wo die Brandung rollt, / wenn all die alte Sagenwelt, / wie man sie mir vordem erzählt, / die klüg're Jugend unsrer Zeit, / noch so wie einstmals mich erfreut, / dann sei's, fangt an!

Spannung im Kinderzimmer

Welche jungen Leser, hatten sie erst einmal ›Die Schatzinsel‹ begonnen, konnten die Geschichte dann noch aus der Hand legen? Mit der Taschenlampe unter der Bettdecke verschlangen sie die aufregenden Erlebnisse des jungen Jim Hawkins. Unvergessen die Anlei-

Auf Sir Walter Scotts Schreibtisch im Abbotsford House bei Melrose

tung zur Freiheit: »Fünfzehn Mann auf des toten Manns Kiste / Johoo – und 'ne Buddel voll Rum / Sauf, und der Teufel besorgt den Rest / Johoo – und 'ne Buddel voll Rum.«

Robert Louis Stevenson, der Autor der Schatzinsel, wird 1850 in Edinburgh geboren, besucht dort die Schule und beginnt mit einem Ingenieurstudium, das er jedoch schon bald wieder abbricht. Robert Louis erlernt nun den Rechtsanwaltsberuf, den er aber trotz seiner Zulassung im Jahre 1875 nicht ausübt. Der lungenkranke Stevenson hat sich auf der Suche nach Linderung ein vagabundierendes Leben angewöhnt: Südengland, Südfrankreich, die Schweiz und die Vereinigten Staaten besucht er schon in jungen Jahren, die Reiselust fördert sein bohemienhaftes Naturell. Mit seinem Nomadenleben rebelliert Stevenson gegen die Konventionen seines Elternhauses. Er durchstreift auf nächtlichen Zügen die Halbwelt Edinburghs, diskutiert in den literarischen Zirkeln Londons und vergnügt sich in einer Künstlerkolonie bei Fontainebleau, wo er 1876 die zehn Jahre ältere Fanny Osborne kennenlernt und heiratet.

Rebellion und Abenteuerlust

Auf der Suche nach Einkünften stößt der ›spätviktorianische Zigeuner‹ auf das Feld der Literatur und betätigt sich in allen Sparten der schreibenden Zunft. Stevenson verfasst Reisebücher, Gedichte, Dramen, Essays, journalistische Artikel und erkennt als ›Lohnschreiber‹ durchaus die Zeichen der Zeit: »For art is, first of all and last of all, a trade.« Er passt sich den Erfordernissen des Marktes an, setzt in erster Linie auf Unterhaltung: »The busi-

ness of art is to give life to abstractions and significance and charm to facts.« Es wäre jedoch zu billig, Stevensons Romane als reine Abenteuerlektüre zu deklarieren. Sein Thema ist auch die Auflösung der Normen im ausgehenden Viktorianischen Zeitalter, glänzend verdeutlicht in der Novelle ›Der seltsame Fall des Dr. Jekyll und Mr. Hyde‹. Im Jahre 1888 setzt sich Stevenson auf Samoa zur Ruhe, wo er in vielen Kurzgeschichten seine neue Heimat beschreibt. Sechs Jahre später, gerade 44 Jahre alt, stirbt er an einem Schlaganfall. »He took us out in the open air and made us care for the common life and the adventures of men«, schrieb die Zeitschrift ›Athenaeum‹ in einem Nachruf.

Literatur als Zuflucht

Walter Scott wird 1771 als Sohn eines Rechtsanwalts in Edinburgh geboren. Der gehbehinderte Knabe flüchtet sich schon in jungen Jahren in die Literatur, ihn fasziniert die deutschen Romantik. Nach seiner Schulzeit studiert er in Edinburgh Jura, nach einer Ausbildung wird er in der väterlichen Praxis 1792 als Anwalt zugelassen. Finanziell erfolgreich ist er in seinem Beruf nicht, nach wie vor widmet er einen großen Teil seiner Zeit literarischen Werken. 1796 tritt er mit der Übersetzung einiger Balladen an die Öffentlichkeit, 1799 publiziert er Goethes ›Götz von Berlichingen‹ in englischer Sprache.

Eine erste Verserzählung ›The Lay of the Last Ministrel‹ wird ein literarischer und kommerzieller Erfolg, Scott veröffentlicht nun weitere Balladen, organisiert literarische Zirkel und ist als Herausgeber tätig. Sein erster Roman ›Waverly, oder es ist sechzig Jahre her‹ erscheint 1814. Da in jenen Tagen die

56

Kritiker diese Literaturgattung nicht sonderlich schätzten, veröffentlicht Scott den Band unter einem Pseudonym. Doch das Werk ist wider Erwarten erfolgreich, erreicht allein im ersten Jahr vier Auflagen und bringt Scott viel Geld ein. Trotz der großen Resonanz schreibt er weiter unter einem Pseudonym, ergänzt durch den Zusatz ›by the author of Waverly‹. Er verfasst zahlreiche Romane; in Deutschland macht ihn das historische Werk ›Ivanhoe‹ bekannt. Übersetzungen seiner Werke in andere Sprachen bringen Scott internationales Ansehen. 1818 wird er für seine Verdienste geadelt.

Ist Schreiben ehrenvoll?

Scotts besondere literarische Leistung ist die scharfe Charakterzeichnung seiner Protagonisten innerhalb eines historischen Milieus. Vor allem versteht er es, die Alltags- und Lebensumstände von Personen aus den unteren gesellschaftlichen Schichten realistisch darzustellen, womit er seinen Lesern einen neuen Zugang zur Historie eröff-

net. Scott selbst jedoch schätzt seine Romane weniger. Er sieht sich als ›Lohnschreiber‹ und lamentiert nach seiner Erhebung in den Adelsstand darüber, dass die Tätigkeit als Autor für einen Gentleman völlig unzumutbar und wenig ehrenvoll sei. So bleibt er auch konsequent seinem Pseudonym treu und lüftet das offene ›Geheimnis‹ erst anlässlich eines offiziellen Dinners im Jahre 1827.

Gerade in jener Zeit hat Scott große Popularität durchaus nötig, muss er doch, ein Jahr zuvor durch einen Geschäftsfreund in arge finanzielle Bedrängnis geraten, 126 000 Pfund abzahlen. Mit ungeheurer Disziplin macht er sich an die Schuldentilgung und schreibt neben Romanen nun auch dramatische Werke. Wie sehr ihn diese literarische Fronarbeit physisch wie psychisch erschöpft, kann man in seinem umfangreichen, 1825 begonnenen Tagebuch nachlesen, das Zeugnis von seinen letzten Lebensjahren ablegt. Die stetige Arbeit zerrüttet seine Gesundheit; Scott stirbt 61-jährig nach mehreren Schlaganfällen im September 1832.

Mein Tipp

Für Literaturliebhaber
Über die großen schottischen Literaten Robert Louis Stevenson, Sir Walter Scott und Robert Burns kann sich der Besucher ganz ausgezeichnet im Writers' Museum vom Lady Stair's House in Edinburgh informieren, einem Gebäude aus dem 17. Jh. Die Sammlung umfasst viele persönliche Erinnerungsstücke, Fotos, Zeichnungen, Erstausgaben der Bücher und Originalmanuskripte. Burns Schreibtisch ist ebenso zu bewundern wie Scotts Schachbrett und die Druckerpresse, auf der sein Roman ›Waverly, oder es ist sechzig Jahre her‹ gedruckt wurde. Der Eintritt ist frei. Siehe auch S. 85.

Baumstammwerfen im hohen Norden

Neben den landschaftlichen Attraktionen einer weitgehend unberührten Natur gilt die Aufmerksamkeit der Besucher vor allem den kulturellen Aspekten des Landes. Große Bedeutung im Festkalender der Schotten kommt dabei den Highland Games zu, sportlichen Wettkämpfen, die so gar nicht in unser Verständnis von modernem Breitensport passen. Der archaische Aspekt dieser einst notwendigen körperertüchtigenden Maßnahmen ist unübersehbar.

Hochlandsspiele gibt es während des Sommers in vielen Orten Schottlands, doch das berühmteste von allen findet am ersten Samstag im September im Dörfchen Braemar statt. Das Braemar Royal Highland Gathering ist weit über die Grenzen Schottlands hinaus bekannt, weil auch die königliche Familie vom nahen Balmoral Castle anreist und den Athleten bei ihren sportlichen Übungen zuschaut. Die Anwesenheit der Windsors hat Tradition. Keine Geringere als Königin Viktoria hat in ihrer Schottlandbegeisterung Mitte des 19. Jh. die alte Tradition wieder aufleben lassen, die lange Zeit von den Engländern – wie auch das Tragen des Kilts, der Clan-Zeichen und das Spielen des Dudelsacks – verboten war.

Die Highland Games, auch *gathering* (Treffen) genannt, sollen ihren Ursprung in der Umgebung von Braemar haben. Schon vor 900 Jahren ließ der schottische König Malcolm III. seine Recken in Braes of Mar zu Manövern versammeln, und man übte sich in sportlicher Ertüchtigung.

Die besten Athleten nahm der Herrscher dann huldvoll in seine Leibgarde auf. Wie die Überlieferung berichtet, erfand Malcolm auch den Lauf auf den Craig Choinich; der schnellste Sprinter erhielt zum Zeichen seines Siegs nicht nur den Baldric, einen Gürtel mit dem königlichen Wappen in der Schnalle, sondern war fortan auch des Herrschers persönlicher Botenläufer. Noch heute laufen die Teilnehmer der Spiele auf den Berg. Das Craig-Choinich-Rennen ist der Höhepunkt des Braemar Gathering.

Spiel und Sport

Die *Oatmeal Olympics*, die Haferflocken-Spiele, wie spöttische Gemüter solch ein Ereignis auch nennen, zählten schon immer zu den Attraktionen des Nordens. Ende des 18. Jh. beschrieb sie ein Besucher mit den folgenden Worten: »Die Spiele waren von der allgemein üblichen Art – Tänze, Dudelsack-Musik, einen schweren Feldstein heben und ein Wettlauf nach Invergarry und zurück, sechs Meilen. Eine Bravourleistung, die ich nie wieder gesehen habe, bestand aus dem Herausdrehen der vier Beine einer Kuh. Es gelang am Ende einem einzigen Mann. Nachdem er sich

Kraft, Konzentration und Technik

ungefähr eine Stunde lang abgemüht hatte, hatte er die vier Beine heraus.«

Unklar ist Schottland-Experten bis heute, was es mit dem unappetitlichen Wettkampf des ›Kuhbeinedrehens‹ auf sich hat – es wurde nie wieder irgendwo gesehen oder beschrieben; vermuten wir also eine lokale Variante.

Tossing the Caber

Was aber gibt es nun eigentlich bei dieser »folkloristischen Mischung aus nationaler Kraftmeierei, touristischem Kalkül und eingeborener Spiel- und Festfreude« zu sehen? Unter den pausenlos ertönenden Klängen der Dudelsack-Kapellen nimmt als berühmtester Wettkampf dieses nordischen Sportfestes das ›Tossing the Caber‹, das Baumstammwerfen, seinen Lauf. Ein muskelbewehrter Hochländer packt, angetan mit dem Kilt, kraftvoll einen 80 kg schweren, 5 bis 6 m langen Baumstamm (caber) mit beiden Händen und schleudert ihn machtvoll von sich. Nicht die Weite des Wurfs zählt – bewertet wird vielmehr die Ästhetik des Flugs. Am dünneren Ende gegriffen und hoch in die Luft geschleudert, muss der Stamm einen Salto schlagen, mit dem dickeren Ende aufkommen und wie der Zeiger einer Uhr auf High Noon, auf 12 Uhr Mittag weisen. Dudelsack-Klänge übertönender Applaus ist dem Muskelmann sicher, wenn er die Übung meistert. Enttäuschte ›Ah's‹ und ›Oh's‹ raunt dagegen die Menge, wenn der Schwung – wie meist – nicht ausreicht, um den Baumstamm kurzfristig den Gesetzen der Schwerkraft zu entziehen.

Throwing the Hammer

Als nächstes steht das Hammerwerfen, das ›Throwing the Hammer‹, auf dem Programm. Dabei greift der Sportler zu einem langstieligen, hammerartigen Gerät, schleudert selbiges um sich herum, dreht sich dabei mehrfach im Kreise, um die Gesetze der Fliehkraft zu bemühen und schleudert mit anmutig gehobenem Kilt das schwere Eisen von sich.

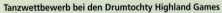

Tanzwettbewerb bei den Drumtochty Highland Games

Nicht nur im Hochland: die Highland Games

Highland Games finden alljährlich zwischen Anfang Juni und Mitte September in fast jedem schottischen Örtchen statt, und die Athleten reisen von einem Ereignis zum nächsten. Die berühmtesten Gatherings werden am letzten Sonntag im Mai in Blair Atholl und am ersten Samstag des Septembers in Braemar abgehalten. Nicht nur schottische Recken kämpfen um Ruhm und natürlich Preisgelder, sondern auch ausländische Sportler sind dabei.

Auch Kugelstoßen, ›Putting the Shot‹, gehört zu den Disziplinen sowie das Hochwerfen eines Gewichtes über eine Stange hinaus. Dabei packt der Recke mit beiden Händen in einen schmiedeeisernen Ring, der über eine kurze Kette mit einem schweren Gewicht verbunden ist, schaukelt dieses zwischen den gespreizten Beinen hin und her und schleudert es dann hoch in der Hoffnung, dass der Schwung ausgereicht hat, es über die Latte zu bringen.

Steine stemmen

Von anderer Stelle des Festspielgeländes ertönt nun lautes Ächzen und Stöhnen, verbunden mit einem markerschütternden Kampfschrei. Zum Zerreißen gespannt sind die Sehnen, jeder Muskel wächst, einem Gebirge gleich, aus den Oberarmen, wenn es gilt, schwere Steinbrocken mit mystischer Vergangenheit in die Höhe zu stemmen. Geschafft!

Beim nächsten Ereignis sind auch die Zuschauer eingebunden, denn sie müssen ihre Mannschaft anfeuern: Die Rede ist vom Seilziehen. Früher praktizierten es zwei verfeindete Dörfer oder Clans anstelle des kriegerischen Keulenschwingens. Hände wie Baggerschaufeln legen sich um das dicke Tau, die Ferse wird ins Gras gerammt, stramme Waden und breite Oberschenkel zeugen von der Kraft der Akteure, und nun wird im Hau-Ruck die schwächere Mannschaft vom Platz gezogen.

Musik und Tanz

Die Hochlandspiele sind nicht nur etwas für Kraftprotze. Auch Musik und Tanzgehören dazu. Die Solisten treten in den Disziplinen Pibroch, Marschmusik sowie Strathspeys und Reels an. Beim Pibroch gilt es, die klassischen schottischen Weisen erklingen zu lassen. Die Märsche entstammen der militärischen Tradition, und nach den Melodien von Strathspeys und Reels wird getanzt. Damit die Preisrichter unbeeinflusst vom Auftritt der Solisten urteilen und einzig auf die Perfektion des Spiels achten, sitzen sie abgeschottet in einem Zelt.

Während hier nun musiziert wird, dort die sportliche Ertüchtigung im Vordergrund steht, geht es an dritter Stelle anmutig flink zu. Männer (heutzutage jedoch immer mehr Frauen und auch Kinder) tanzen den Highland Fling oder den Gille Calum, den bekannten schottischen Schwerttanz, bei dem auf keinen Fall die kreuzförmig gelegten Schwerter berührt werden dürfen. Weil der Fling auf der Stelle getanzt wird, nimmt man an, dass er in früher den Zuschauern wohl auf einem Schild dargeboten wurde.

Das Ungeheuer von Loch Ness

In Kreuzworträtseln taucht oft die Frage nach einem schottischen See auf, verbunden mit den Hinweis ›Loch ...‹. Selbst wenig ambitionierte Rätselfreunde werden ohne zu zögern ›Ness‹ in die Kästchen schreiben. In diesem weltbekannten See soll das berühmteste Monster aller fünf Kontinente sein Unwesen treiben, und jeder Besucher wird vor Ort wenigstens einmal für Minuten den Blick aufmerksam über die dunklen Fluten schweifen lassen.

Als im Frühsommer des Jahres 565 der irische Missionar Columban an den Gestaden von Loch Ness wandelte, geschah wahrhaft Teuflisches: Aus den dunklen, unheimlichen Fluten tauchte urplötzlich mit Donnergetöse eine *Aquatilis Bestia*, ein Wassermonster, auf, tötete mit einem fürchterlichen Hieb einen Mann und griff einen zweiten an. Doch da warf sich der beherzte Kirchenvater dazwischen, schlug das Zeichen des Kreuzes und befahl der Bestie energisch den sofortigen Rückzug. Die mutige Tat wurde im ganzen Land bekannt, und Columban hatte seither keinerlei Schwierigkeiten bei seinen Missionierungsbestrebungen.

Monster und andere Bestien

Die gleichermaßen spannende wie für Columban nützliche Geschichte geriet alsbald in Vergessenheit. 1368 Jahre lang blieb das Monster ungesichtet, keine Sagen schilderten seine grausamen Taten. Die schottische Mythologie

kennt allenfalls die Kelpies, scheinbar harmlose Wasserpferde, tatsächlich aber gefährliche Bestien: Schwingt sich ein ahnungsloser Tor auf ein Kelpy, so galoppiert es mit ihm zum nächsten Abgrund und schüttelt dort den Reiter in die Tiefe. Dann aber, 1933, erbaute man entlang des Nordufers die heutige A 82, und seitdem wollen Tausende das Monster von Loch Ness gesehen haben.

Ein später Nachfahre des irischen Abtes, der Benediktinerpater Gregory Brusey von der am See gelegenen Abtei Fort Augustus, hatte im Herbst 1971 ein dem Columban vergleichbares, in seinen Folgen allerdings weniger dramatisches Erlebnis: »Es war ein lieblicher Morgen, die Sonne schien und der See war spiegelglatt, da sah ich plötzlich eine starke Bewegung auf dem Wasser, und dann erschien ein schwarzer Hals, etwa 15 Zentimeter im Durchmesser und zwei bis drei Meter lang, gefolgt von einem Höcker. Es erhob sich, dann tauchte es schräg nach hinten unter. Es war kein Boot, kein Holzklotz und kein Fisch. Es war ein anderes Tier.«

Gibt es Beweise?

Pater Brusey hatte gesehen, was im November 1933 ein gewisser Hugh Gray auf den Film in seiner Kamera bannte: ein offensichtlich urzeitliches Tier. Grays Foto gilt nachweisbar als nicht manipuliert, ebenfalls authentisch sind die Filmaufnahmen, welche der Flugzeugingenieur Tim Dinsdale 1960 vom Rücken und zehn Jahre später vom Hals der ›Bestie‹ machte. Fachleute der britischen Luftaufklärung bezeichneten seine Aufnahmen als echt. Doch die Phalanx der renommierten und seriösen Wissenschaftler spricht von Massenhysterie und macht vor allem das in der Presse bekannte Sommerloch – in Großbritannien viel treffender als bei uns *Silly Season* genannt – für das anhaltende Interesse am Monster verantwortlich. Allerdings gibt es Fakten ...

Ungewöhnlich ist zunächst einmal der See selbst, der 36 km lang, aber nur 1,5 km breit ist, und dessen exakte Tiefe man nicht genau kennt; gemessen wurden bisher 325 m, größere Tiefen gelten als wahrscheinlich. Selbst im heißesten Sommer erwärmt sich das Wasser auf nicht mehr als 7° C, im Winter aber friert der See nie zu, was bei vielen anderen Lochs jedoch durchaus der Fall ist.

Noch nie ist die Leiche eines Ertrunkenen wieder an die Oberfläche gekommen. Der Faulschlamm am Grunde hält alles fest. Und die unheimlichen dunklen Fluten, getrübt durch Torfpartikel, vor denen auch Hochleistungslampen versagen, tun ihr Übriges, um Unheilschwangeres erahnen zu lassen.

Ist Nessie ein Saurier?

Loch Ness ist ein Teil des Great Glen, jenes Großen Grabens, der vor Abertausenden von Jahren aufbrach und das Hochland von Nordosten nach Südwesten durchschneidet. Vor der letzten Eiszeit war der heutige See höchstwahrscheinlich noch mit dem Meer verbunden. Beim Abschmelzen der Gletscher dann hob sich das von der Last des Eises befreite Land, der See schloss sich und ein Plesiosaurus saß in der Falle. Dem Saurier aber machte das gar nichts, zwar war er ein wenig in seiner Bewegungsfreiheit eingeschränkt, aber ansonsten konnte er sich wie im Schlaraffenland fühlen. Der See – wir folgen der populären These – bietet ideale Lebensbedingungen für das Urzeitwesen: Er ist tief, besitzt schützende Spalten und Höhlen, in denen Nessie wahrscheinlich den Artentod überlebte, und ist fischreich wie kaum ein anderes schottisches Gewässer. Keine natürlichen Feinde, genügend Nahrung, eine bergende, zudem noch unzugängliche Heimstatt – was will man als Monster mehr? So kann man in die Jahrhunderte kommen und auch der Zukunft getrost ins Auge blicken.

Wissenschaftler auf der Jagd

Im Jahre 1976 versuchte ein amerikanisches Team aus mehr als 30 Wissenschaftlern der Harvard University, des

Loch-Ness-Ausstellung
Der Besucher kann sich im Loch Ness Exhibition Center im Dörfchen Drumnadrochit am Ufer des Loch Ness umfangreich über den möglichen Plesiosaurus informieren. Die Ausstellung informiert in mehreren Sprachen über die verschiedenen Expeditionen, die Geologie des Sees und die Monster-Theorie. Die wissenschaftlichen Erkenntnisse werden durch viele interessante Ausstellungsstücke hervorragend präsentiert. Weitere Informationen zum Loch Ness und die Ausstellung im Internet: www.lochness.com.

Wissenschaftler Thayne Smith Lowrance sucht mit einem Sonargerät nach Nessie

Massachusetts Institute of Technology und des Smithsonian Institute das Geheimnis mit allen nur erdenklichen technischen Gerätschaften zu lösen. Zwar sichteten auch sie Nessie nicht, doch ihre Sonargeräte orteten tief im See eine Anzahl großer, sich bewegender Objekte. Also sprach der kanadische Paläontologe Dr. Christopher MacGowan: »Nach diesen Sonarbildern können wir nicht mehr so tun, als handele es sich um einen Mythos oder ein Fabelwesen. Irgend etwas lebt im See.« Nach Ansicht der Wissenschaftler ist Nessie ein Wirbeltier, zwischen 10 und 15 m lang und ein Kiemenatmer. Um diese Art über die Jahrhunderte zu erhalten, müssen in den trüben Fluten mindestens 30 bis 50 Tiere leben.

Nach vier Monaten Feldforschung reisten die Wissenschaftler wieder ab, überzeugt, das Rätsel von Loch Ness gelöst zu haben. So bleiben die Mitglieder der International Society of Cryptozoology Nessie weiter auf den Fersen – vielleicht aber wollen sie auch nur die 500 000 Pfund verdienen, welche die irische Guinness-Brauerei für denjenigen ausgesetzt hat, der das Ungetüm fängt. Doch das wäre illegal, denn schon 1934 haben die Schotten Nessie unter Naturschutz gestellt und für den Fall der Fälle geschützt.

Zu Zeiten des Kalten Kriegs notierte die ›Prawda‹ einmal: »Wenn es geboten erscheint, die Leser von den wirklichen Problemen abzulenken, so haben die westlichen Politiker drei sensationelle Themen, die nie ihre Wirkung verfehlen: fliegende Untertassen, das Monster von Loch Ness und den unglaublichen Schneemensch.«

Maria Stuart und Elisabeth I. – zwei Frauen kämpfen um die Macht

›Die Gefahren der Ehe‹, so hat die französische Historikerin Anka Muhlstein ihre Studie über Elisabeth I. und Maria Stuart genannt. Elisabeth blieb die unverheiratete Virgen Queen und hielt sich gerade dadurch jene Schwierigkeiten vom Leib, die Maria Stuart in die Katastrophe führte.

Am 7. oder 8. Dezember 1542 wird Maria in dem schottischen Schloss Linlithgow geboren. Schon wenige Tage später, nach dem Tod des Vaters Jakob V., erbt sie die Krone. Ihre Mutter Maria übt als Regentin die Regierungsgeschäfte aus und lässt ab 1548 die Tochter am französischen Hof erziehen.

Dort heiratet die 15-jährige Maria den französischen Thronfolger – im gleichen Jahr 1558 wird in England Elisabeth I. zur Königin gekrönt. Schon drei Jahre nach ihrer Hochzeit ist Maria Witwe, verlässt den französischen Hof und kehrt nach Schottland zurück.

Gefährliche Konkurrenz

Dort avanciert die katholische Monarchin zur Gegenspielerin der anglikanischen Elisabeth: Würde nämlich die englische Königin kinderlos sterben, so stünde Maria in der Thronfolge an erster Stelle – eine Möglichkeit, die angli-

Holyrood Palace: Hier regierte Maria Stuart als Königin von Schottland

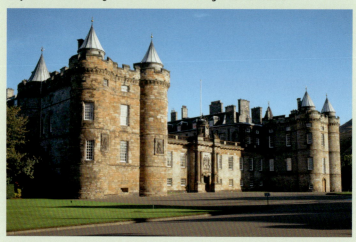

kanische Engländer mehr als nervös macht. Marias Einfluss und Machtbefugnis mussten reduziert werden. Erste Probleme gibt es schon mit den neuerlichen Heiratsbestrebungen der jungen Königin. Die junge schottische Königin beginnt eine Liebesbeziehung mit dem gut aussehenden Lord Darnley und besteht auf einer Heirat mit ihm. Da Darnley in Schottland geboren, aber in England aufgewachsen ist, aus guter Familie stammt und somit Marias Thronfolgeanspruch stützt, muss Elisabeth Einspruch einlegen. Maria ist jedoch zu verliebt, um auf ein gutes Verhältnis mit der englischen Monarchin zu achten.

Schneller als erwartet erkennt Maria den Charakter ihres Gatten. Der schottische Ehemann ist ein dumm-brutaler Bursche, spinnt Intrigen und mischt sich mit Unverstand in politische Angelegenheiten. Maria vertraut auch in privaten Dingen nun immer mehr ihrem Sekretär David Riccio und stellt Darnley ins politische Abseits. Dieser schmiedet einen Komplott: Eines Abends dringt Darnley mit mehreren Mordgesellen in die Privatgemächer der Königin ein, die gerade mit Riccio beim Abendessen sitzt. Die Attentäter zerren den Italiener vom Tisch und ermorden ihn.

Exzentrische Mary

Maria reagiert erstaunlich gelassen. Sie vereitelt die Putschpläne der Attentäter, erklärt ihren Ehemann für unschuldig und wartet geduldig auf ihre Stunde. Im Juni 1566 schenkt sie einem gesunden Knaben das Leben (dem späteren Jakob VI. von Schottland und nach Elisabeths Tod Jakob I. von England). Maria hat nun einen Erben mit Anspruch auf den englischen Thron,

Darnley ist damit überflüssig geworden – die Königin kann ihre Rachepläne verwirklichen. In den ersten Tagen des Jahres 1567 explodiert das Haus, in dem Darnley sich aufhält. Als man seine Leiche findet, stellt sich heraus, dass er nicht bei der Explosion ums Leben gekommen ist, sondern gedungene Mörder ihn schon vorher erwürgt hatten. Jedermann im Inselreich weiß, dass Lord Bothwell einer der Drahtzieher war, doch kommt es zu keiner Verurteilung. Maria wird Bothwells Geliebte, der sich von seiner Frau scheiden lässt und die schottische Königin heiratet. Derlei Eigenwilligkeit verzeihen Adel und Volk ihrer Herrscherin nicht. Eine Rebellion bricht aus, Marias Truppen werden geschlagen, die Königin festgesetzt und zur Abdankung gezwungen. Ein Jahr später flieht sie – nicht etwa nach Frankreich, wo sie Einfluss und mächtige Freunde hat, sondern nach England.

Unter Hausarrest

Die demoralisierte Schottin bittet Elisabeth um ihre Unterstützung, doch kann die anglikanische Herrscherin die katholische Maria aus politischen Gründen nicht auf dem heimischen Thron installieren. Maria wird in ehrenvolle ›Schutzhaft‹ genommen, ihr Wunsch nach einer Audienz bei Elisabeth abschlägig beschieden, solange ihre Unschuld bei der Ermordung des Gatten nicht vollständig bewiesen ist. Die schottische Königin beginnt mit einer umfangreichen, teils chiffrierten Korrespondenz. Von 1569 bis 1580 ist sie an mehreren Umsturzplänen gegen Elisabeth beteiligt. Doch Elisabeth weigert sich beharrlich, die Intrigantin köpfen zu lassen. Es ist ihre Überzeugung, dass gekrönte Häupter einander

67

nicht richten dürfen. Bei Hofe jedoch konzentrieren sich nun alle Anstrengungen darauf, Maria endgültig loszuwerden. Sir Francis Walsingham, der erste Staatssekretär, schleust Spitzel in die Umgebung von Maria ein und fängt einen Brief ab, in dem Maria ihre Zustimmung zur Ermordung der Königin gibt. Die Beweise sind erdrückend, auf Drängen ihrer Berater eröffnet Elisabeth im Oktober 1586 den Prozess gegen Maria. Die einstige schottische Königin verteidigt sich eloquent – wohlwissend um ihr Schicksal.

Ein Missverständnis?

»Remember that the theatre of the world is wider than the realm of England«, ruft sie ihren Richtern zu. Auch nach der Verurteilung kann sich Elisabeth nicht entschließen, das Hinrichtungsdekret zu unterschreiben, wochenlang sucht sie nach Möglichkeiten, auf der ›Bühne des Welttheaters‹ nicht aufzutreten und Maria zu schonen. Auf Drängen unterzeichnet sie dann das Dokument und gibt es – laut ihrer Version – zur sicheren Aufbewahrung zwecks weiterer Bedenkzeit an den Dienst habenden Staatssekre-

tär weiter. Der jedoch versteht seine Herrscherin anders und leitet die sofortige Exekution ein. Am 8. Februar 1587 empfängt Maria den tödlichen Axtstreich des Henkers. Elisabeth reagiert mit Wut und Empörung. Sie entzieht ihren Beratern auf Monate das Vertrauen. Frankreich und Spanien reichen Protestnoten ein, die nicht verfolgt werden, und Jakob von Schottland lässt erkennen, seine Rechte auf Englands Thron nicht dadurch zu gefährden, dass er den Tod seiner Mutter rächt.

Der heutige Schottland-Besucher stößt an vielen Orten im Land auf Spuren, die Mary, Queen of Scots hinterlassen hat. In Linlithgow Palace wurde sie geboren und als Baby in die Sicherheit von Stirling Castle gebracht. Im Holyrood Palace hat sie regiert, und auf Edinburgh Castle ihren Sohn geboren. Im Falkland Palace erholte sie sich von den Regierungsgeschäften beim Tennisspiel, und in Loch Leven Castle saß sie auf Geheiß der schottischen Adligen unter Hausarrest. Im Maria-Stuart-House von Jedburgh lag sie krank danieder, und dem Örtchen Beauly gab sie seinen Namen, indem sie vor Ort ausrief: »Quel beau lieu – Was für ein schöner Ort!«

Mein Tipp

Fesselnde Geschichte zweier außergewöhnlicher Frauen
Anka Muhlstein erzählt in ihrer Doppelbiographie das Leben der Königinnen Elisabeth I. und Maria Stuart. Sie berichtet von ihrer Suche nach Anerkennung und Liebe und von ihrem Kampf um die Macht in Europa. Eine exzellente psychologische Studie: Die Gefahren der Ehe – Elisabeth von England und Maria Stuart, Frankfurt/Main 2005.

Der Aufschwung von Glasgow

Glasgow erstrahlt in neuem Glanz: Abendstimmung am River Clyde

In vielen Ländern und Sprachen kennt man den Spruch ›Das Beste an X ist die Straße nach Y‹, und Schottland macht da keine Ausnahme. Ersetzt man X durch Glasgow und Y durch Edinburgh, so wird klar, was man von den beiden Metropolen zu halten hat. Doch dem ist heute nicht mehr so!

1983 war es, da hatten es die Glaswegians – wie die Einwohner Glasgows genannt werden – satt, in einer verrotteten Stadt zu wohnen, die Häme der Edinburgher über ihr proletenhaftes Kumpeltum zu spüren und allerorten die Hoffnungslosigkeit in Form vergammelnder Bausubstanz täglich vor Augen zu haben. Eine Corporate Identity – wie man auf neudeutsch ein äußeres Erscheinungsbild und die damit einhergehende positive innere Haltung nennt – musste her.

Clyde Metropole im Wandel

1983 also startete die Stadtverwaltung eine Anzeigenkampagne zur Mobilisierung der Massen und im Hinblick auf die erhofften Besucherströme, denn 1983 war auch das Jahr, in dem die Glasgower Touristenzentrale gegründet wurde. Dem Texter der Werbeagentur Saatchi & Saatchi gebührt alle Ehre für seine Leistung: ›Glasgow's Miles Better!‹ Angespielt wurde natürlich auf das Schmuckstück der Royal Mile in Edinburgh. Die Headline konnte man einmal lesen als ›Glasgow ist um Meilen besser‹; durch geschickte Verwendung der Typographie konnte aber auch ›Glasgow Smiles Better‹ dabei herauskommen.

Glasgow's better!

Parallel zur Wortgewalt der Marketing-Strategen stellte man nach einer Bestandsaufnahme 3 000 Gebäude unter Denkmalschutz und säuberte die über Jahrzehnte verschmutzten Fassaden mit Hochdruckreinigern. Derart herausgeputzt strahlen die Häuser heute wieder im warmen Ocker des Sandsteins. Den Kahlschlagsanierern, die sich nicht gescheut hatten, das Haus von Charles Rennie Mackintosh abzureißen und einige seiner Jugendstil-Teestuben dem Erdboden gleichzumachen, entzog man die Befugnisse und rettete so Mackintoshs einzigen Sakralbau, die Queen's Cross Church.

Da horchten auch die Londoner Spitzenmanager auf, die in der Themse-Metropole seit Jahren über die exorbitanten Miet- und Grundstückspreise stöhnten. Warum nicht in

die Stadt am Clyde ausweichen – billiger als im Süden und mittlerweile genauso schön? In die renovierten Speicheranlagen zogen Hightech-Betriebe, Dienstleistungsunternehmen, sogar die Modebranche war sich nicht zu schade, in die Metropole zu kommen.

Die Rechnung geht auf

Dann wurde Glasgow 1990 zur Kulturhauptstadt Europas gekürt. Glückstrahlend lagen sich die behutsamen Sanierer und mutigen Initiatoren in den Armen. Die Regierung in London überwies nur lächerliche 500 000 £, die Stadt selbst investierte 50 Mio. £. Das Geld war gut angelegt: Insgesamt kamen 9 Mio. Besucher, davon 4 Mio. aus Nordamerika. Auf sage und schreibe 250 Mio. £ beliefen sich die Einnahmen. Der immaterielle Gewinn war jedoch noch weitaus höher, denn Glasgow wurde zum Touristenziel: Kein Schottland-Besucher kann guten Gewissens an der Clyde-Metropole vorbeifahren. Den Image-Wandel hatte man in nur wenigen Jahren geschafft.

Doch die wirtschaftliche Entwicklung der Stadt kann nicht über die tiefgreifenden sozialen Probleme und die Massenarbeitslosigkeit hinwegtäuschen. Zwar wurden die Fabrikviertel saniert und einige Slums durch Neubausiedlungen ersetzt. Trotzdem lebt über ein Viertel der Bevölkerung in Slums am Rande der Stadt. Im Jahr 2008 ließen mal wieder Meldungen aufhorchen, das Durchschnittsalter der Männer liege dort bei nur 54 Jahren. Alkohol, schlechte Ernährung, Gewalttaten werden als Ursachen genannt. Die Selbstmordrate ist dreimal höher als im Landesdurchschnitt. Der Slogan ›Glasgow's Miles Better‹ lässt diese Menschen nur müde lächeln.

Erfolgszahlen

1995 kamen 1,49 Mio. Besucher nach Glasgow, die einen Umsatz von 263 Mio. £ generierten. Zehn Jahre später waren es 2,8 Mio., die 700 Mio. £ in die Kassen spülten. Heute arbeiten 29 640 Glaswegians im Touristengewerbe ihrer Stadt, das sind 7,6 % aller Jobs.

Die schottische Wirtschaft

Jahrhundertelang basierte die schottische Ökonomie auf der Herstellung und dem Export von Whisky. Lange befürchteten die Wirtschaftsweisen, dass sich daran nichts ändern würde – doch weit gefehlt!

Rund 75 % des schottischen Bodens kann landwirtschaftlich genutzt werden, wobei Kulturpflanzen vor allem auf den fruchtbaren Schollen im südschottischen Hügelland angebaut werden. Hierzu zählt vor allem Gerste, deren gesamte Ernte-Erträge fast ausschließlich von den rund 110 Whisky-Destillen und den Bierbrauern abgenommen werden. Der Norden, mit seinen schlechteren Böden, eignet sich vor allem für die Weidewirtschaft, und überall in den Highlands trifft der Besucher auf frei grasende Schafherden. Bekannt ist das Gebiet auch für seine Rinder, die ein hochwertiges Fleisch sowie gute Milch liefern und sich ausgezeichnet zur Zucht eignen, so dass viele von ihnen in zu diesem Zweck in Länder der EU exportiert werden.

15 % des Landes sind von teils ausgedehnten Wäldern bedeckt, die gewerblich genutzt werden und zu mehr als einem Drittel zu der gesamten

Das Nordseeöl hat neue Arbeitsplätze in Schottland geschaffen

Holzproduktion Großbritanniens beitragen. Der Hinterlassenschaft der einstigen Kahlschläger der Wälder, die während des 18. und 19. Jh. zur Intensivierung der Schafzucht weite Teile des Baumbestands vernichteten, tritt heute die Forestry Commission mit groß angelegten Aufforstungsprogrammen entgegen. Nach den ersten Fehlern, schnell wachsendes Nutzholz auf unfruchtbaren Böden anzupflanzen, geht man nun umsichtiger zu Werke und verzeichnet gute Erfolge.

Von jeher spielte die Fischerei eine große Rolle. Auch heute noch stammen über 70 % der in Großbritannien angelandeten Fänge aus schottischen Gewässern. Die wichtigsten Trawler-Häfen sind Aberdeen und Fraserburgh an der Ostküste, Ullapool und Kinlochbervie an der nördlichen Westküste. Hier hat sich auch seit den 1970er-Jahren die Lachszucht rasant entwickelt und so ist Schottland einer der größten Lieferanten von Zuchtlachs.

Schottland war im Königreich einst bekannt für seine Stahl- und Schiffsproduktion. Von dieser Schwerindustrie ist nichts mehr geblieben. Stattdessen werden nun in großem Stil Elektronikkomponenten zu IT-End- und Peripheriegeräten zusammengesetzt. Die Region zwischen Glasgow und Edinburgh wird auch als ›Silicon Glen‹ bezeichnet, da sich die Produktionsstätten hier konzentrieren. Die Exportquote dieser Gerätschaften beträgt weit über 50 % der gesamten schottischen Ausfuhr. Damit ist der einstige Exportschlager, der Whisky, weit in den Schatten gestellt worden, wenngleich die Whisky-Destillen noch immer einen großen Prozentsatz zur Wirtschaftleistung beitragen. So arbei-

Schottlands Flüsse sind sauber – hier der Sligachan Fluss auf der Isle of Skye

ten 11 000 Menschen in den Brennereien und 57 000 in der Zuliefererindustrie. Im Schnitt werden 953 Mio. Flaschen verkauft, die dem Staat Einnahmen an der Alkoholsteuer von 800 Mio. £ einbringen und aus dem Export ca. 2 Mrd. £ erwirtschaften.

Aufschwung durch das Nordsee-Öl

70 % aller Beschäftigten arbeiten allerdings im Dienstleistungssektor, wobei der am schnellsten wachsende Bereich das Finanzwesen ist. Viele Investmentfonds werden von schottischen Brokern verwaltet, und auch die Versicherungsbranche ist stark vor Ort vertreten.

Seit in den 70er-Jahren des letzten Jahrhunderts in der Nordsee Öl und Erdgas gefunden wurde, konnte Schottland – obwohl bis zur Teilautonomie die meisten Gelder nach London flossen – einen rasanten ökonomischen Aufschwung verbuchen. Schnell entstanden Sekundärindustrien zur Fördertechnologie und die Ölförderung hat zu Abertausenden von gut bezahlten Arbeitsplätzen geführt. Zudem konnte die Wirtschaft von Aberdeen, der Orkney- und Shetlands-Inseln nachhaltig belebt werden. Zur Energiegewinnung tragen maßgeblich auch die Wasserkraftwerke bei, die mehr als 10 % des Eigenanteils an Strom decken.

Ein weiterer Devisenbringer ist der Tourismus: Schottland steht hinter London an zweiter Stelle in der Besuchergunst. Vor allem die Nachfahren der im 19. Jh. zur Auswanderung gezwungenen Highlander kommen scharenweise aus Übersee angereist.

Natur lockt Touristen
Das Scottish Tourist Board bemüht sich sehr um ausländische Reisende und hofft, die Besucherströme auch in strukturschwache Gebiete umlenken zu können. Angezogen werden die Besucher neben der Kultur vom Naturraum, der noch weitgehend ökologisch intakt ist. Das Scottish Development Department kümmert sich um den Gewässerschutz. Die Statistiken sind erfreulich: 95 % der Flüsse haben Trinkwasserqualität, leichte Verunreinigungen weisen 4 % und starke Verschmutzungen nur 1 % der Ströme auf. Biologisch tot sind weniger als 1 % und 70 % aller Seen erfreuen Schwimmer mit allerbester Badequalität.

Zu viel Rotwild in Schottland?

Schottlands Rotwild wird mehr und mehr zum Problem

Das Rotwild, in Schottland auch ›die Könige der Täler‹ genannt, erfreut mit seinen großen äsenden Herden die natur- und wanderbegeisterten Besucher: treffen sie hier doch in einer weitgehenden unbeschädigten Naturlandschaft noch auf eine scheinbar intakte ökologische Nische.

Diese Ansicht geht aber an der Realität vorbei. Mitte der 1960er-Jahre wurden rund 150 000 Tiere gezählt. Seither hat sich die Population explosionsartig ausgebreitet und umfasst nun rund 350 000 Rehe – 30 % des gesamten europäischen Bestandes. So viele Rehe leben in keinem anderen Land der EU, und sie werden in Schottland mehr und mehr zu einem Problem!

Kühe, Bullen und Kälber tun sich an Baumrinden und jungen Trieben gütlich. Sie zerstören die Bodenflora, so dass die Forestry Commission ihre Aufforstungsbemühungen konterkariert sieht und in manchen Regionen schon seit Jahren keine neuen Setzlinge mehr gepflanzt hat. Einmal im Jahr werfen die Hirsche zudem ihr Geweih ab, wobei sie dieses an den Bäumen reiben, um es loszuwerden. Das schädigt die Borke ganz erheblich.

Ökosystem nicht im Gleichgewicht

Sieht man einmal vom Menschen ab, so hat das Rotwild keine natürlichen Feinde mehr, denn Wölfe (der letzte Wolf wurde 1743 in Schottland getötet), Braunbären und Luchse sind seit rund 250 Jahren in freier Wildbahn ausgestorben. Zudem sind auch in Schottland in den letzten Jahrzehnten die Winter immer milder geworden, und die Tiere finden auch in der kalten Jahreszeit genügend Futter. Die Raubtiere sorgten früher dafür, dass die alten, kranken und jungen Rehe selektiert wurden und die verbleibenden stark, gesund und damit überlebensfähig blieben. Heute ist der Gesundheitszustand einer Herde wesentlich schlechter als in einem ausbalancierten

prächtig entwickelt, und auch die Bodenflora ist zu ihrer alten Vielfalt zurückgekehrt. Der Nachteil dieser Methode ist allerdings, dass die Herden nun in den frei zugänglichen Bereichen vermehrt auftreten und diese auch entsprechend schneller schädigen.

So gibt es bereits Überlegungen, in Schottland wieder Wölfe auszuwildern. Man kann sich allerdings lebhaft vorstellen, dass bei diesem Gedanken

Ökosystem – daran ändert auch die Bejagung durch den Menschen nichts.

Untersuchungen haben ergeben, dass bei einer durchschnittlichen Population von fünf Tieren pro Quadratkilometer eine Regeneration der Wälder möglich ist. In Schottland jedoch leben mehr als 40 Tiere pro Quadratkilometer, und die dadurch angerichteten Schäden können nicht mehr auf die gängige Art und Weise behoben werden.

Sollten die Menschen eingreifen?

Man versucht, aufgeforstete Bereiche großflächig einzuzäunen, um die Tiere am Zugang zu hindern. Das hat Erfolg, wie man an einen Projekt im Glen Affric sehen konnte. Seit dort 1990 eine große Region umfriedet wurde, haben sich die neu angepflanzten Bäumchen

die Farmer des Landes auf die Barrikaden gehen werden.

Steckbrief Rotwild

Männliche Tiere erreichen eine Schulterhöhe von bis zu 120 cm und wiegen zwischen 100 und 140 kg. In der Paarungszeit zwischen August und September tragen Hirsche Kämpfe um die Kühe aus. Nach einer Tragezeit von 33 Wochen werden die Kälber von Ende Mai bis Juli geboren. Während der ersten Tage säugt das Kalb alle zwei bis drei Stunden. Die Kuh versteckt ihr Kalb in dichtem Unterholz und kehrt mit dem Jungen nach zwei bis drei Wochen zurück zur Herde. Bis zum Beginn des Winters, Anfang November, ist sein Gewicht dann bis auf 30 kg gestiegen. Nach rund drei Jahren verlässt das nun ausgewachsene Tier seine Mutter und sucht sich eine Herde.

Unterwegs in Schottland

Unterwegs südlich von Ullapool

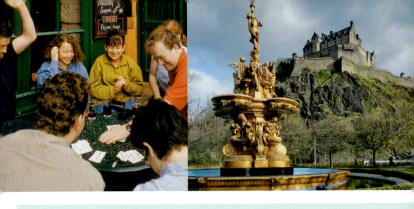

Das Beste auf einen Blick

Edinburgh

Highlight!

Edinburgh: Auf einem beschaulichen Spaziergang durch das ›Athen des Nordens‹: zu den gemütlichen Pubs am alten Grassmarket, entlang der Royal Mile durch die Altstadt der schottischen Metropole und zum Holyrood-Palast von Maria Stuart. 9 und 19 S. 81

Auf Entdeckungstour

Edinburgh Castle: Wehrhaft liegt die mächtige Festung auf einem steilen Felsen hoch über der Stadt und schützt die Bewohner schon seit mehr als 1300 Jahren. Allerdings nisteten sich hier auch zeitweise die Engländer ein, einst die Erzfeinde der Schotten. Heutzutage gibt es in den Garnisonsbauten viel zu entdecken, und der Blick von hier oben auf die Metropole ist traumhaft. 1 S. 86

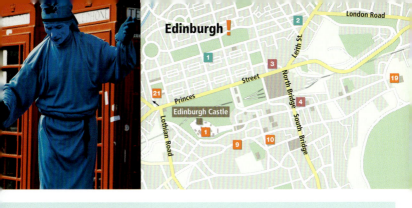

Kultur & Sehenswertes

Museum of Scotland und Royal Museum of Scotland: Alles, was man über das Land wissen möchte, wird in dem neuen, architektonisch anspruchsvollen Haus und in dem aus viktorianischer Zeit datierenden Vorgängergebäude museumspädagogisch anregend ausgestellt. 10 S. 89

Dean Gallery: Unter den vielen Exponaten moderner Kunst findet sich auch das komplette Atelier des in Großbritannien hochgeschätzten italienischstämmigen Künstlers Eduardo Paolozzi. 21 S. 92

Aktiv & Kreativ

Stadtrundgänge: Auf geführten Stadttouren und begleitet von kompetenten Führern, die viel Informatives und skurrile Anekdoten zum Besten geben, durch Edinburgh. S. 102

Genießen & Atmosphäre

Oyster Bar im Café Royal: Edinburghs ältestes Seafood-Restaurant bedient gehobene kulinarische Ansprüche in einem traumhaften Ambiente. 3 S. 99

Dubh Prais: Hier kommt nur eine authentische schottische Küche und sonst gar nichts auf den Tisch des Gastes. Ein Muss für jeden Freund des Landes, der keinen Aspekt davon auslassen möchte. 4 S. 101

Abends & Nachts

Fingers Piano Bar: Ein immer zum Bersten voller Late Night Club im atmosphärischen Basement des Restaurants La Petite Folie. Blues, Rock und Pop bis morgens um drei. 1 S. 103

Ego: Eine große Disco in einem ehemaligen Casino. 2 S. 103

Edinburgh – die Hauptstadt !

Edinburgh, seit dem 15. Jh. die Hauptstadt von Schottland, ist mit knapp 500 000 Einwohnern der kulturelle und administrative Mittelpunkt des Landes. So schön präsentiert sich dem Besucher die Stadt, dass ein Chronist sie einmal das ›Athen des Nordens‹ nannte. Aber gegenteilige Stimmen gab es ebenfalls: Edinburghs Beiname lautet auch The Auld Reekie, ›die alte Verräucherte‹, wenngleich Anfang des 21. Jh. davon nichts mehr zu spüren ist.

Nach London steht die schottische Hauptstadt an zweiter Stelle in der Gunst ausländischer Besucher auf den Britischen Inseln. Das alljährlich zwischen Mitte August und Anfang September stattfindende Edinburgh Festival (s. S. 54) mit zahlreichen Rahmenveranstaltungen trägt wesentlich zum Interesse der vielen Touristen bei.

Infobox

Reisekarte: ▶ E/F 9

Tourist Information
3 Princes St., im Waverley Bridge Shopping Centre, Tel. 0131 4 73 38 00.

Stadtrundfahrten
Am Waverley Bridge Shopping Centre, alle 10/15 Minuten in offenen Doppeldeckerbussen.

Internet
www.citygateways.visitscotland.com/de/edinburgh. Deutschsprachige Website des schottischen Touristenamtes über Edinburgh.
www.de.wikipedia.org/wiki/edinburgh. Website der Wikipedia Enzyklopädie mit vielen Informationen.

Anreise und Weiterkommen
Edinburghs Flughafen liegt ca. 11 km westlich und wird mit alle zehn Minuten fahrende Busse mit dem Stadtzentrum verbunden. Die Busse halten am östlichen Ende der Princes Street, Edinburghs Hauptstraße, am Bahnhof Waverly Bridge Station.
Das Bus Terminal für den innerstädtischen Nahverkehr wie auch für Fahrten ins gesamte Land liegt fünf Gehminuten von Waverly Bridge Station entfernt am St. Andrew's Square.

Geschichte

Edinburghs Geschichte reicht weit zurück. Im 7. Jh. schon soll Edwin, der König von Northumberland, eine erste Befestigungsanlage gegründet haben. 400 Jahre später entstand unterhalb der heutigen Burg eine kleine Ansiedlung. Um 1125 erhielt die Ortschaft das Stadtrecht und avancierte zur Royal Burgh. Nur wenige Jahre später weihte man die Abteikirche von Holyrood, aus deren Gästehaus dann der gleichnamige Palast hervorgehen sollte. 1215 tagte das erste Parlament in der Stadt, und seit 1455 schützte eine Wallmauer die Bewohner vor feindlichen Angriffen.

Einer großen Feuersbrunst fielen 1530 viele Gebäude zum Opfer, die Wiederaufbauarbeiten machten 14 Jahre später die Truppen von Heinrich VIII. zunichte. Nach 1603 wurde es kurze Zeit etwas ruhiger in der Stadt. Jakob VI., Sohn von Maria Stuart, bestieg im Zuge der Unions of the Crown auch den englischen Thron (als Jakob I.

Geschichte

Sightseeing in Edinburgh einmal anders

von England) und verlegte seinen Herrschersitz in die Themse-Metropole.

Schon bald aber gärte es wieder heftig in Edinburgh. Der Versuch von Karl I., die anglikanische Staatskirche gegen den presbyterianischen schottischen Glauben durchzusetzen, führte zu bürgerkriegsähnlichen Aufständen. Im Jahre 1650 besetzte der Lord Protector Oliver Cromwell die Stadt und tat sich als wahrer Schlächter hervor. Auch das folgende Jahrhundert ließ den Bewohnern kaum eine Atempause. Im Zuge der Jakobitenaufstände versuchte Bonnie Prince Charlie 1745, **Edinburgh Castle** 1 einzunehmen. Die Belagerung misslang jedoch; die Schotten verfügten nicht über die notwendigen Geschütze, um die Festung sturmreif zu schießen. So feierte der Stuart-Spross seine ersten schnellen Siege über die englischen Truppen im Holyrood Palace.

1767 begannen die Städteplaner mit der Anlage der New Town. Die Altstadt zwischen Burg und Holyrood Palace konnte die Menschenmassen nicht mehr beherbergen. Nördlich vom einstigen Stadtzentrum entstand ein überschaubares Quartier mit rechtwinklig verlaufenden Straßen und Gebäuden im schönsten georgianischen Stil.

Zu den traditionellen Industriezweigen in Edinburgh gehören Brauereien sowie Whisky-Destillen, Druckereien, Papier- und Textilhersteller. In jüngerer Zeit haben sich viele Elektronikfirmen und weitere Betriebe der Leichtindustrie in der Stadt niedergelassen.

Stadtspaziergang

Princes Street
Unsere Stadterkundung beginnt am Ostende der Princes Street, der Flanier- und Geschäftsmeile von Edinburgh.

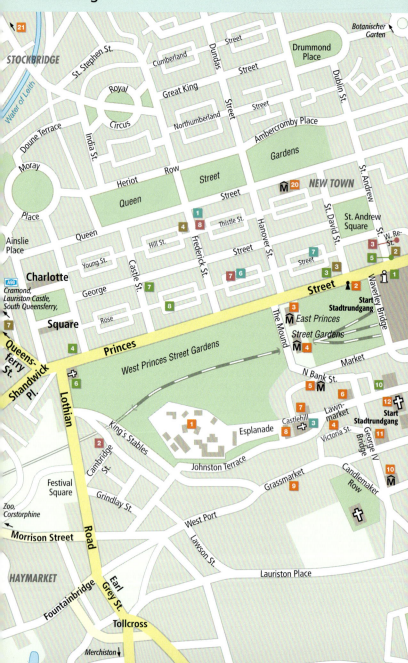

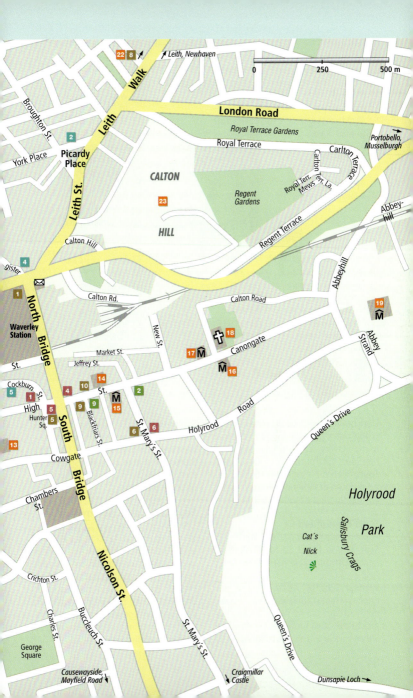

Sehenswert

1. Edinburgh Castle
2. Scott Monument
3. Royal Scottish Academy
4. National Gallery
5. Lady Stair's House
6. Gladstone's Land
7. Outlook Tower
8. Scottish Whisky Heritage
9. Grassmarket
10. Museum of Scotland/ Royal Museum
11. Scottish National Library
12. High Kirk of St. Giles/Stadtrundgänge
13. Parliament House
14. John Knox's House
15. Museum of Childhood
16. Museum of Edinburgh
17. Canongate Tolbooth mit Museum The People's Story
18. Canongate Church
19. Holyrood Palace
20. Scotish National Portrait Gallery
21. Scottish National Gallery of Modern Art & Dean Gallery
22. Royal Yacht Britannia
23. Calton Hill

Übernachten

1. Balmoral Hotel
2. Royal British Hotel
3. Old Waverly Hotel
4. Frederick House Hotel
5. Ibis Hotel
6. Travelodge
7. Galloway Guest House
8. Ardmore House
9. High St. Hostel
10. Brodie's Backpacker's Hostel

Essen & Trinken

1. Jackson's Restaurant
2. Atrium
3. Oyster Bar im Cafe Royal
4. Dubh Prais
5. Creeler's Seafood & Bistro Restaurant
6. David Bann
7. Mussel Inn
8. Cafe Rouge

Einkaufen

1. Waverley Shopping Centre
2. Slanj of Scotland
3. Jenners
4. Edinburgh Woollen Mill
5. Waterstone's
6. One World Shop
7. Cruise
8. Tiso
9. Palenque
10. Royal Mile Whiskys

Abends & Nachts

1. Fingers Piano Bar
2. Ego
3. Ensign Ewart
4. Guildford Arms
5. Malt Shovel Inn
6. Rose St. Brewery
7. Abbotsford

Dort befindet sich im Waverley Shopping Centre **1** auch das Tourist Information Office. Während der Saison ist hier der Treffpunkt für die Guided Tours. Mehrmals täglich wird man von Anekdoten erzählenden Führern sachkundig durch die Stadt geleitet.

Scott Monument **2**

East Princess Street Garden, April– Sept. Mo–Sa 10–18, So 10–18 Uhr, verkürzte Öffnungszeiten im Winter, 2,50 £
Wenige Schritte westwärts auf der Princes Street stoßen wir in einem kleinen Park auf das im neogotischen Stil errichtete, 1844 enthüllte Denkmal zu Ehren von Sir Walter Scott. Mehr als 60 Skulpturen, die Figuren aus den Werken des Romanciers darstellen, schmücken das 67 m hohe Bauwerk. Über 287 Stufen kann man zu seiner Spitze aufsteigen, von der man einen guten Blick über die Stadt hat.

Royal Scottish Academy **3**

The Mound, www.royalscottishaca demy.org, tgl. 10–17, Do bis 19 Uhr
In der Königlich-Schottischen Akademie, 1826 unter der Bauaufsicht des Edinburgher Lokalarchitekten William Playfair errichtet, kann man Gemälde und Skulpturen bewundern; während der Festspieltage im August und September kommen themenbezogene Sonderausstellungen hinzu.

Stadtspaziergang

National Gallery of Scotland [4]
The Mound, www.nationalgalleries.org, tgl. 10–17, Do bis 19 Uhr
Dahinter erhebt sich im Stil eines griechischen Tempels die Nationalgalerie, ebenfalls nach Entwürfen von William Playfair erbaut, in der Werke italienischer, spanischer, flämischer sowie englischer und schottischer Meister ausgestellt sind. Vorbei an den beiden Museen läuft die Straße The Mound den Hügel aufwärts, der auch hinter den beiden Ausstellungsgebäuden auf den Playfair Steps (Treppenstufen) erreicht werden kann.

Lady Stair's House [5]
Lady Stair's Close, Lawnmarket, www.cac.org.uk, Mo–Sa 10–17, Aug. So 12–17 Uhr, Eintritt frei
In einem Hinterhof an der North Bank Street ragt Lady Stair's House auf, dem man unbedingt einen Besuch abstatten muss. 1622 ließ ein wohlhabender Händler das Gebäude errichten, ein Jahrhundert später zog die Gräfin von Stair in die Gemächer, und seither trägt das Haus ihren Namen. Heute ist hier ein ausgezeichnetes Museum zu den drei großen schottischen Dichtern eingerichtet (s. S. 57).

Gladstone's Land [6]
477 b Lawnmarket, www.nts.org.uk, April–Juni, Sept./Okt. tgl. 10–17, Juli/Aug. tgl. 10–19 Uhr, 5 £
In Lawnmarket steht ein 1620 fertig gestelltes, sechsstöckiges, ehemaliges Mietshaus. Es verdeutlicht recht typisch die Altstadtbebauung von Edinburgh in jenen Tagen. Der National Trust for Scotland hat eine Niederlassung in dem gut renovierten Gebäude.

Outlook Tower [7]
Castle Hill, www.camera-obscura.co. uk, Juli/Aug. tgl. 9.30–19.30, Sept./Okt. tgl. 9.30–18, Nov.–März tgl.
10–17, April–Juni, tgl. 9.30–18 Uhr, 7,95 £
Etwas weiter stößt man am Castle Hill auf den Outlook Tower. Von der Dachterrasse hat man einen weiten Blick über die schottische Kapitale. Interessant sind die Hologramm- und Fotoausstellungen sowie eine so genannte Camera obscura, die, richtet man sie auf einen Teil der Stadt, das Panorama der Metropole auf eine halbrunde Mattscheibe projiziert.

Scottish Whisky Heritage [8]
Castlehill, www.whisky-heritage. co.uk, Sept.–Mai tgl. 9–18, Juni–Aug. tgl. 9.30–18.30 Uhr, 9,50 £
Gegenüber vom Aussichtsturm informiert das Scottish Whisky Heritage Centre Besucher über das hochprozentige Nationalgetränk. Es ist jedoch allemal besser, sich bei einem Besuch in einer der vielen arbeitenden Whisky-Destillen mit der Herstellung dieses Brannts vertraut zu machen. Bei vielen Destillen sind die Führungen kostenlos.

Grassmarket [9]
Dort, wo die Esplanade in die Straße Castlehill übergeht, führt rechter Hand die Treppengasse North Castle Wynd abwärts, quert die Straße Johnston Terrace und verläuft dann als South Castle Wynd herunter zum Grassmarket. Auf dem alten Marktplatz wurden nicht nur friedliche Geschäfte getätigt, hier stand bis ins 19. Jh. auch der Galgen, an dem man Missetäter öffentlich henkte. Ein Kreuz im Bodenpflaster kennzeichnet die Stelle. Makaber der Name des daneben liegenden Pubs: Last Drop, letzter Tropfen. Noch einige weitere alte Tavernen laden zu einem Bitter, Lager oder Ale ein, so The White Hart Inn (mit Restaurant), in dem schon Robert Burns gebechert haben soll, und The Beehive Inn, in dem einst Hah-

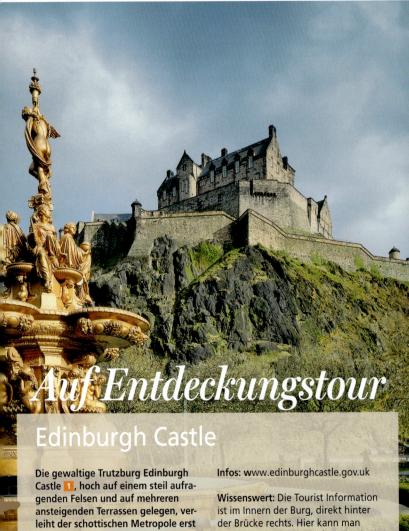

Auf Entdeckungstour

Edinburgh Castle

Die gewaltige Trutzburg Edinburgh Castle 1, hoch auf einem steil aufragenden Felsen und auf mehreren ansteigenden Terrassen gelegen, verleiht der schottischen Metropole erst ihr vollendetes Stadtpanorama.

Öffnungszeiten: April–Sept. tgl. 9.30–18, Okt.–März tgl. 9.30–17 Uhr

Eintritt: 12 £, Kinder die Hälfte

Infos: www.edinburghcastle.gov.uk

Wissenswert: Die Tourist Information ist im Innern der Burg, direkt hinter der Brücke rechts. Hier kann man auch Eintrittskarten kaufen. Wer langes Warten vermeiden möchte, kauft die die Tickets im Internet und holt diese an den Ticket Machines ab: hinter der Brücke links.

Auf einem 115 m hohen, nach drei Seiten steil abfallenden Felsen vulkanischen Ursprungs erhebt sich das Wahrzeichen von Edinburgh. Schon im 7. Jh. wurde diese strategisch günstige Stelle mit einem Fort befestigt, im 10. Jh. eroberten die Kelten die Verteidigungsanlage. Hundert Jahre später zog es vor allem Königin Margaret, die Gemahlin von Malcolm III. Canmore, auf den Edinburgher Burghügel, obwohl sie und ihr Gatte eigentlich in Dunfermline ihre Residenz hatten. Der englische Herrscher Eduard I. ließ die Befestigung 1296 erobern. Robert Bruce, der Sieger von Bannockburn, erteilte dann 1314 den Auftrag, die Burg dessen Nachfolger Eduard II. abzunehmen. Sir Thomas Randolph, ein Neffe von König Robert, kletterte mit 30 Gefolgsleuten in einer spektakulären Nacht-und-Nebel-Aktion die steilen Felsen hoch. Die kleine Truppe überrumpelte die völlig überraschten Besatzer, die von dieser Seite keine Gefahr erwartet hatten. 1337 holten sich die Engländer die Festung zurück, vier Jahre später aber waren die Schotten erneut Herr der Anlage. Im Jahre 1566 erblickte Jakob VI., der Sohn von Maria Stuart, das Licht der Welt in Edinburgh Castle. 1573 belagerten die Engländer das Fort erneut und schossen es sturmreif. 1650 residierte Cromwell in den Mauern und knechtete die Edinburgher Bevölkerung.

Täglich ein Schuss

Nachdem man das **Gatehouse (1)** und das **Porticulis-Tor (2)** durchschritten hat, gelangt man hügelaufwärts zu den Bastionen **Argyle Battery (3)** und **Mills Mount Battery (4)**, wo täglich außer Sonntags um 13 Uhr ein Salutschuss abgefeuert wird. In früheren Tagen diente dieser Service den Schiffen im Firth of Forth, denn die Kapitäne konnten danach ihre Chronometer genau einstellen. In einem Raum unterhalb der Bastion gibt es eine kleine Ausstellung über Geschichte und Sinn des laut krachenden Kanonenschusses, bei dem sich empfindsame Gemüter die Ohren zuhalten sollten. Beide Geschützplattformen gewähren einen fantastischen Blick auf die Stadt.

Das **Governor's House (5)** ist heute die Offiziersmesse der Garnison, dahinter erstreckt das alte **Krankenhaus-Gebäude (6)**, in dem eine Ausstellung über 400 Jahre schottische Militärgeschichte und vieles mehr informiert. In den **New Barracks (7)**, dem größten Baukomplex innerhalb der Mauern, hatte und hat die Garnison der Festung ihre Unterkünfte.

Kanonen und Kirche

Das **Foog's Gate (8)** – rechterhand davon die Verließe, in denen die Gefangenen der napoleonischen Kriege untergebracht waren – gewährt Einlass in die innere Burganlage und führt sogleich zur **St. Margaret's Chapel (9)**, dem ältesten erhaltenen Gebäude von Edinburgh. Das kleine, weitgehend schmucklose Kirchlein wurde wahrscheinlich um 1090 errichtet und ist der heilig gesprochenen Königin Margaret, Gemahlin von Malcolm III. Canmore, geweiht. Für 300 Jahre, bis 1845, diente das Heiligtum ganz profan als Pulvermagazin. Als besondere Besucherattraktion ist hier die gewaltige **Kanone Mons Meg (10)** immer von Touristen umlagert. Das monströse, wahrscheinlich um 1455 in Flandern gegossene Geschütz soll Jakob II. die Einnahme von Threave Castle ermöglicht haben; es war in der Lage, eine 500-Pfund-Kugel annähernd zwei Meilen weit zu schießen … 1681 zerbarst Schottlands ›Dicke Berta‹ bei einem Salutschuss für den Duke of York.

87

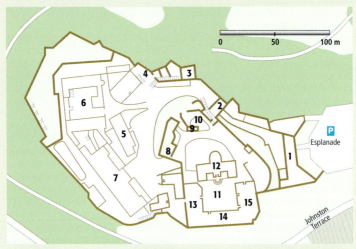

1 Gatehouse	8 Foog's Gate	13 Royal Scots Regimental
2 Porticulis-Tor	9 St. Margaret's Chapel	Military Museum
3 Argyle Battery	10 Kanone Mons Meg	14 Great Hall
4 Mills Mount Battery	11 Crown Square	15 Königlicher Palast
5 Governor's House	12 Scottish National War	
6 Altes Krankenhaus	Memorial	
7 New Barracks		

Wenige Schritte weiter ist der **Crown Square (11)** erreicht, das Zentrum der weitläufigen Burganlage. Das Gebäude des **Scottish National War Memorial (12)** nimmt die Nordseite ein, im Westen befindet sich das **Royal Scots Regimental Military Museum (13)**, und an der Südseite erstreckt sich die **Great Hall (14)**, auch Old Parliament Hall oder Banqueting Hall genannt. An der Ostseite schließlich ragt der **königliche Palast (15)** auf. Besuchermagneten sind dort der winzige Raum, in dem Maria Stuart dem späteren Jakob VI. das Leben schenkte, sowie der Crown Room, in dem man die schottischen Reichsinsignien betrachten kann. Sir Walter Scott haben wir es zu verdanken, dass diese Regalien der Öffentlichkeit zugänglich sind.

Nach der Vereinigung des englischen und schottischen Parlaments bestimmte der Act of Union ausdrücklich, dass die Schotten ihre Reichsinsignien zwar nicht mehr benutzen, aber in Edinburgh Castle aufbewahren durften. So wurden am 21. 3. 1707 nach der letzten Sitzung des schottischen Parlaments Krone, Zepter und Reichsschwert feierlich in einer Eichentruhe verschlossen, im Crown Room versiegelt – und fortan vergessen. Mehr als ein Jahrhundert später besannen sich die Schotten wieder ihrer nationalen Identität und forschten nach dem Verbleib der Reichsinsignien. Sir Walter Scott erhielt von Georg IV. die Erlaubnis, auf Edinburgh Castle nach Krone, Zepter und Schwert zu suchen und wurde schließlich fündig.

Stadtspaziergang

nenkämpfe stattfanden, The Black Bull sowie The Fiddler's Arms.

Über die Candlemaker Row am östlichen Ende des Grassmarket erreicht man Straße George IV. Bridge. Hier finden Hundefreunde ein ergreifendes Denkmal: In Stein gehauen hält der Skye-Terrier Bobby Wacht, der im 19. Jh. sage und schreibe 14 Jahre am Grab seines Herrchens getrauert haben soll.

Wer sich bei einem Glas Bitter länger Gedanken über tierische Treue machen möchte, hat im gemütlichen gleichnamigen Pub Gelegenheit dazu. Hartgesottenere Naturen können sich das grausige Spektakel der letzten öffentlichen Hinrichtung in Edinburgh vergegenwärtigen, die 1864 Schaulustige in die George IV. Bridge zog. Ein knappes halbes Jahrhundert zuvor legte der Henker an dieser Stelle William Burke die Schlinge um den Hals. Der Mörder und Leichenräuber trieb in der Altstadt sein Unwesen und verkaufte die sterblichen Hüllen seiner Opfer an die Universitätsanatomie. In seiner Erzählung ›Der Leichenräuber‹ griff Stevenson diese Episode auf.

Museum of Scotland/
Royal Museum of Scotland 🔟
Chambers Street, www.nms.ac.uk, tgl. 10–17 Uhr
Das Museum of Scotland ist in einem architektonisch sehr eigenwilligen Bau von 1999 untergebracht. Das Ausstellungsgebäude macht auf sechs Etagen mit der politischen, sozialen und industriellen Entwicklung Schottlands von den frühesten Tagen bis heute vertraut.

Im Museum lockt auch das ganz ausgezeichnete Tower Restaurant (Tel. 225 30 03). Die Küche ist auf hohem Niveau und die Weinkarte umfangreich. Von der Dachterrasse des Hauses aus hat man einen guten Blick über die Stadt.

Vom Erdgeschoss des Museums gelangt man direkt in das Mitte des 19. Jh. errichtete Royal Museum mit seiner wunderschönen lichtdurchfluteten viktorianischen Halle. Das Haus zeigt Exponate zur Zoologie, Geologie, Natur-, Sozial- und Technikgeschichte, Kunst aus Asien, Afrika und Ägypten. Bis 2011 wird das Ausstellungsgebäude allerdings umfassend umgebaut, und nicht alle Exponate stehen zur Verfügung.

Scottish National Library 🔟🔟
George IV. Street, Exhibition Room, www.nls.uk, Mo–Sa 10–17, So 14–17 Uhr
In der Bibliothek füllen nicht nur etwa 5 Mio. Bücher die Regale, sondern es werden auch Wechselausstellungen zu verschiedenen Themenbereichen organisiert.

Royal Mile
Die königliche Meile verbindet Edinburgh Castle im Westen mit dem Holyrood Palace im Osten. Sie besteht aus den Straßen Castlehill, Lawnmarket, High Street und Canongate.

An der Ecke Lawnmarket/North Bank Street erinnert die Deacon Brodie's Tavern an einen zwielichtigen Charakter. Der Stadtrat William ›Deacon‹ Brodie, ein geachteter Handwerker und honoriger Bürger, führte im 18. Jh. jahrelang ein Doppelleben. Tagsüber ging er seinen ehrbaren Geschäften nach und tat Gutes für die Stadtentwicklung – pikanterweise verbesserte er den Galgen. Nachts raubte Brodie als Führer einer Bande die Reichen aus. Als er mit seinen Kumpanen am Ende der Royal Mile (heute Chessel's Court) in das Steueramt einstieg, wurde die Gang verhaftet. Brodie, der die Wirksamkeit des Galgens nur zu gut kannte, versuchte, dem Henker mit einem stählernen Kragen ein Schnipp-

Stadtspaziergang

chen zu schlagen. Die Manipulation flog jedoch auf, und 1788 wurde Deacon Brodie ›aufgeknüpft‹. Die Lebensgeschichte dieses zwielichtigen Charakters inspirierte Robert Louis Stevenson zu seiner berühmten Erzählung von Dr. Jekyll und Mr. Hyde.

High Kirk of St. Giles 12
High Street, www.stgilescathedral. org.uk, Mai–Sept. Mo–Fr 9–19, Sa 9–17, So 13–17, Okt.–April, Mo–Sa 9–17, So 13–17 Uhr
An der Stelle der Kirche soll schon im 9. Jh. ein Gotteshaus gestanden haben – der heutige Bau entstand im 14. Jh. Zwischen 1633 und 1638 sowie in der Zeit von 1622 bis 1689 besaß St. Giles den Status einer Kathedrale. Der Reformator John Knox hielt von der Kanzel einige seiner gefürchteten Predigten. Erst 1911 wurde nach den Plänen von Robert Lorimer an der Südostecke von St. Giles die aufwendig geschmückte Thistle Chapel für den noblen Ritterorden ›The Most Ancient and Most Noble Order of the Thistle‹ angebaut. Dem exklusiven Zirkel, den es bereits während der Regentschaft von Jakob V. im 16. Jh. gab, gehören der englische König sowie weitere 16 Ritter an – Mitglieder erkennt man an der Kurzbezeichnung K. T. (Knight of the Thistle). An der Ostseite von St. Giles markiert eine 1885 errichtete Kopie des Mercat Cross den einstigen Handelsplatz, den Proklamations- und Versammlungsort sowie die Richtstätte. Nicht weit entfernt zeigt die Straßenpflasterung die Umrisse eines Herzens: Das ›Heart of Midlothian‹ – nach dem Scott einen seiner Romane nannte – erinnert an das Stadtgefängnis Old Tolbooth Prison, das 1736 von Aufständischen gestürmt wurde. Traditionsbe-

wusste Edinburgher spucken beim Vorbeiflanieren noch heute auf das Zeichen.

Parliament House 13
Hinter der Kirche St. Giles steht das Parlamentsgebäude, in dem bis zum Act of Union im Jahre 1707 die schottische Versammlung tagte. Heute hat hier der High Court, der Oberste Gerichtshof Schottlands, seinen Sitz. Vor dem Gebäude grüßt der in einem Reiterstandbild dargestellte Karl II. Darunter fand der schottische Reformator John Knox 1560 seine letzte Ruhestätte.

John Knox's House 14
45 High Street, Mo–Sa 10–18, Juli/Aug. So 12–18 Uhr, 3,50 £
In die High Street ragt das ansehnliche, aus dem 15. Jh. stammende Gebäude hinein, in dem der schottische Reformator eine Zeitlang gewohnt haben soll. Eine audiovisuelle Vorführung informiert über das von Askese und Puritanismus geprägte Leben des Glaubenseiferers, der mit seinen harten calvinistischen Doktrinen vor allem die lebenslustige Maria Stuart immer wieder zur Verzweiflung brachte.

Museum of Childhood 15
42 High Street, www.vam.ac.uk, tgl. 10–17.45 Uhr
Gegenüber von John Knox's House lockt das vor allem für die Kleinen interessante Museum mit Spielzeug und Puppen und vielen weiteren Exponaten zur Geschichte der Kindheit.

Museum of Edinburgh 16
142 Canongate, www.cac.org.uk, Mo–Sa 10–17, Aug. So 12–17 Uhr
Die High Street geht nun in die Canongate über, die den Abschluss der Royal Mile ist. Im Huntly House, 1570 erbaut, berichtet heute das Stadtmu-

Princes Street Gardens

Edinburgh

seum von Edinburgh mit vielen Ausstellungstücken über die Geschichte der schottischen Hauptstadt.

Canongate Tolbooth/Museum
The People's Story [17]

163 Canongate, www.cac.org.uk, Mo–Sa 10–17, Aug. So 12–17 Uhr
Gegenüber dem Museum of Edinburgh ragt Canongate Tolbooth auf, das alte Rathaus der früher selbstständigen, rund um Canongate angesiedelten Gemeinde. Im Innern erzählt das Museum The People's Story Geschichten über das Alltagsleben ganz gewöhnlicher Edinburgher Bürger.

Canongate Church/Friedhof [18]

Auf dem benachbarten Kirchhof der Canongate Church ruht der schottische Nationalökonom Adam Smith (1723–1790), der die geleistete Arbeit eines Volkes im Zusammenwirken mit den Produktionsfaktoren Boden und Kapital als Quelle aller Werte und als Reichtum einer Nation erklärte. Voraussetzung für das Optimum des sozial-ökonomischen Gemeinwohls sei ein freier Markt mit nur geringen staatlichen Eingriffen. Ebenfalls begraben sind hier der jung durch eigene Hand verstorbene Poet Robert Ferguson (1750–1774) und Agnes MacLehose (1759–1841), eine der vielen Geliebten des Herzensbrechers Robert Burns, der sie in seinem Werk unter dem Namen Clarinda unsterblich gemacht hat.

Holyrood Palace [19]

Canongate, www.royal.gov.uk, Nov.–März tgl. 9.30–16.30, April–Okt. tgl. 9.30–18 Uhr (weilt Queen Elisabeth zu Besuch, bleibt der Palast für die Öffentlichkeit geschlossen), 9,80 £
Am Ende der königlichen Meile steht die offizielle Schottland-Residenz des britischen Königshauses. Das herrschaftliche Anwesen ging aus einer kleinen, im 12. Jh. errichteten Abtei hervor. 1501 erteilte Karl II. den Auftrag für einen großen Erweiterungsbau. Im Palast von Holyrood regierte Maria Stuart als Königin der Schotten. Hier heiratete sie Lord Darnley, und hier musste sie mit ansehen, wie ihr Mann und einige Verschwörer ihren geachteten Privatsekretär David Riccio ermordeten (s. S. 67).

Scottish National Portrait Gallery [20]

Queens Street, www.nationalgalleries.org, tgl. 10–17, Do bis 19 Uhr
In der georgianischen New Town von Edinburgh liegt die Scottish National Portrait Gallery, die eine Vorstellung vermittelt, wie berühmte Schotten ausgesehen haben – darunter Adlige, Wissenschaftler, Künstler, Entdeckungsreisende und Lebemänner.

Scottish National Gallery of Modern Art & Dean Gallery [21]

75 Bedford Road, www.nationalgalleries.org, tgl. 10–17 Uhr
Etwas außerhalb des Stadtzentrums befinden sich in zwei gegenüberliegenden Gebäuden die National Gallery of Modern Art und die Dean Gallery. In ersterer wird die Kunst des 20. Jh. gezeigt, vertreten durch hochrangige Künstler wie Picasso, Matisse, Magritte, Miró, Mondrian und Giacometti. Die Dean Gallery widmet sich vor allem den Dadaisten und Surrrealisten wie Dali oder Max Ernst und zeigt eine große Sammlung von Graphiken des in Edinburgh geborenen Bildhauers Eduardo Paolozzi (1924–2005) sowie das originalgetreu wieder aufgebaute Atelier des Meisters.

Royal Yacht Britannia [22]

Leith, Ocean Terminal, www.royalyachtbritannia.co.uk, Jan.–März, Nov./Dez. tgl. 10–15.30, April–Juni,

Arthur's Seat

Hauptsache farbenfroh: Geschäfte und Pubs rings um den Grassmarket

Sept./Okt. tgl. 10–16.30, Juli/Aug. tgl. 9.30–16.30 Uhr, 9,75 £.
Im einstigen Hafengebiet von Edinburgh, im Stadtteil Leith, liegt am Ocean Drive die ehemalige königliche Yacht ›Britannia‹ vor Anker. Königin Elisabeths Musikdampfer wurde im Januar 1954 in Dienst gestellt und 1997 nach der Heimholung des letzten britischen Gouverneurs von Hongkong stillgelegt. 968 Staatsbesuche hat die Queen mit ihrer Yacht in aller Welt unternommen, dabei knapp 1 Mio. nautische Meilen zurückgelegt und die Großen der Welt in diesen 43 Jahren zum Bord-Dinner geladen (Ausschilderung Leith, Royal Yacht Britannia).

Es lohnt sich, auf der Website unter ›Visitor Information‹ nach *Special offers* zu schauen, da es zu bestimmten Zeiten Preisermäßigungen gibt.

Arthur's Seat

Inmitten von Edinburgh ragt beim Holyrood Palace und im Holyrood-Park ein Stück der rauen Highlands auf: Der Arthur's Seat. Hierbei handelt es sich um einen Basalt-Hügel, der vor 350 Mio. Jahren durch vulkanische Aktivitäten emporgedrückt und von den Gletschern der Eiszeit geschliffen wurde.

Der Tafelberg ist ein beliebtes Naherholungsgebiet von Edinburgh, in dem die Einwohner der Stadt gerne ihre Freizeit verbringen, spazieren gehen und picknicken. Der Gipfel hat eine Höhe von 251 m und bietet prachtvolle Ausblicke auf die emsige Metropole. Aufsteigen kann man auf verschiedenen Wanderwegen von allen Seiten.

Lieblingsort

Calton Hill [23]
Von dem vulkanischen Steinklotz am östlichen Ende von Princess Street hat man eine prachtvolle Aussicht auf Schottlands Metropole. Da sieht man im Vordergrund den gewaltigen Bau des Balmoral Hotel, dann das wie eine Nadel aufragende, fast 70 m hohe neogotische Denkmal für Sir Walter Scott, zu Füßen des Burgberges das schnurgerade, geschäftig gen Westen laufende Band des Flanierboulevards Princess Street, rechts von Geschäften, links von den sattgrünen Princess Street Garden flankiert und darüber auf einem steilen, scheinbar unzugänglichen Felsen Edinburgh Castle. Diese Stadtansicht verleiht Edinburgh eine äußerst charmante Identität.

Edinburgh

Übernachten

Gediegenes Ambiente – **Balmoral Hotel** [1]: 1 Princes St., Tel. 0131 556 24 14, www.thebalmoralhotel.com, DZ 165–220 £. Wahrzeichen von Edinburgh, international gehobener Standard, umfassend renoviert, luxuriöse Zimmer, geräumige Suiten, das Number One Restaurant ist vom Michelin mit einem Stern geadelt worden, sehr großer Wellness- und Fitness-Bereich.

Königlich britisch – **Royal British Hotel** [2]: 20 Princes St., Tel. 0131 556 49 01, www.royalbritishhotel.com, DZ 130 £. Zentrale Lage an der Princess Street, 72 gut ausgestattete Zimmer, vier Konferenzräume, erst kürzlich umfassend renoviert.

Bekannt & beliebt – **Old Waverly Hotel** [3]: 43 Princes St., Tel. 0131 556 46 48, www.oldwaverly.co.uk, DZ ab 130 £. Alteingesessenes, traditionelles schottisches City Centre Hotel mit Blick auf Burg und Scott's Monument, gut eingerichtete Zimmer, das Cranston Restaurant wird auch von den Bewohnern der Stadt geschätzt.

Gute Lage – **Frederick House Hotel** [4]: 42 Frederick St., Tel. 0131 226 19 99, www.townhousehotels.co.uk, DZ 70 £. Verhältnismäßig preiswertes und ordentliches City Centre Hotel mit guter Lage, das sich auch in Katalogen deutscher Reiseanbieter findet, 45 Zimmer.

Einfach, aber gut – **Ibis Hotel** [5]: Hunter Square, off Royal Mile, Tel. 0131 240 70 00, www.ibishotels.com, DZ 65 £. Ordentliches, vergleichsweise preiswertes Haus der französischen Hotelkette im Zentrum der Altstadt, 99 einfach eingerichtete Zimmer, sechs davon sind behindertengerecht ausgestattet.

Spartanisch, aber preiswert – **Travelodge** [6]: 33 St. Mary's St., Tel. 0131 557 62 81, www.travelodge.co.uk, DZ 65 £. Preiswertes Haus im Zentrum der Alt-

stadt, modern, aber einfach eingerichtete Zimmer, auf Service jeglicher Art wird weitgehend verzichtet.

Nahe Princess Street – **Galloway Guest House** [7]: 22 Dean Park Crescent, Tel. 0131 332 36 72, DZ 60 £. 10 individuell eingerichtete Zimmer in einem vikto-

Adressen

Balmoral Hotel: Ein 5-Sterne-Traum im Herzen der Stadt

rianischem Stadthaus, das nur etwa 10 Gehminuten von Princess Street entfernt liegt.
Boutique B & B – **Ardmore House** 8: Pilrig St., Tel. 0131 554 49 44, www.ardmorehouse.com, DZ 65 £. Restauriertes viktorianisches Stadthaus mit fünf sehr gemütlich und individuell eingerichteten Zimmern, die Sunday Times fasste das Ambiente so zusammen: »Chic, laid-back and fabulous«.
Nahe der Royal Mile – **High St. Hostel** 9: 8 Blackfriars St., off Royal Mile, Tel. 0131 557 39 84. In der Altstadt in ei-

97

Lieblingsort

Oyster Bar im Cafe Royal 3
Edinburghs ältestes Seafood Restaurant hat zwar im Ambiente eine atmosphärereiche Patina angelegt, nicht aber bei den Gerichten. Nach dem Dinner kann man im Bar-Bereich die Gemälde von 1886 bewundern, die vier Männer zum Zeitpunkt ihres größten Triumphes zeigten: Englands ersten Drucker, William Caxton, einen der Väter der Vereinigten Staaten, Benjamin Franklin, den Gründer der englischen Konservativen Partei, Robert Peel, sowie den englischen Physiker Michael Faraday (s. auch S. 101).

Edinburgh

Am Grassmarket reiht sich ein Pub an den nächsten

nem restaurierten Gebäude aus dem 16. Jh., 140 Betten.
Zwischen Burg und Palast – **Brodie's Backpacker's Hostel** 10: 93 High St., Tel. 0131 556 22 23. Sehr zentral an der Royal Mile im Herzen Edinburghs gelegen mit Mehrbettzimmern und Schlafsälen.

Zahlreiche weitere Jugendherbergen befinden sich zudem außerhalb der Stadt.

Essen & Trinken

Schottisches Potpourri – **Jackson's Restaurant 1**: 209 High St., Tel. 0131 225 17 93, Drei-Gänge-Menu 25 £. Ordentliche rustikale schottische Küche, wer unbedingt das Nationalgericht Haggis probieren möchte, der sollte es hier tun.

Gourmets Liebling – **Atrium 2**: 10 Cambridge St., Tel. 0131 228 88 82, Gerichte ab 20 £. Eines der besten Lokale der Stadt mit wahrlich erlesener Weinkarte.

Tafeln in gediegenem Ambiente – **Oyster Bar im Café Royal 3**: 17a West Register St., Tel. 0131 557 47 92, Hauptgerichte 18–22 £. Ältestes Seafood-Restaurant von Edinburgh mit viel Atmosphäre.

Schottische Kreationen – **Dubh Prais 4**: 123 b High St., Tel. 0131 557 57 32, Hauptgerichte 15–18 £. Gute schottische Küche, wer es rustikal mag, sollte hierher kommen.

Seafood-Tempel – **Creeler's Seafood & Bistro Restaurant 5**: 3 Hunter Square, off Royal Mile, Tel. 0131 220 44 47, Hauptgerichte 15–20 £. Alteingesessenes und bei den Bewohnern der Stadt beliebtes Fisch- und Seafoodrestaurant.

Für Vegetarier – **David Bann 6**: 56 St. Mary's St., Tel. 0131 556 58 88, 10–14 £. Gute und abwechslungsreiche vegetarische Gerichte in einem atmosphärischen Ambiente.

Preiswerte Muscheln – **Mussel Inn 7**: 61 Rose St., Tel. 0131 225 59 79, 9–15 £. Rustikal-einfaches, aber gutes Seafood-Restaurant, garantiert fangfrische Meeresfrüchte aus schottischen Gewässern.

Eines von vielen – **Cafe Rouge 8**: 43 Frederick St., Tel. 0131 225 45 15. Lokal einer Restaurant-Kette mit einem guten Preis-Leistungs-Verhältnis, 7–13 £.

Einkaufen

Viele Geschäfte des gehobenen Einzelhandels liegen auf der Flaniermeile Princes St. und an den davon abgehenden Querstraßen.

Mit Tourist Information – **Waverley Shopping Centre 1**: Princes St./Waverly Bridge. Viele der herkömmlichen Geschäfte unter einem Dach. Außerdem ist hier ebenfalls die Tourist Information untergebracht.

Kilts – **Slanj of Scotland 2**: 14 St. Mary's St, Tel. 0131 557 16 66. In ganz Schottland bekannter Kiltausstatter. Die Galerie der bekannten Persönlichkeiten, die sich bei Slanj mit einem Schottenrock eingedeckt haben, ist lang – darunter unter anderem Sean Connery und Westlife.

Gegründet 1838 – **Jenners 3**: 48 Princess St. Was Harrods für London, ist Jenners für Edinburgh. Das älteste Kaufhaus der britischen Inseln bietet auf fünf Stockwerken hochwertige Markenware von international renommierten Mode-Designern, große Lebensmittel- und Delikatessabteilung und vier Cafés.

Strickwaren – **Edinburgh Woollen Mill 4**: 139 Princes St. Hochwertige Strickwaren aus Wolle und Cashmere: Pullover, Strickjacken, Decken, Schals, in allen Farben, Größen und Ausführungen.

Bücher – **Waterstone's 5**: 128 Princess St. Die größte Buchhandlung von Edinburgh mit einem großen Sortiment zur Stadt und Umgebung, Landkarten etc.

Fair Trade – **One World Shop 6**: St. John's Church, Princess St/Lothian Str. Großes Angebot an Kunsthandwerksartikeln aus Dritte-Welt-Ländern. Der Laden befindet sich in einer Kirche, und während des Edinburgh Festivals findet auf dem Kirchplatz ein Kunsthandwerkermarkt statt.

Edinburgh

Designer-Label – **Cruise 7**: 94 George St. Herren- und Damenmode von so bekannten Modedesignern wie Hugo Boss, Armani, Dolce & Gabbana auf drei Etagen in einem exquisiten Ambiente.

Für draußen – **Tiso 8**: 123 Rose St. Dieses Geschäft wurde von dem schottischen Bergsteiger Graham Tiso gegründet. Hier findet man hier auf vier Etagen das größte Angebot der Stadt an Camping-, Wander-, Outdoor- und Bergsteigerausrüstungen.

Schmuck – **Palenque 9**: 56 High St. Ausgefallener Schmuck zumeist aus mexikanischem Silber, hochwertig verarbeitet. Der Erfolg des 1992 in Edinburgh gegründeten Ladens war so groß, dass es nun auch in einigen andern britischen Städten Dependancen gibt.

Whisky satt – **Royal Mile Whiskies 10**: 379 High St, www.royalmilewhiskies. co.uk, Mo–Sa 9–18, So 12.30–18 Uhr. Riesige Auswahl an Pure Single Malts, Blended Whiskies, Irish Whiskies und Bourbon. Wer seine Lieblingsmarke gefunden hat, kann hier einfach und unkompliziert per Internet Nachschub ordern.

Aktiv & Kreativ

In Edinburgh wird eine ganze Reihe höchst interessanter geführter Touren angeboten. Sie starten alle auf halber Strecke der Royal Mile, bei der **High Kirk of St. Giles 12**.

Folternde Geister – **Auld Reekie Tours**: Tel. 0131 557 47 00, www.auldreekie tours.co.uk. Der Veranstalter hat eine abendliche Terror Tour, eine Ghost Tour & Dine oder eine Ghost & Torture Tour im Programm.

Lesende Trinker – **Edinburgh Literary Pub Tour**: Tel. 0131 226 66 65, www. edinburghliterarypubtour.co.uk. Kneipentour mit Anspruch: Sie führt in Pubs, in denen die lokalen Poeten gebechert haben. Dabei finden kurze Lesungen und kleine Sketche statt.

Wandernde Geologen – **Geowalks**: Tel. 0131 555 54 88, www.geowalks.de mon.co.uk. Bei den informativen Geowalks führt ein Geologe eine Gruppe auf Arthur's Seat und führt in die vulkanische Vergangenheit ein.

Ermittelnde Kommissare – **Rebustours**: Tel. 0786 653 67 52, www.rebustours. com. Die außergewöhnliche Stadttour folgt den Fußstapfen von Kommissar Rebus, dem Held in Ian Rankings gutverkauftem Krimi.

Radelnde Besucher – **Adrian's Edinburgh City Cycle Tour**: Tel 0796 647 72 06, www.edinburghcycletour.com. Die empfehlenswerte Tour von Adrian's Edinburgh City Cycle führt per Drahtesel zu sämtlichen Attraktionen der Stadt.

Ballonflüge – **Alba Ballooning:** 12 Gladstone Terrace, Tel. 0131 667 42 51, www.albaballooning.co.uk. Alba Ballooning bietet Ballonflüge über Edinburgh und die nähere Umgebung der Stadt. Die Flüge dauern rund eine Stunde, geflogen werden kann je nach Wetterlage von Mitte März bis Ende Oktober. Der Flug kostet rund 120 £ pro Person, Champagner ist inklusive. Der Anbieter hat drei Ballons mit Körben für sechs, neun oder 12 Passagiere. Warme und winddichte Kleidung ist selbst im Sommer unbedingt empfehlenswert. Auf der Website sind sowohl schöne Fotos und als auch Flugpläne eingestellt.

Golf – **Baberton Golf Club:** 50 Baberton Avenue, Juniper Green Edinburgh, Tel. 0131 453 49 11 (Club Manager Bernhard Flockhart), www.baberton.co.uk, Green Fees wochentags 27£ pro Runde, 37 £ pro Tag. Dieser 18-Loch-Platz liegt befindet sich in einer hügeligen Parklandschaft im Südwesten der

Adressen

Military Tattoo
Während der Zeit des jährlich von Mitte August bis Anfang September dauernden Edinburgh Festivals findet allabendlich auf der Esplanade von Edinburgh Castle das Military Tattoo statt, ein großer Zapfenstreich von Dudelsack- und Blaskapellen aus aller Welt. Das Ereignis ist sowohl sehr sehens- als auch natürlich hörenswert.

Stadt. Die lange Geschichte des Clubs geht bis auf das Jahr 1893 zurück. Zahlreiche Baberton-Clubmitglieder haben sich bereits bei internationalen Golf-Wettbewerben einen Namen gemacht.

Abends & Nachts

Musik für Kenner – **Fingers Piano Bar**
1 : 61 Frederick St. Unter dem La Petite Folie Restaurant. Late Night Club, Blues, Rock und Pop bis morgens um 3 Uhr.

Adressen

Rocken im Casino – **Ego** `2`: 14 Picardy Place. Große Disco in einem ehemaligen Casino, intimer geht's in der Cocteau Lounge eine Etage tiefer zu. Hier trifft sich nicht nur die Jugend Edinburghs.

Viele Pubs befinden sich rund um den **Grassmarket.** Außerdem eine Auswahl:

Fähnrich Charles Ewart – **Ensign Ewart**: `3`: 521 Lawnmarket. Alteingesessene Kneipe an der Royal Mile, Livemusik, benannt nach dem Helden der Schlacht von Waterloo, der die französische Standarte eroberte.

Victorianischer Pub – **Guildford Arms** `4`: 1 West Register St. Gemütlicher City Centre Pub mit einer weiten Palette an Bar Meals zur Mittagszeit.

Touristenfrei – **Malt Shovel Inn** `5`: 11 Cockburn St., off Royal Mile. 2 Min. Fußweg abseits der Touristenpfade und nur noch Locals; Livemusik.

Livemusik beim Bechern – **Rose St. Brewery** `6`: 57 Rose St. Einer der vielen guten City Centre Pubs; während der Saison regelmäßig Livemusik.

Pub und Restaurant – **Abbotsford** `7`: 3 Rose St., Tel. 0131 225 52 76. Der beliebten Kneipe mit gutem Bar Food ist auch ein Restaurant angeschlossen, nach dem Wohnhaus von Sir Walter Scott.

Infos & Termine

Tourist Information: Siehe S. 80.

Edinburgh ist die Stadt der Festivals. Sie bietet Besuchern über das ganze Jahr verteilt über zehn verschiedene jährlich wiederkehrende Festivals, und für jeden Geschmack ist etwas zu finden. Weitere Informationen unter

Hogmanay in Edinburgh: Symbolische Verbrennung eines Wikingerschiffes

www.edinburgh.org/events/edinburgh_festival/.

März/April: Seit 2002 findet immer im Frühjahr Ende März/Anfang April das große Festival der Schottischen Kultur statt, das Ceilidh Culture Festival Edinburgh (www.ceilidhculture.co.uk). Das Festival wird von Jahr zu Jahr größer und erfreut sich mittlerweile großer Popularität. Hier sind die besten Musiker, Tänzer, Dichter und Geschichtenerzähler zu sehen, und das Ceilidh Culture Festival ist eine großartige Möglichkeit, Traditionen hautnah zu erleben.

August/September: Seit 1948 gibt es das Edinburgh International Festival (www.eif.co.uk), das größte Kulturfest der Welt (s. S. 53). Karten für das Kulturfest unbedingt rechtzeitig vorbestellen beim Edinburgh Festival Centre, Hub Tickets (The Hub, Castlehill, Tel. 0131 473 20 00, www.thehub-edinburgh.com).

Hotelzimmer sind in dieser Zeit oft schon über Monate im Voraus im weiten Umkreis der Stadt ausgebucht.

Silvester/Neujahr: Edinburgh ist bekannt für seine Hogmanay, die Silvesterparty, die eine der größten Straßenpartys der Welt ist. Besucher und Einwohner der Stadt treffen sich am Silvesterabend auf der Princes Street zu einem Fackelumzug. Anschließend werden mit dem symbolischen Verbrennung eines Wikingerschiffes die Feierlichkeiten eingeläutet, bei denen rund 100 000 Menschen auf der Princes Street feiern und ausgelassen zu Livemusik tanzen. Edinburgh Hogmanay nimmt mittlerweile einen so großen Stellenwert ein, dass die Riesenparty in ganz England live im Fernsehen übertragen wird. Hotelreservierungen für die Hogmanay-Zeit starten bereits zur Mitte des Sommers. Informationen bekommt man unter www.edinburghshogmanay.org.

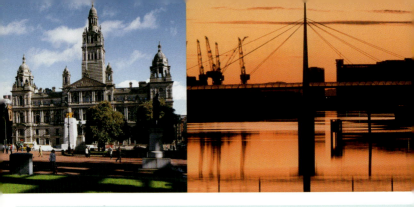

Das Beste auf einen Blick

Glasgow

Highlight!

Glasgow: Der Titel ›Kulturhauptstadt Europas 1990‹ gab der größten Metropole Schottlands den entscheidenden Kick. Die aufwendige Sanierung macht einen Stadtbummel zum Vergnügen: Vom George Square zu den Einkaufspassagen Princess Square und St. Enoch, von der gotischen Kathedrale zum Jugendstil-Teehaus des Architekten Charles Rennie Mackintosh. 1, 6, 13, 1, 2 S. 109

Auf Entdeckungstour

Charles Rennie Mackintosh: Auf den Spuren des Jugendstilkünstler, Malers, Designers und Architekten, der in Glasgow Spuren hinterlassen hat, die – Gott sei Dank – auch eine Kahlschlagsanierung phantasieloser Stadtplaner nicht tilgen konnte. S. 118

Kultur & Sehenswertes

Tenement House: Ein Blick zurück in die städtischen Lebensbedingungen des 19. Jh. in einem Glasgower Mietshaus mit originalgetreuer Einrichtung jener frühen Tage. 9 S. 116

Burrell Collection: Die Burrell Collection gehört zu den bedeutendsten Kunstsammlungen unseres Globus'. Was hier auf kleinem Raum ausgestellt ist, würde auch den größten Metropolen gut zu Gesicht stehen. 19 S. 117

Aktiv & Kreativ

Kompetent durch die Stadt: Mit oben offenen Doppeldeckerbussen vorbei an allen Sehenswürdigkeiten und auf geführten Touren durch die Historie Glasgows. S. 123

Genießen & Atmosphäre

Ubiquitus Chip: Ein abendliches Dinner in dem Gourmet-Tempel sollte man nicht auslassen: Das Lokal ist eines der besten von Glasgow. 1 S. 121

Princes Square Shopping Centre: Hier kann man nicht nur in äußerst stilvoller Atmosphäre einkaufen, sondern auch kleine Mahlzeiten zu sich nehmen. 2 S. 122

Abends & Nachts

King Tut's Wah Wah Hut: Hier wird dem Nachtschwärmer gute Livemusik geboten. 2 S. 123

Die neue Schöne – Glasgow!

Glasgow, mit seinen fast 700 000 Einwohnern Schottlands größte Metropole, hat in den letzten zwei Jahrzehnten einen erstaunlichen Wandel durchgemacht. Aus dem einst hässlichen, grauschwarzen Industriemoloch mit verkommenen Straßenzügen ist eine lebhafte, sympathische Stadt geworden. Der Abstand zu Edinburgh, das ebenso oft gepriesen wie Glasgow geschmäht wurde, ist mittlerweile dahingeschmolzen. Bei vorurteilsfreier Betrachtung hat man fast den Eindruck, dass Glasgow seine ›schöne Schwester‹ im Osten überflügelt hat. Dr. Jekyll und Mr. Hyde, wie man in Anlehnung an die berühmte Novelle von Robert Louis Stevenson beide Städte auch nennt, ist gesundet, Mr. Hyde ist nicht länger die schlechte und ›verdorbene‹ Kehrseite des reinen und guten Dr. Jekyll. Wesentlich zu dieser Entwicklung beigetragen haben die mutigen Initiatoren, die Glasgow für 1990 zur Europäischen Kulturhauptstadt kürten.

Der heutige Eindruck von Glasgow darf jedoch nicht darüber hinwegtäuschen, dass die sozialen Probleme dieser unter hoher Arbeitslosigkeit leidenden Industriemetropole nicht durch Fassadenverschönerungen in den Griff zu bekommen sind.

Infobox

Reisekarte: ▶ D 9

Tourist Information
11 George Square, Tel. 0141 2 04 44 00.

Internet
www.citygateways.visitscotland.com.de/glasgow: Deutschsprachige Website des schottischen Touristenamtes.
www.glasgow.gov.uk: Die offizielle Website der Stadt Glasgow.
www.seeglasgow.com: Touristische Hinweise zum Großraum Glasgow.
www.wikitravel.org/de/glasgow: Deutschsprachige Website der Wikipedia Enzyklopädie mit touristischen Hinweisen zu Glasgow.

Anreise und Weiterkommen
Glasgow International Airport liegt rund 15 km westlich des Stadtzentrums. Überlandbusse verkehren von der Buchanan Bus Station in der Killermont Street. Von Glasgow Central Station und Queen Street Station verkehren Züge in alle Landesteile.

Geschichte

Mitte des 6. Jh. ließ der hl. Mungo an einem fischreichen Flüsschen – daher vielleicht der Name Glasgow, der keltisch ist und ›grüne Senke‹ bedeutet – an der Stelle der heutigen Kathedrale eine Holzkirche errichten, um die sich schnell die ersten Häuser gruppierten. Am gleichen Ort setzte König David 600 Jahre später einen Steinbau, und die Ansiedlung wuchs rund um das prachtvolle Gotteshaus weiter an. Im Jahr 1451 – die Stadtchronik berichtet bereits von 3000 Einwohnern – gründete Bischof William Turnbull die Universität, weiterer Bevölkerungszuwachs war nun gesichert. Relativ ungeschoren kam die Stadt durch die Reformationswirren des 17. Jh., die prachtvolle Kathedrale fiel nicht – wie viele Gotteshäuser in Schottland – den fanatischen Bilderstürmern von John Knox zum Opfer.

Anfang des 18. Jh. kam der erste große ökonomische Aufschwung. Glasgow avancierte zur Tabakmetropole und unterhielt prosperierende Handelsbeziehungen mit den amerikanischen Kolonien. Um der steigenden Nachfrage nach dem Genussmittel gerecht zu werden, benötigten die Tobacco Lords schnelle Segler, und so expandierte die Werftindustrie an den Ufern des Clyde. Über 400 Klipper – die meisten auch vor Ort gebaut – sollen damals in Glasgow registriert gewesen sein. Doch dieser ökonomische Aufschwung war nur von kurzer Dauer; mit der amerikanischen Unabhängigkeit 1776 endete die Tabak-Ära in der schottischen Metropole.

Während der viktorianischen Epoche und der damit einhergehenden Industriellen Revolution ging es dann wirtschaftlich wieder aufwärts. Glasgow entwickelte sich mit seinen Werften und Stahlhütten zu einer Industrie- und Arbeiterstadt. Nach dem Zweiten Weltkrieg begann eine langanhaltende Strukturkrise, in der immer mehr Großbetriebe schließen mussten. Die Arbeitslosenzahlen stiegen von Jahr zu Jahr, Trostlosigkeit breitete sich aus. Anfang 1992 schloss die britische Regierung dann die letzte Stahlhütte auf schottischem Boden.

Stadtspaziergang

George Square 1

Zentrum der Innenstadt ist der große, von repräsentativen Bauten umstandene George Square, in dessen Mitte auf einer 25 m hohen Säule das Abbild von Sir Walter Scott wohlgefällig in die Runde blickt. Einige weitere Denkmäler schmücken das begrünte Areal – so für Königin Viktoria, Prinz Albert,

James Watt, Robert Burns, William Gladstone. Die Hauptpost, das Rathaus, Merchant's House und das traditionsreiche Copthorne Hotel (heute Millenium Hotel) vervollständigen mit ihren alten, renovierten Fassaden das Ambiente am George Square, an dem sich auch die Tourist Information befindet.

Gallery of Modern Art 2

Royal Exchange Square, www.glasgowmuseums.com, Mo–Mi 10–17, Do 10–18, Sa 10–17, Fr/So 11–17 Uhr
Wenige Schritte westlich vom George Square verläuft die verkehrsberuhigte Buchanan Street. Nach ein paar Metern nur sieht man links durch einen Tordurchgang das mit Säulen geschmückte Gebäude der ehemaligen Handelsbörse Royal Exchange. Bis vor kurzem waren hier die reichen Buchbestände der öffentlichen Stirling Library untergebracht, heute beherbergt das Gebäude ein Museum für Moderne Kunst, die Glasgow Gallery of Modern Art, mit vielen Werken zeitgenössischer Künstler, oft mit Bezug auf die Stadt Glasgow.

Princess Square Shopping Centre 2

Buchanan Street
Weiter die Buchanan Street abwärts gehend, stößt man linker Hand auf die mit Jugendstilelementen geschmückte Einkaufspassage Princess Square. Viele exklusive Geschäfte, Cafés, Restaurants, Bars und Pubs gruppieren sich um einen großzügig gestalteten Innenhof.

St. Enoch Shopping Centre 1

Argyle Street
Nach wenigen Minuten Fußweg trifft man auf die Argyle Street, an der sich St. Enoch Station befindet. Der weite Platz trägt den Namen eines in den

Glasgow

Sehenswert
1. George Square
2. Gallery of Modern Art
3. Trongate/Tolbooth Steeple
4. The People's Palace
5. Hutcheson's Hall
6. Glasgow Cathedral
7. St. Mungo Museum
8. Provand's Lordship
9. Tenement House
10. Hunterian Museum
11. Gallery/Museum Kelvingrove
12. Transport Museum
13. Willow Tearoom
14. Glasgow School of Arts
15. Museum of Education
16. Centre for Architecture, Design and the City/The Lighthouse Shop
17. Martyrs Public School
18. Art Lover's House
19. Burrell Collection

Übernachten
1. Hotel du Vin
2. Millenium Copthorne Hotel
3. Argyll Hotel
4. Brunswick Hotel
5. Ambassador Hotel
6. Alamo Guesthouse
7. Adelaide's Guesthouse
8. Youth Hostel
9. Bunkum Independent Backpacker's Hostel

Essen & Trinken
1. Ubiquitus Chip
2. Café Gandolfi
3. Bella Italia

Einkaufen
1. St. Enoch Shopping Centre
2. Princes Square Shopping Centre
3. Buchanan Galleries
4. Cult Clothing
5. Argyll Arcade
6. The Italian Centre
7. Slanj of Scotland
8. John Smith & Son

Abends & Nachts
1. The Cathouse
2. King Tut's Wah Wah Hut
3. Auctioneers
4. Babbity Bowster
5. Blackfriars
6. The Gallery

110

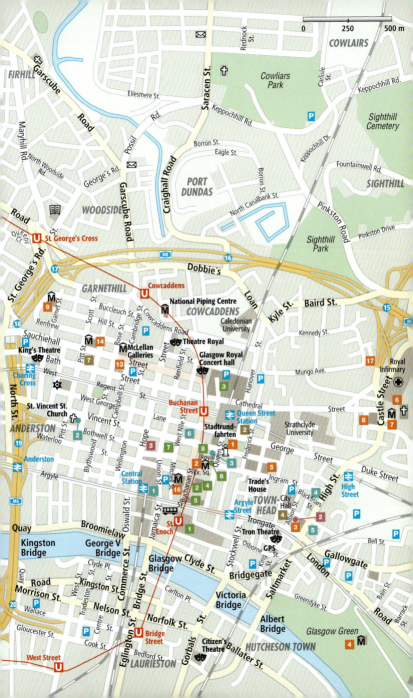

Stadtspaziergang

1970er-Jahren abgerissenen Bahnhofs. Nun nimmt ein riesiges, von einem gigantischen Glasdach geschütztes Shopping Centre weite Teile des Areals ein.

Trongate/Tolbooth Steeple 3
Argyle Street/Ecke Saltmarket
Wir folgen der Argyle Street, die für ein kurzes Stück in eine Fußgängerzone übergeht, nach rechts (ostwärts) und gelangen in das Viertel Trongate. Während der Tabakära lebten die reichen Händlerfamilien in diesem Quartier, und es muss damals recht geschäftig in den Straßen zugegangen sein. An die Blütezeit jener Tage erinnern heute nur noch das Mercat Cross sowie der Turm des alten Rathauses Tolbooth Steeple.

The People's Palace 4
Glasgow Green, www.glasgowmuseums.com, Mo–Do, Sa 10–17, Fr/So 11–17 Uhr
An der Kreuzung Trongate/Saltmarket zweigen zwei Straßen in östliche Richtung ab. Die London Street führt in den Park Glasgow Green, den ältesten Park des Vereinigten Königreiches. 1178 wurde das Gemeindeland erstmals in den Annalen erwähnt. Im Park darf man einen Besuch des People's Palace nicht versäumen. In dem viktorianischen Ausstellungsgebäude machen die Exponate mit den sozialen, wirtschaftlichen, politischen und kulturellen Errungenschaften der Glaswegians bekannt. Als das Haus 1898 als sozialgeschichtliches Museum eröffnet wurde, war es seiner Zeit um 60 Jahre voraus, denn so lange dauerte es, bis auch im restlichen Land sich das Interesse an alltäglicher Sozialgeschichte in Ausstellungen niederschlug.

Glasgows Zentrum: George Square mit den City Chambers

Hutcheson's Hall 5
158 Ingram Street, www.nts.org, Mo, Di, Do, Fr 10–17 Uhr
Hält man sich nun rechts, so stößt man an der Ecke Ingram Street/John Street auf eines der ehemals elegantesten Kaufmannshäuser der Stadt. Die beiden Figuren in den Nischen der Fassade stellen die Gebrüder Hutcheson dar, die sich besondere Verdienste bei der Gründung des gleichnamigen Krankenhauses erwarben. Der National Trust for Scotland hat einen Laden in dem Haus. Bei schönem Wetter kann man in der verkehrsberuhigten John Street gemütlich vor einem italienischen Café sitzen und das rege Treiben in den Straßen beobachten.

Glasgow Cathedral 6
2 Castle Street, www.glasgow-cathedral.com, Okt.–März Mo–Sa 9.30–16, So 9.30–18, April–Sept. Mo–SA 9.30–18, So 14–17 Uhr
Über die Cathedral Street erreicht man die Kathedrale, die Keimzelle der Stadt. Im Jahre 1136 tat König David den ersten Spatenstich für die Errichtung des steinernen Gotteshauses, das aber schon bald einem Feuer zum Opfer fiel. 1197 begannen die Wieder-

Nekropole
Auf dem Hang oberhalb der Glasgow Cathedral erstreckt sich der Friedhof der Stadt, dessen Besuch man auf gar keinen Fall versäumen darf. Prachtvolle Grabsteine und Mausoleen, wahrhaft monumentale Denkmäler und Skulpturen ehren die Verstorbenen der vergangenen Jahrhunderte. Am höchsten Punkt des Hügels ragt eine Säule in den grauen Himmel, auf dem die Statue des Reformators John Knox thront. Von hier hat man auch den besten Blick auf die Kathedrale.

Lieblingsort

The People's Palace 4
Dem Museum angeschlossen ist ein halbrunder, verglaster viktorianischer Wintergarten. Er beherbergt ein Café – inmitten eines tropischen Waldes. Durch diesen flutet ein Wasserlauf, dessen Plätschern kleine Vögelchen zum Zwitschern auffordert (s. auch S. 113).

Glasgow

aufbauarbeiten; bis in die ersten Jahre des 16. Jh. hinein arbeiteten viele Generationen von Steinmetzen an der Ausgestaltung der gotischen, im so genannten Early-English-Stil errichteten Kathedrale. Besondere Beachtung verdient die Unterkirche, die durch einen prachtvollen Säulenwald beeindruckt. Die wertvolle Ausstattung kam nicht ohne Grund: Hier lag das Grab des hl. Mungo, der Glasgow 543 gründete, indem er an dieser Stelle eine erste Kirche errichtetete, und der bis heute der Stadtpatron ist. Im Mittelalter wallfahrteten Heerscharen von Pilgern an seinen Schrein. Im Jahre 1451 hatte der Papst ein Dekret verabschiedet, wonach eine Reise zu den Gebeinen des Heiligen den gleichen Stellenwert wie eine Wallfahrt nach Rom hatte.

St. Mungo Museum of Religious Life and Art [7]

2 Castle Street, www.glasgowmuse ums.com, Mo–Do, Sa 10–17, Fr/So 11–17 Uhr
Neben der Kathedrale stellt dieses Ausstellungsgebäude die großen Weltreligionen und ihre sakrale Kunst in einen vergleichenden Zusammenhang.

Provand's Lordship [8]

3 Castle Street, www.glasgowmuse ums.com, Mo–Do, Sa 10–17, Fr/So 11–17 Uhr
Glasgows ältestes Haus ragt westlich der Kathedrale auf und zeigt eine Ausstellung zur Stadtgeschichte.

Tenement House [9]

145 Buccleuch Street, www.nts.org. uk, März–Okt. tgl. 13–17 Uhr, 5 £
Interessante Einblicke in das bürgerliche Leben der viktorianischen Ära vermittelt das Tenement House. In diesem typischen Stadthaus des 19. Jh. wurde das alltägliche Leben der Menschen von damals wie in einer Zeitkapsel

konserviert. Im Erdgeschoss gibt es eine Ausstellung über die Lebensbedingungen in solchen großstädtischen Townhouses, im ersten Stock klingelt man an der Wohnungstür und gelangt zurück in die Ära von Queen Victoria.

Hunterian Museum [10]

University Avenue, www.huntarian. gla.ac.uk, Mo–Sa 9.30–17 Uhr
Auf dem Gelände der Glasgow University lohnen einige herausragende Museen einen längeren Besuch. Das 1807 eröffnete Hunterian Museum ist Schottlands ältestes öffentliches Ausstellungsgebäude. Die archäologischen und ethnologischen Exponate gehen auf die Sammlung des in London erfolgreichen Arztes William Hunter (1718–1783) zurück.

In der nahe gelegenen Hunterian Art Gallery findet man nicht nur Bilder von Rubens, Rembrandt, Dürer oder Porträtstudien der Engländer Reynolds und Ramsay, sondern auch Gemälde moderner schottischer Maler wie etwa Ferguson und MacTaggert. Besondere Aufmerksamkeit kommt dem Mackintosh House zu, das den einstigen Wohn- und Arbeitsräumen des großen Architekten nachempfunden ist.

Gallery und Museum Kelvingrove [11]

Kelvingrove, www.glasgowmuse ums.com, Mo–Do, Sa 10–17, Fr/So 11–17 Uhr
In der Art Gallery and Museum Kelvingrove sind Exponate zur Naturgeschichte, Archäologie sowie Gemälde flämischer Meister, französischer Impressionisten und moderner englischer und schottischer Maler ausgestellt.

Transport Museum [12]

1 Bunhouse Road, www.glasgowmu seums.com, Mo–Do, Sa 10–17, Fr/So 11–17 Uhr

Stadtspaziergang

Die Burrell Collection: Skulpturen von Auguste Rodin

Auf der anderen Straßenseite dokumentiert das Transport Museum die Entwicklung des Verkehrswesens in der Metropole.

Burrell Collection 19
Pollock Country Park, www.glasgow museums.com, Mo–Do, Sa 10–17, Fr/So 11–17 Uhr
Ein weiterer Höhepunkt des Glasgow-Aufenthalts ist dann mit dem Besuch der Burrell Collection erreicht. Im Süden der Metropole, im Pollok Country Park, ist in einem 1983 eröffneten Museumsgebäude die Kunstsammlung des Reeders Sir William Burrell (1861–1958) untergebracht. Zu den über 8000 Exponaten zählen Stücke aus allen Epochen und Ländern.

1944 stiftete Burrell seine unschätzbar wertvolle Sammlung der Stadt mit einer Auflage: Keineswegs durften die kostbaren Werke innerhalb der verkommenen Glasgower Innenstadt der staunenden Öffentlichkeit zugänglich gemacht werden. Sir William und seiner Frau schwebte ein Museum im Grünen vor. Die Standortwahl dürfte nicht nur den Reeder zufrieden gestellt haben, auch heutige Besucher fühlen sich wohl in dieser grünen Lunge Glasgows (2060 Pollokshaws Rd., von Glasgows Hauptbahnhof Central Station, fahren Züge nach Kilmarnock und East Kilbride, in Pollokshaws West aussteigen).

Übernachten

Schlafen und schlemmen – **Hotel du Vin at One Devonshire Gardens** 1: 1 Devonshire Gardens, Tel. 0141 3 39 20 01, www.hotelduvin.com, DZ mit Dinner, und Breakfst 210 £. Kleines, feines und stilvolles Haus mit 49 Zimmern und Suiten, äußerst geschmackvoll und mit allem Komfort eingerichtete Räume, exzellentes Restaurant mit frischen Seafood- und Fleischgerichten.

Auf Entdeckungstour

Charles Rennie Mackintosh und der Jugendstil in Glasgow

Phantasielose Stadtplaner haben im letzten Jahrhundert viel alte, historische Bausubstanz zerstört. Acht Highlights des genialen Jugenstilkünstlers wurden jedoch vor der Abrissbirne gerettet und sind heute allesamt zu besichtigten.

Eintritt: 12 £ für ein eintägiges Mackintosh Attractions Trail Ticket für alle acht Gebäude und kostenlose Nutzung des öffentlichen Nahverkehrs.

Erhältlich bei der Tourist Information sowie dem Headquarter der Charles Rennie Mackintosh Society (Queen's Cross Church).

Infos: www.crmsociety.com

Wissenswert: Bei der Tourist Information erhält man eine Broschüre, in der alle Häuser des Meisters in einem Stadtplan mit Anfahrt von einem Architekturkenner beschrieben werden.

Wenigstens das eine oder andere Gebäude des großen Jugendstil-Architekten Charles Rennie Mackintosh sollte man in Glasgow besuchen. In angenehmer Atmosphäre kann man Gaumen- und Sinnenfreuden im **Willow Tearoom** 13 (217 Sauchiehall Street, Mo–Sa 9–17, So 11–16.15 Uhr) miteinander verbinden und dabei – wie der englische Kunsthistoriker Sir Nikolaus Pevsner schrieb – über die »Verschmelzung von Puritanismus und Sinnlichkeit« sinnieren. 1904 gestaltete Mackintosh nicht nur das Gebäude, sondern auch die Inneneinrichtung, Besteck, Geschirr und Mobiliar. Mackintosh orientierte sich dabei an dem Straßennamen von Sauchiehall Street, der soviel wie ›Weidenallee‹ bedeutet, und so finden wir überall stilisierte Weidenblätter als kennzeichnendes Element.

Heute betritt man die ›Teestube‹ durch das Geschäft des Juweliers Henderson, in dem man auch Objekte des Designers und Architekten erstehen kann. Weitere Teehäuser, die der Baumeister zwischen 1897 und 1911 für Kate Cranston entwarf, fielen der Abrissbirne zum Opfer.

Meilensteine der Architektur

Nahebei findet sich das Meisterwerk Mackintoshs, die **Glasgow School of Arts** 14 (176 Renfrew Street, April–Sept. tgl. geführte Touren um 10.30–14.30 Uhr), in der heute immer noch gelehrt wird. Sie ist mit ihren signifikanten Strukturen eines jener Gebäude, welches die Architektur des 20. Jh. maßgeblich beeinflusst hat. Da das Gebäude aus finanziellen Gründen in zwei Phasen gebaut wurde, erkennt man gut den leichten Stilwandel, den Mackintosh dabei ins Kalkül zog. Der Ostflügel erinnert ein wenig an den typischen neogotisch angehauchten Baronial Style, während der Westflügel

weniger verspielte, klarere Strukturen hat. Das Lexikon der Weltarchitektur urteilt: »Dieser Bau steht ganz auf der Höhe seiner Zeit. Die wichtigsten Formen des Außenbaus (wie beispielsweise die Studio-Fenster) sind ebenso klar und rationell gestaltet wie der Grundriss. Der Mittelteil, bei dem Einflüsse von dem schottischen Schlossbau und sogar der damaligen Wien-Renaissance feststellbar sind, beweist seinen Phantasiereichtum und seine persönliche Gestaltungskraft. In den Metallarbeiten der Fassade und einem Großteil der Innenausstattung verbinden sich klare eckige Formen mit den langen, zarten, sanft geschwungenen Linien des Jugendstils. In dieser einzigartigen Harmonie liegt Mackintoshs Größe.«

Gestaltungskraft und Phantasie

Auch die Scotland Street School (225 Scotland Street, heute **Museum of Education** 15, Mo–Do, Sa 10–17, Fr, So 11–17 Uhr), eines seiner am symmetrischsten gestalteten Häuser, zeigt kleine historische Erinnerungszitate mit einem baronialem konischen Dachaufsatz am eindrucksvollen Bleiglasturm.

Vier weitere von Mackintosh entworfene Gebäude können darüber hinaus in Glasgow besichtigt werden: Glasgow Herald Building, 70 Mitchell Lane, heute The Lighthouse, **Centre for Architecture, Design and the City** 16, Mo, Mi–Sa 10.30–17 Uhr; **Martyrs Public School** 17, Parson Street, tgl. 14–16 Uhr, nur nach Voranmeldung unter Tel. 0141 5 53 25 57; **Art Lover's House** 18, Bellahouston Park, 10 Dumbreck Road, April–Sept. Mo–Mi 10–16, Do–So 10–17, Okt.–März Sa/So 10–13 Uhr; **Hill House**, unweit von Glasgow in Helensburgh, Upper Colquhoun Street, April–Okt. tgl. 13.30–17 Uhr.

Student der Kunstakademie

Charles Rennie Mackintosh wurde 1868 als zweites von elf Kindern in Glasgow geboren. Der begabte Charles begann ein Studium an der Glasgower Kunstakademie zu einer Zeit, als die Malschule sich von ihrem provinziellen Ruf befreite und wegen ihrer kreativ-innovativen Arbeiten nicht nur in England, sondern auch auf dem Kontinent wahrgenommen wurde. Gemeinsam mit seinem Freund Herbert MacNairn sowie den Schwestern Margaret und Francis MacDonald (Margaret wurde später die Frau von Mackintosh und Francis die Gemahlin von MacNairn) schuf der Künstler Graphiken und Metallarbeiten, die bereits erste Jugendstilelemente vorwegnahmen. Als Inspiration hatten vor allem die Anregungen des 1893 in London gegründeten ›The Studio‹ und die Arbeiten des Holländers Jan Toorop gewirkt.

Über Nacht berühmt

Im Jahre 1896 – Mackintosh war 28 Jahre alt – wurde er mit seinen Plänen für die Glasgow School of Art über Nacht zu einem bekannten Mann. Innerhalb weniger Jahre war der schottische Architekt und Designer so berühmt geworden, dass er bei der im Jahre 1900 in Wien stattfindenden Ausstellung im Secessionsion-Gebäude (1897/98 für eine Vereinigung innovativer österreichischer Künstler von Joseph Maria Olbrich erbaut) einen eigenen Pavillon erhielt. Unter Mackintoshs Einfluss verlor der österreichische Jugendstil viel von seinen ausufernden Formen und gewann klarere Linien zurück.

Zu jener Zeit stand der erst 32-jährige Charles Rennie bereits auf dem Höhepunkt seiner Schaffenskraft. Die berühmten Stühle mit lang gezogenen Rückenlehnen und weiß lackierte Schränke mit einfachen, aber eleganten Formen hatte er bereits entworfen und auch mit Einlegearbeiten aus Metall und Perlmutt experimentiert.

Gegen vielerlei Widerstände in seiner Heimatstadt Glasgow schuf Mackintosh in den folgenden Jahren eine ganze Reihe von weiteren Gebäuden und gestaltete oft auch das kleinste Detail der Inneneinrichtung selbst.

Unverständnis und Spießertum

Im Jahre 1901 beteiligte sich das schottische Genie an einem von dem Darmstädter Verleger Alexander Koch ausgeschriebenen Wettbewerb und legte seine Pläne für das ›Haus eines Kunstfreundes‹ vor. Mackintosh gewann den zweiten Preis (den ersten erhielt Baillie Scott). 1913 verließ Mackintosh die Firma Honeyman & Keppie, an der er seit 1904 beteiligt war. Ein Jahr später vertrieben ihn Anfeindungen und Spießertum der Glasgower Gesellschaft – gemeinsam mit seiner Frau zog er nach London. Aber auch in der Metropole ließen die Aufträge auf sich warten. Nur noch einmal war er als Architekt tätig – er baute in Northampton ein Haus um. In Großbriannien noch zu seinen Lebzeiten vergessen, gab Mackintosh Architektur und Design auf und widmete sich nur noch der Malerei. 1928 starb er in großer Armut.

Nach dem Tode seiner Witwe 1933 schätzten die Erbschaftsverwalter den Nachlass der beiden Künstler auf 90 Pfund. 46 Jahre später kaufte das Glasgower Museum für umgerechnet rund 125 000 € ein Mackintosh-Objekt zurück, das die damaligen Kustoden des gleichen Museums für umgerechnet lächerliche 50 € in nicht zu überbietender Geringschätzung des Künstlers aus dem Bestand entfernt hatten.

Alteingesessen – **Millenium Copthorne Hotel** 2: 50 George Square, Tel. 0141 3 32 67 11, www.milleniumhotels.com, DZ 140 £. Das traditionsreiche Haus in einem viktorianischen Gebäude mit eindrucksvoller Fassade dominiert den zentralen George Square, kürzlich umfassend renoviert, große helle Räume mit allem Komfort, gemütliche Bars und ein gutes Restaurant.

Home from Home – **Argyll Hotel** 3: 973 Sauchiehall St., Tel. 0141 3 37 33 13, www.argyllhotelglasgow.co.uk, DZ ab 85 £. Gutes, renoviertes Haus, nahe Kelvingrove Park mit seinen Museen und dem Business District der Metropole, freundliche Zimmer mit allem Notwendigen.

Minimalistisch – **Brunswick Hotel** 4: 106 Brunswick St., Tel. 0141 5 52 00 01, www.brunswickhotel.co.uk, DZ ab 80 £. Ein unabhängiges kleines Hotel mit 18 Zimmern im architektonisch gefeierten Primavera Building inmitten der alten Merchant's City, ›zeitgenössisch minimalistisch‹ eingerichtete, freundliche Designer-Zimmer mit Bad und ein Penthouse ganz oben.

Einfach und gut – **Ambassador Hotel** 5: 7 Kelvin Drive, Tel. 0141 9 46 10 18, www.glasgowhotelsandapartments. co.uk, DZ ab 75 £. Kleines, sympathisches familiengeführtes Hotel in einem viktorianischen Stadthaus mit Blick über den River Kelvin und den Botanischen Garten.

Viktorianisches Ambiente – **Alamo Guesthouse** 6: 46 Gray St., Tel. 0141 33 92 395, www.alamoguesthouse. com, DZ ab 55 £. Familiengeführte Pension in einem 1870 errichteten viktorianischem Stadthaus am Kelvingrove Park, 11 kleine, aber komfortable Zimmer, davon vier en suite.

Schlafen in einer Kirche – **Adelaide's Guesthouse** 7: 209 Bath St., Tel. 0141 2 48 49 70, www.adelaides.co.uk, DZ ab 55 £. 8 Zimmer, nicht alle en suite, in einer säkularisierten Kirche, in der allerdings noch andere Einrichtungen untergebracht sind.

Preiswert – **Youth Hostel** 8: 8 Park Terrace, Tel. 0870 15 53 255. 150 Betten, Schlafsäle mit 4 und 5–8 Betten, Familienräume in einer viktorianischen Häuserzeile.

Für Rucksäcke – **Bunkum Independent Backpacker's Hostel** 9: 26 Hillhead St., Tel. 0141 5 81 44 81. 36 Betten, Schlafsäle mit je 6 Betten in einem 150 Jahre alten Gemäuer.

Essen & Trinken

Gourmet-Tempel – **One Devonshire Gardens** 1: 1 Devonshire Gardens (im gleichnamigen Hotel, s. o.), Tel. 0141 3 39 20 01, 25–40 £. Glasgows bestes Lokal, exzellente Gerichte nur aus ganz frischen Zutaten und wenn möglich aus der unmittelbaren Region.

Vorreiter des guten Geschmacks – **Ubiquitus Chip** 1: 12 Ashton Ln., Tel. 0141 3 34 50 07, 3-Gänge-Menü mit Aperetif und Kaffee 40 £. Exzellentes Lokal mit herausragender Weinkarte, das seit 1971 die Glaswegians bezaubert und Gerichte auf hohem Niveau auf den Tisch bringt; den abschließenden Cognac kann man auf der Dachterrasse mit schönem Blick über die Stadt genießen.

Ein ganz besonderes Café – **Café Gandolfi** 2: 64 Albion St., Tel. 0141 5 52 68 13, 15–20 £. Seit den 1980er-Jahren hat sich dieses Restaurant mit seinem guten Preis- Leistungs-Verhältnis in Glasgow einen Namen gemacht. Serviert werden schottische Gerichte wie Black Pudding, Suppen, Salate, Fisch- und Fleischgerichte, schottische Küche in französischer Verfeinerung mit lokalen Produkten.

Lecker italienisch – **Bella Italia** 3: St. Vincent St./Ecke North Court, Tel. 0141

121

Glasgow

Mittelalterlicher Stadtspaziergang

Die Stadt Glasgow hat für Besucher einen Medieval City Map Trail ausgearbeitet. Er verspricht, einen Eindruck über Glasgow, die Architektur und das Leben zur Zeit des Mittelalters zwischen 1150 und etwa 1550 zu vermitteln. Die Tour beginnt am West Point an der Argyle Street. Sie endet an der Glasgow Cathedral und dauert rund anderthalb Stunden. Auf der Website www.seeglasgow.com kann man sich den schön gestalteten Plan dieser Tour mit ausführlichen Erklärungen zu den einzelnen Stationen herunterladen (auf englisch).

2 21 50 59, 9–12£. Für britische Verhältnisse gute Pizzen und Pastas in dem Lokal einer Restaurantkette.

Einkaufen

Glasgows Einkaufsboulevards sind Argyle (hier das **Shopping Centre St. Enoch** **1**), Buchanan und Sauchiehall Street.

Jugendstil-Ambiente – **Princes Square** **2**: 48 Buchanan St. Hochelegante Einkaufsarkade mit Läden von weltbekannten Designern wie Calvin Klein, Lacoste, Boutiquen aller Art wie Browns, Schottland glamouröseste Modegeschäft, Monsoon mit Damen-Designermode, dazu Schuhe, Gold- und Silberschmuck, Handtaschen und Accessoires, Kosmetikgeschäfte, Juweliere, ein Scottish-Craft-Laden mit Glas- Holz-, Keramik-, Stein- und Metallarbeiten und keltischem Silberschmuck. Dazu noch viele Bars, Cafés und Restaurants.

Ganz neu – **Buchanan Galleries** **3**: Buchanan/Ecke Sauchiehall St. Glasgows neueste Einkaufsarkade mit rund 90 Geschäften, darunter John Lewis Department Store, H & M, Habitat, lässt beim Kunden keine Wünsche unberücksichtigt, viele Läden mit Herren- und Damenmode, Mode von international bekannten Designern, Kosmetik, Geschenkartikel, Schuhe, Juweliere, Gold und Silberschmiede, Accessoires aller Art und vieles mehr unter einem Dach.

Clyde 261 – **Cult Clothing** **4**: 63–67 Queens St., Tel. 0141 26 68 22. Kult-Gitarrist Frank Zappa trug bei seinem Konzert 1980 ein Clyde 261 T-Shirt, um den Radiosender zu unterstützen. Kürzlich haben es ihm die Kaiser Chiefs nachgemacht, und das T-Shirt ist das Mitbringsel aus Glasgow schlechtin.

Juwelieren vorbehalten – **Argyll Arcade** **5**: 30 Buchanan St. 32 Juweliere mit Schmuck, antiken Schmuckstücken und Armbanduhren in der ältesten Shopping Arkade Schottlands, die 1827 eröffnet wurde und bis heute Buchanan Street und Argyll Street verbindet.

Italienischer Chic – **The Italian Centre** **6**: John St/Ecke Ingram St. Alle großen Namen wie Versace, Armani, Brioni sind hier mit ihren Kreationen vertreten, dazu ein italienisches Restaurant und ein Café.

Kilts – **Slanj of Scotland** **7**: 67 St Vincent St., Tel. 0141 2 48 77 70. In ganz Schottland bekannter Kiltausstatter, die Galerie der bekannten Persönlichkeiten, die sich hier mit einem Schottenrock eingedeckt haben, ist lang – darunter Sean Connery und Westlife.

Bücher – **John Smith & Son** **8**: 57 St. Vincent St. Großer Buchladen über mehrere Stockwerke, macht in Glasgow der übermächtigen britischen Buchhandelskette von Waterstone's Konkurrenz, im obersten Stock nationale und internationale Presse, auch Spiegel, Stern etc.

Adressen

For Art Lovers – **Art Lovers´ Shop** `18`: im House for an Art Lover, Bellahouston Park, 10 Dumbreck Rd., tgl. 10 bis 17 Uhr. Von Mackintosh inspirierte Geschenkartikel, Drucke, Bücher, Schmuck.

Design – **The Lighthouse Shop** `16`: 11 Mitchell Lane, Tel. 0141 2 25 84 22. Auf zwei Etagen in Glasgow's Centre for Architecture, Design and the City (s.o.), Schmuck, Keramik, Glas und Textilien von jungen britischen Designern.

Aktiv & Kreativ

Busrundfahrten – **Scotguide**: Tel. 0141 20 40 44, www.scotguide.com. Ab George Square `1` fährt alle 15 Minuten ein offener Doppeldeckerbus vorbei an allen Sehenswürdigkeiten der Stadt. Das Ticket ist den ganzen Tag gültig und man kann, ganz wie man möchte, bei jeder Sehenswürdigkeit aussteigen und dann den nächsten Bus zur weiteren Tour nehmen.

Geführte Touren – **Spirit of Glasgow**: Tel. 0141 5 86 53 78, www.spiritofglasgow.co.uk. Verschiedene geführte Touren, die entweder unter dem Motto Horror oder History stehen; nur bei telefonischer Voranmeldung.

Ski im Sommer – **XScape**: außerhalb Glasgows in Braehead (vom Zentrum ca. 20 Min. Fahrt über die M 8, Ausfahrt 25 a), Kings Inch Rd., www.xscape.co.uk. Skipiste in der Halle, eine der größten Kletterwände Großbritanniens, Bowling, Mini-Golf, Kino und Restaurants.

Abends & Nachts

Hier geht die Katze ab – **The Cathouse** `1`: 15 Union St. Allererste Adresse für Hard Rock.

Für Nachtschwärmer – **King Tut's Wah**

Wah Hut `2`: 272 Vincent St. Fast allabendlich Livemusik; hier wurde Oasis entdeckt.

Bechern im Auktionshaus – **Auctioneers** `3`: 6 North Court/Ecke St. Vincent Place. Sehr gemütlicher Pub in ehemaligem Auktionshaus, nahe des George Squares.

Berühmt – **Babbity Bowster** `4`: 16 Blackfriars St. Lebendiger Pub in einem ehemaligen Stadthaus aus dem 18. Jh. des bekannten schottischen Architekten Robert Adam, einziger Pub mit Biergarten in der City, Bar Meals, im ersten Stock kleines Restaurant.

Große Auswahl – **Blackfriars** `5`: 36 Bell St., Free House, mehr als ein halbes Dutzend Real Ale vom Zapfhahn, 40 internationale Biere in Flaschen, 10 offene Weine, über 40 Pure Single Malts.

Pub mit Mini-Bibliothek – **The Gallery** `6`: 203 Buchanan St. Gemütlicher Pub mit vielen alten Büchern in den Regalen, im verkehrsberuhigten Teil der Buchanan Steet gelegen.

Infos & Termine

Tourist Information: Siehe S. 108.

Januar: Celtic Connection, zweiwöchiges Musikfestival, Infos unter www.celticconnection.com.

Juni: West End Festival, Glasgows größtes Musik- und Kunstereignis für zwei Wochen. Weitere Infos auf der Website www.westendfestival.co.u.

Juli: Glasgow International Jazz Festival.

August: World Pipe Band Championship, Dudelsackkapellen aus aller Welt treten in Konkurrenz an. Infos zu den Kapellen und Gruppen unter www.theworlds.co.uk.

Bell's Bridge und Clyde Auditorium ▶

Das Beste auf einen Blick

Das südschottische Hügelland

Highlight!

Melrose Abbey: Dies ist die schönste der vier von den Engländern zerstörten Grenzlandabteien im südschottischen Hügelland. Das einstige Zisterzienser-Kloster zeigt einen für diesen Orden ungewöhnlich reichen Bauschmuck. S. 135

Auf Entdeckungstour

New Lanark: Die einstige frühkapitalistische Mustersiedlung und dann aufgegebene, verfallene Anlage ist heute wieder ein blühendes Gemeinwesen und zudem Welterbe der Unesco. S. 130

Auf den Spuren von Robert Burns: Robert Burns gilt den Schotten als ihr Nationaldichter, und ihm huldigen sie an vielen Stellen, vor allem aber im Weiler Alloway. S. 138

Kultur & Sehenswertes

Wanlockhead: Hier wurde über die Jahrhunderte Blei abgebaut: Ein Gang durch die ehemalige Mine und zwei original eingerichtete Cottages zeigen die Alltagsmühen der einstigen Kumpels. S. 142

Drumlanrig Castle und Culzean Castle: Zwei alte, herrschaftliche Landsitze, die dem Besucher das adlige Leben der vergangenen Jahrhunderte nahe bringen. S. 144, 148

Aktiv & Kreativ

Für Vogelfreunde: Ein Bootsausflug auf den einsamen Steinsplitter Ailsa Craig, den geschützten Nistplatz von Abertausenden von Seevögeln. S. 147

Genießen & Atmosphäre

Fouters Bistro Restaurant: Dies ist nicht nur das beste Lokal des Städtchens Ayr, sondern auch der gesamten Lowlands. Hier wird schon seit vielen Jahren konstant auf hohem Niveau gekocht. S. 149

Abends & Nachts

Mit Robert Burns trinken: In Dumfries und Ayr dort ein Real Ale trinken, wo es schon der schottische Nationaldichter Robert Burns tat. S. 144, 149

Land des Dichters Robert Burns

Passiert der Besucher, von England kommend, mit dem Auto die schottische Grenze, so mag er zuerst einig wenig enttäuscht von der Landschaft sein. Die Blicke schweifen über ein sanft gewelltes, wie onduliert wirkendes Hügelland mit grünen Äckern und Wiesen. Immerhin bietet die Region gleich viel für den Einstieg.

Der Osten ist geprägt von den vier einst prachtvollen Grenzlandabteien, die in den vielen Kriegen mit dem übermächtigen Nachbarn England nicht nur als sakrale, sondern auch als wirt-schaftliche Zentren immer wieder schwer umkämpft waren. Ihre imposanten Ruinen zeugen bis heute davon.

Im Westen wandelt der Besucher auf den Spuren des schottischen Nationaldichters Robert Burns, der wie kein anderer das Lebensgefühl seiner Landsleute in Lieder und Verse gebannt hat. Und einen tiefen Einblick in die harte frühkapitalistische Ära vermittelt das umfangreich restaurierte New Lanark, in dem alle Fragen zur Arbeitswelt des frühen 19. Jh. umfassend beantwortet werden.

Infobox

Internet
www.visitdumfriesandgalloway.co.uk: Gute Website mit Reiseinformationen für die südwestliche Region.
www.scot-borders.co.uk: Hilfreiche Infos für die südöstliche Region.
www.ayrshirescotland.com und **www.ayrswhire-arran.com:** Hinweise über die nordwestliche Region.

Verkehr
Online-Fahrpläne von Busgesellschaften: **www.stagecoachbus.com, www.nationalexpress.com, www.rapsons.com**; Zugfahrpläne unter **www.nationalrail.co.uk.**

Rundreise
Erkundet man den Süden Schottlands von Glasgow oder Edinburgh aus, so kann man auf einer ca. 400 km langen Rundreise alle Dörfer und Städte besuchen, und die Tour findet in einer der beiden Metropolen ihr Ende.

Gretna Green ► F 11

Das einstige Hochzeitsparadies Gretna Green, das an der Grenze zum großen Nachbarn England liegt, erweist sich heutzutage als berüchtigte Touristenfalle. Dank eines alten Gesetzes aus dem Jahr 1856 konnte ein Paar vor zwei Zeugen eine rechtsgültige Eheerklärung abgeben und galt damit als verheiratet. Voraussetzung war lediglich, dass sich einer der beiden Partner mindestens 21 Tage in Schottland aufgehalten hatte. Aus aller Herren Ländern strömten die Liebenden ins schottische Grenzörtchen und ließen sich in der alten Schmiede vor dem Amboss trauen. 1940 wurde das skurrile Gesetz aufgehoben und die Bewohner begannen, die einstige Zufluchtsstätte der Verliebten für den Tourismus zu vermarkten. Wahrhaft gigantische Besucherströme zieht es während der Saison in den **Old Blacksmith Room**, in welchem die Ehezeremonien vorgenommen wurden. Die gesamte Atmosphäre ist geprägt von Kitsch und Kommerz! (Old Blacksmith Shop, tgl. 9–17 Uhr, 3 £)

Jedburgh ▶ F/G 10

Es sind vor allem zwei jährlich wiederkehrende Ereignisse, welche die Besucher in Scharen nach Jedburgh ziehen. Das ist einmal das Hand Ba' Game, in dem zwei Mannschaften, die Uppies und die Downies, um einen kleinen strohgefüllten, den Kopf eines Engländers symbolisierenden Lederball kämpfen. Das Spiel beginnt am Castle Jail, und die Truppe ist Sieger, die als erste den Ball zum Ende der High Street befördert.

Das andere ist das Common Riding, während dessen vor allem die jungen Leute die Gemeindegrenzen abreiten. Dies geht auf die unruhigen Zeiten der Vergangenheit zurück, als das Städtchen, nahe an der Grenze zu England gelegen, immer wieder Überfälle der Nachbarn befürchten musste.

Jedburgh Abbey

www.historic-scotland.gov.uk, April–Sept. tgl. 9.30–17.30, Nov.–März tgl. 9.30–16.30 Uhr, 5,20 £

Die eindrucksvolle Ruine von Jedburgh Abbey, eine der vier großen Abteien im Grenzland, ist die größte Besucherattraktion des freundlichen Städtchens Jedburgh. David I. legte 1138 den Grundstein für das Augustinerkloster, 1153 wurde Malcolm IV. in der Abteikirche gekrönt, und 1285 ehelichte Alexander III. hier seine zweite Frau Jolanda. Im Jahr 1545 schleiften die Engländer das Kloster bis auf die Grundmauern.

An der Westfront der weniger zerstörten Abteikirche sieht man ein schönes Rosettenfenster, das unter dem Namen St. Catherine's Wheel bekannt ist. Das geübte Auge erkennt bei genauerem Hinsehen auch romanische und frühgotische Architekturelemente, die charakteristisch für den Übergangsstil

Zentraler Platz in Jedburgh

der Baukunst des 12./13. Jh. sind. Ein kleines Visitor Centre gibt weitere Auskünfte über die große Ruinenanlage und informiert über die Geschichte des Orts.

Mary Queen of Scots House

März–Nov. Mo–So 10–16.30, So 11–16.30 Uhr, 3 £

Am Market Place, von dem die wenigen Straßen des Örtchens sternförmig in alle Himmelsrichtungen laufen, markiert eine ins Pflaster eingelassene Platte die Stelle des ehemaligen Marktkreuzes. Dieses ist das Symbol für das Handelsrecht, das dem Städtchen Jedburgh schon im 12. Jh. verliehen wurde.

Über die High Street und die Gasse

129

Auf Entdeckungstour

New Lanark – eine frühkapitalistische Mustersiedlung

Im 19. Jh. strömten die ›Raubtierkapitalisten‹ nach New Lanark und staunten über die Ideen des Sozialutopisten Robert Owen. Eine interessante Tour für alle, die sich für das Leben der Arbeiter im Frühkapitalismus interessieren und die mehr über Robert Owen erfahren möchten.

Reisekarte: ▶ E 9

Anfahrt: Über die M 74 bis Ausfahrt Kirkmuirhill, weiter über die B 7086 bis Lanark, im weiteren Verlauf der Beschilderung folgen.

Öffnungszeit: Tgl. 10–18 Uhr

Einritt: 6,95 £

Info: www.newlanark.org

Im Südosten von Glasgow liegt die Ortschaft Lanark. Im Ortsteil New Lanark entstand während der Industriellen Revolution eine einzigartige frühkapitalistische Mustersiedlung. 1785 erbauten der Ingenieur Richard Arkwright und der Tuchhändler David Dale eine erste Fabrik, der im Laufe der Jahre weitere Betriebsstätten folgten. Einige Jahre später reformierte der Sozialutopist Robert Owen die heruntergekommene Arbeitersiedlung mit beispiellosem Erfolg: Jede Familie erhielt eine Wohnung mit mindestens zwei Räumen. Owen gründete eine Pensionskasse, eine Lebensmittelgenossenschaft, einen Kindergarten sowie eine Kantine und sicherte jedem Werksangehörigen kostenlose ärztliche Versorgung zu. Diese Aktivitäten waren keineswegs rein philanthropischer Natur: Die Rentenversicherung und die Genossenschaft halfen dabei, hohe Lohnforderungen der Arbeiter abzuschmettern, der Kindergarten erlaubte den Frauen, früher als bislang an die Arbeit zurückzukehren, die Werkskantine sorgte für eine gute Ernährung und damit für eine kontinuierliche Arbeitsleistung.

Zufriedene Arbeiter sind besser

Des Weiteren rief Owen das Institut zur Bildung des Charakters (Institute of the Formation of Character) ins Leben, in dem über 300 Kinder bis zum Alter von zehn Jahren eine Grundschulausbildung erhielten. Danach traten die Kleinen in die Spinnerei ein.

Durch seine Aktivitäten regte Owen die ersten britischen Arbeitsschutzgesetze an, und seine Lebensmittelgenossenschaft diente als Vorläufer der späteren Konsumvereine. Besucher aus aller Welt reisten an den Clyde, um das für die damalige Zeit revolutionäre Reformprojekt zu bestaunen.

Verfall und Auferstehung

1968 erst schloss man die Fabrik in New Lanark. Die Gebäude verfielen rasch, aber bereits Mitte der 1970er-Jahre begann die umfassende Restaurierung des Fabrikdorfes. Die Arbeiten dauerten fast ein Vierteljahrhundert. Heute ist New Lanark wieder ein lebendiges Gemeinwesen und von der Unesco zum World Heritage Village ernannt worden. Zu besichtigen sind die New Millennium Experience, untergebracht im einstigen, 1816 errichteten Gebäude für das Owen´s Institute for the Formation of Character. Dort unternimmt man eine Reise durch die Sozialgeschichte des Örtchens und wird darüber informiert, wie sich Owen damals das Arbeitsleben in ferner Zukunft vorgestellt hat.

In der daneben liegenden Wollmühle arbeiten ein mechanischer Webstuhl und eine Spinnmaschine, die von einer mächtigen Dampfmaschine angetrieben werden. Man kann durch den 1820 eröffneten Laden schlendern und die Waren begutachten, welche die Kooperative damals für die Arbeiter bereithielt. In den New Buildings sieht man im Millworkers House die Wohnungen der Familien und kann sich das häusliche Leben der Bewohner des Ortes schnell vergegenwärtigen.

Wo Robert Owen seine Gedanken zur modernen Arbeitswelt niederschrieb, wo er auf die in der damaligen Zeit wahrhaft revolutionären Ideen kam, das zeigt sein Wohnhaus. In der School for Children schließlich erzählt eine einfache junge Frau dem Besucher ganz unsentimental in einer audiovisuellen Show ihren Tagesablauf sowie die Tätigkeiten, die sie ausführen muss. Außerdem ist hier ein Klassenzimmer von 1820 zu besichtigen, das nach alten Zeichnungen rekonstruiert worden ist.

Das südschottische Hügelland

Smith's Wynd erreicht man Queen Mary's House. In dem kleinen Museum wird das unglückliche Schicksal der schottischen Königin erzählt. Während eines Aufenthalts in Jedburgh logierte Maria Stuart in dem Stadthaus. Hier erfuhr sie, dass ihr Geliebter Bothwell verwundet in Hermitage Castle daniederlag und eilte heimlich an sein Krankenlager. Der Gewaltritt, vor allem aber die Sorge um den Gesundheitszustand von Bothwell, nahmen die Königin derartig mit, dass sie tagelang schwerkrank dem Tod näher als dem Leben war – so wenigstens überliefern es die frühen Biographen.

Übernachten

Refugium für die gestresste Seele – **Jedforest Hotel**: Camptown, etwas außerhalb an der A 68, Tel. 01835 84 02 22, www.jedforesthotel.com, DZ ab 120 £. Vier-Sterne-Country-Hotel, gelegen in einem schönen, 14 ha großen Park – ideal zum Ausspannen. Nur 12 komfortable Zimmer, ausgezeichnetes Restaurant, Kinder unter 12 Jahren unerwünscht. Das Hotel hält Fischereirechte am Jed Waters – wer möchte, kann sich hier im Forellenfischen versuchen.
Freundlicher Service – **Glenbank House Hotel**: Castlegate, Tel. 01835 86 22 58, www.glenbankhotel.co.uk, DZ ab 60 £. Einfaches Hotel in einer großen georgianischen Villa mit drei Doppel- und drei Familienzimmern, alle en suite und mit gediegenem alten Mobiliar bestückt.
Panoramablicke über Jedburgh – **Willow Court**: The Friars, Tel. 01835 86 37 02, www.willowcourtjedburgh.co.uk, DZ ab 50 £. 4 Zimmer, alle en suite, schöne Ausblicke vom großen Garten und dem Wintergarten über das Städtchen.

Essen & Trinken

Nur schottisch – **Simply Scottish**: High Street, 6 £. Bistro-Café-Restaurant mit einfachen schottischen Gerichten.
Nur indisch – **Sunrise**: High St./Ecke Smith Wynd, Tel. 01835 86 35 03, 7–11 £. Einfaches indisches Lokal.

Abends & Nachts

Trinken bei Belters – **The Foresters Arms**: 23 Castle Gate, Pub mit Bar Meals zur Lunchzeit, bei den Einheimischen nur unter dem Namen Belters bekannt, an kalten Tagen wärmt ein Kaminfeuer.

Infos & Termine

Tourist Information: Murray's Green, neben Jedburgh Abbey, Tel. 0870 608 04 04.
www.jedburgh-online.org.uk: Internetseite mit Informationen zu Hotels, Anreise, Sehenswürdigkeiten und Stadtgeschichte.
Februar: Hand Ba' Game.
Ende Juni/Anfang Juli: Common Riding.
Juli: Highland Games.

Kelso ▶ G 9

Wenige Kilometer nördlich von Jedburgh liegt am Ufer des Tweed der malerische, 5000 Einwohner zählende Ort Kelso, von dem Sir Walter Scott schwärmte, »dass es das schönste, wenn nicht romantischste Dorf in Schottland« sei. Einen guten Blick auf die hübsche Kleinstadt hat man von der fünfbogigen, den River Tweed überspannenden Brücke, die 1803 von Sir John Rennie errichtet wurde – er

Kelso

zeichnete auch für die berühmte London Bridge in Großbritanniens Kapitale verantwortlich. Geruhsam ist ein Spaziergang unterhalb des kleinen Örtchens entlang der Uferwiesen des Tweed.

Auf den großen, zentralen und attraktiven Marktplatz laufen jene Straßen zu, die mit ihren Namen unmissverständlich auf die einstige kaufmännische Bedeutung des Orts verweisen: Horsemarket, Coalmarket, Woodmarket.

Kelso Abbey

Auch für Kelso Abbey – als erste der vier großen Grenzland-Abteien errichtet – legte König David I. 1128 den Grundstein. 1460 wurde Jakob III. in der Klosterkirche gekrönt, wenige Tage zuvor war sein Vater bei der Belagerung von Roxburgh Castle ums Leben gekommen. Ein Jahrhundert später, 1545, brannte der Earl of Hertford die Stadt nieder und griff dann das befestigte Kloster an. Die 88 Laienbrüder und 12 Mönche leisteten erbitterten Widerstand, doch konnten die Verteidiger dem wilden Bombardement der englischen Kanoniere nur wenig entgegensetzen. Den Sturmangriff auf das Kloster überlebten nur einige fromme Männer. Von der einst größten, reichsten und prächtigsten Abtei der Borders ist nach den Kämpfen wenig übriggeblieben.

Floors Castle

www.roxburghe.net, Ostern–Okt. tgl. 11–17 Uhr, 6,50 £
2 km außerhalb von Kelso liegt an der A 699 Floors Castle, der riesige, teilweise monströs wirkende Stammsitz der Herzöge von Roxburgh. Im Jahr 1721 begann William Adam mit den Arbeiten an einem einfachen georgianischen Landsitz, ab 1837 erweiterte und modifizierte William Playfair den

Gebäudekomplex in krudester Tudor-Gotik. Aber ein Besuch lohnt sich dennoch, denn im Innern strahlt gediegenes Adelsambiente auf den staunenden Besucher herab.

Gegenüber von Floors Castle, am anderen Ufer des Tweed, lag einst, umgeben von den Häusern einer prosperierenden Handelsstadt, **Roxburgh Castle**. Jahrhundertelang war die Siedlung in der Hand der Engländer, dann, 1460, belagerte Jakob II. die Festung und beschoss sie mit seinen neuen Geschützen. Ums Leben kam der König allerdings nicht durch direkte Kampfhandlungen, sondern durch die Explosion einer Kanone. Trotzdem wurde Roxburgh eingenommen und dem Erdboden gleichgemacht. Im Park von Floors Castle markiert ein Baum jene Stelle, an welcher Jakob II. wahrscheinlich durch einen Rohrkrepierer getötet wurde.

Übernachten

Alte Kutschstation – **Cross Keys Hotel**: The Square, Tel. 01573 22 33 03, www.crosskeys-hotel.co.uk, DZ ab 95 £. Eine der ältesten ehemaligen Kutschstationen Schottlands aus der Mitte des 18. Jh., die den katzenkopfgepflasterten Marktplatz des Örtchens dominiert. Gemeinschaftsräumlichkeiten (nicht die Zimmer) wurden umfangreich renoviert. Restaurant, Bistro, Bar. Restaurant bekam vor einigen Jahren den Preis für das beste Lokal in den Borders.

Beim Kopf der Königin – **Queen's Head Hotel**: 24 Bridge Street, Tel. 01573 22 88 99, www.queensheadhotelkelso.co.uk, DZ ab 75 £. Freundliches, familiengeführtes Hotel in einem urgemütlichen alten Gemäuer aus dem 17 Jh. mit zehn Zimmern (en suite) und dem sehr guten Queen's Bistro.

133

Das südschottische Hügelland

Bei Sandra und Mark Hay – **Inglestone House**: Abbey Row, Tel. 01573 22 58 00, www.inglestonehouse.co.uk, DZ 60 £. Mehrere Zimmer en suite, teilweise mit Blicken auf die Abteiruine.

Noch eine Kutschstation – **The Old Priory & Coach House**: 12 Abbey Row, Tel. 01573 22 30 30, www.theoldpriorykelso.com, DZ ab 60 £. Alte Kutschstation von 1796, inmitten eines ruhigen Gartens, zentral im Örtchen gelegen, gemütliche Zimmer, alle en suite.

Camping – **Springwood Caravan Park**: 1,5 km westlich von Kelso an der A 699, Tel. 01573 22 45 96, www.springwood.biz. Schöner Platz im Grünen, für Wohnmobile und Wohnwagen, keine Zelte.

Essen & Trinken

Lecker – **Oscar's Wine Bar**: Horsemarket, Tel. 01573 22 40 08, Gerichte bis 20 £. Wein-Bar mit Restaurant, dessen Küchenchefin leckere Gerichte aus angebauten Produkten zaubert.

Mein Tipp

Scott's View ▶ F 9
Unweit von Dryburgh Abbey darf man einen Blick vom Scott's View nicht versäumen. Von einem hochgelegenen Parkplatz hat man eine wunderschöne Aussicht in das fruchtbare, tiefgrüne Tal des River Tweed und die Eildon Hills. Sir Walter Scott hat hier, an seinem Lieblingsaussichtsplatz, auf seinen Ritten zum nahegelegenen Abbotsford House gehalten.

Abends & Nachts

Schwarzer und weißer Schwan – **Black Swan Inn**: Horsemarket. **White Swan**: Woodmarket. Zwei uralte Pubs, die schon seit Jahrhunderten die Kehlen der Einwohner schmieren, mit Biergarten.

Infos & Termine

Tourist Information: Town House, The Square, Tel. 0870 608 04 04.
www.kelso.border-net.co.uk/walks/: Sehr gute Website, die verschiedene Stadtrundgänge und Wanderungen in und um Kelso vorstellt (englisch).
Juli: Kelso Border Union Show, eine große Landwirtschaftsmesse mit Volksfestcharakter.
April/Sept.: Die Annual Kelso Horse Sales zeugen noch immer von den traditionellen Handelsaktivitäten in der Kleinstadt.
Sept.: Kelso Ram Sales, ein Schaf- bzw. Widdermarkt.

Dryburgh Abbey ▶ F 10

www.historic-scotland.gov.uk, März–Sept. tgl. 9.30–17.30, Okt.–März tgl. 9.30–16.30 Uhr, 4,70 £

Sir Walter Scott war von der romantischen Lage des Klosters in einer Talaue des River Tweed so angetan, dass er die Ruine zu seinem Begräbnisplatz erkor. Im nördlichen Querschiff der Abteikirche ruhen seine sterblichen Reste in einem schlichten Granitsarg. Neben Sir Walter Scott liegt sein Biograph und Schwiegersohn John Gibson Lockhart zur ewigen Ruhe gebettet. Neben diesen beiden friedfertigen Intellektuellen hat hier auch Feldmarschall Douglas Haig sein Grab, der wegen seiner totalen militärischen Unfähigkeit im

Melrose

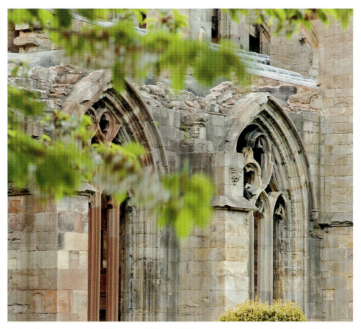

In den Ornamenten der Ruine von Melrose Abbey kann man viele Details entdecken

Ersten Weltkrieg für den Tod von hunderttausenden jungen Männern verantwortlich war. Während der Regierungszeit von David I. gründete 1150 Hugh de Morville, Constable of Scotland, die jüngste dieser Grenzland-Abteien.

Melrose ▶ F 9/10

Melrose Abbey !
www.historic-scotland.gov.uk, April–Sept. tgl. 9.30–17.30, Okt.–März tgl. 9.30–16.30 Uhr, 5,20 £
In der gemütlichen Kleinstadt Melrose finden wir die letzte der vier großen Grenzlandabteien. Auch hier war es David I., der 1136 den ersten Spatenstich für Melrose Abbey tat. 1322 ließ der englische König Eduard II. die Anlage verwüsten, vier Jahre später veranlasste Robert Bruce den Wiederaufbau. Im Jahre 1385 überfiel Richard II. das Zisterzienserkloster, und 1545 sorgten die Truppen des Earl of Hertford für die vollständige Zerstörung. Auch von Melrose Abbey war Scott mehr als begeistert und hinterließ uns die berühmten Zeilen, die Theodor Fontane folgendermaßen übersetzte: »Und willst du des Zaubers sicher sein, / So besuche Melros' bei Mondenschein; / Die goldene Sonne, des Tages Licht, / Sie passen zu seinen Trümmern nicht.«

Sah Sir Walter Scott Dryburgh Abbey als die romantischste Ruine, so galt ihm Melrose als die geschichtsträchtigere von beiden. Denn hier soll das

Das südschottische Hügelland

Herz von Robert Bruce, des heldenhaften Siegers von Bannockburn, begraben sein. 1920 fand man tatsächlich im Kapitelhaus ein mumifiziertes Herz.

Ungewöhnlich detailreich und handwerklich außergewöhnlich sorgfältig sind die Ornamente der Melrose Abbey ausgeführt. Dass die Steinmetze nicht nur über handwerkliches Geschick, sondern auch über kreativ-spielerische Phantasie verfügten, kann man am Dach der Klosterkirche erkennen: Dort bläst ein Schwein den Dudelsack.
Die reiche Ausstattung ist für ein Zisterzienserkloster ungewöhnlich, denn die Brüder vom Orden des hl. Bernhard, eher dem Purismus und der Askese zugetan, lehnten jede Verfeinerungen ihrer Klostermauern ab.

Wanderung zu den Vulkanen

Im Ortszentrum beginnt eine 6 km lange Wanderung hoch zu den drei vulkanischen Gipfeln des Eildon Hill, die 422 m hoch aufragen. Die Tourist Information hält eine Wegbeschreibung bereit.

Melrose Trail

Die Tourist Information hat eine empfehlenswerte, rund 4 km lange Stadtwanderung ausgearbeitet, auf der Besucher in rund 2,5 Stunden das Melrose und die Umgebung erkunden können. Die Tour startet und endet am Abbey House (Tourist Information). Man kann sich die bis ins letzte Detail beschriebene und mit zusätzlichen Informationen versehene Tour im Internet unter www.melrose.bordernet.co.uk/trail/ kostenlos herunterladen oder bei der Tourist Information fragen.

Übernachten

Bei Trish und Nicholas – **Burts Hotel**: Market Sq., Tel. 01896 82 22 85, www.burtshotel.co.uk, DZ 116 £. Familiengeführtes Hotel in einem 1722 für eine lokale Honoration mitten im Stadtzentrum errichteten Haus, das gute Restaurant war Gewinner des Preises Taste of Scotland.
Schlafen in der Kutschstation – **The George & Abbotsford Hotel**: High St., Tel. 01896 82 23 08, www.georgesand abbotsford.co.uk, DZ ab 85 £. Ehemalige, sehr gemütliche Kutschstation im Zentrum mit 30 Zimmern en suite und einem guten Restaurant.
Für Grüne – **Braidwood**: Buccleuch St., Tel. 01896 82 24 88, www.braidwood melrose.co.uk, ab 30 £ pro Person. 2 Zimmer en suite, 2 ohne Bad, Braidwood arbeitet nach dem Green Tourism Scheme zum Schutz der Umwelt.
Im grünen Garten – **Torwood Lodge**: 30 High Cross Ave., Tel. 01896 82 22 20, www.torwoodlodge.co.uk, DZ ab 55 £. Großes pittoreskes viktorianisches Stadthaus von 1840, alle fünf Zimmer en suite.
Bei Alison und Bryan – **Dunfermline House**: Buccleuch St., Tel. 01896 82 24 11, www.dunfermlinehouse.fsbusiness. co.uk, DZ 60 £. 4 Zimmer en suite, 1 Zimmer ohne Bad.
Für Rucksäcke – **Youth Hostel: Priorwood**: Priorwood High Rd., Tel. 08701 55 32 55, in ehemaligem Herrenhaus, Blick über Melrose Abbey, 86 Betten, Schlafsäle mit 4 und 5–8 Betten.

Essen & Trinken

Bestes Haus der Gegend – **Hoebridge Inn**: im Weiler Gattonside, 4 km von Melrose entfernt, auf der anderen Seite des River Tweed und mit Melrose durch eine Fußbrücke verbunden oder mit dem Auto bzw. Fahrrad erreichbar über die A 6091. Tel. 01896 82 30 82 www.thehoebridgeinn.com. Gerichte zwischen 12 und 19 £. Sehr gutes und atmosphärereiches Lokal in einer ehemaligen Mühle aus dem 19. Jh. Montags geschlossen.

Einkaufen

Am rauschenden Bach – **Abbey Mill:** Annay Rd., in einer 1640 errichteten Wassermühle kann man hochwertige Strickwaren aus schottischer Naturwolle, Outdoor-Bekleidung, viele Geschenkartikel, Souvenirs, aber auch lokale Spezialitäten wie Räucherlachs etc. bekommen.

Abends & Nachts

Gasthof zum Schiff – **The Ship Inn**: Market Sq./Ecke Eastport, heimelige Kneipe in einem alten Gemäuer, mit Biergarten.

Infos

Tourist Information: Abbey House, Abbey St., Tel. 0870 608 04 04.
www.melrose.bordernet.co.uk/trail: Hier wird ein ausgiebiger Stadtspaziergang durch Melrose vorgestellt (englisch).

Abbotsford House ▶ F 10

www.scottsabbotford.co.uk, Mitte März–Okt. tgl. 9.30–17 Uhr, 6,20 £ Ein weiterer Höhepunkt der Borders-Rundreise ist Abbotsford House, einen Steinwurf westlich von Melrose gelegen und über die A 7 zu erreichen. Das 1817 bis 1822 errichtete Heim von Sir

Walter Scott beschrieb er selbst als eine »Romanze in Stein und Mörtel«. Das Haus ist ein Sammelsurium von Stilelementen und architektonischen Zitaten. Da gibt es einen Türflügel aus dem alten Tolbooth-Gefängnis in Edinburgh, eine Hofmauer ist dem Kreuzgang von Melrose Abbey nachgebildet, der Haupteingang stellt eine Kopie des Portals von Linlithgow Palace dar, die Balkendecke der Bibliothek erinnert an jene von Roslin Chapel, und die Eichentäfelung der Eingangshalle stammt sowohl aus der Abteikirche von Dunfermline als auch aus dem Palast von Holyrood.

Scotts Sammelleidenschaft blieb jedoch nicht nur auf Teile des Hauses beschränkt. In Vitrinen und an Wänden, über Kaminsimsen und in Regalen finden sich Ritterrüstungen, Waffen, eine Nachbildung der Totenmaske von Robert Bruce, die Pistole des vogelfreien Rob Roy, das Pulverhorn von Jakob VI., Bonnie Dundees Schießgerät, Haarlocken von Lord Nelson und Karl I., das Kreuz von Maria Stuart, das sie bei ihrer Hinrichtung getragen haben soll, und ein hölzerner Whisky-Becher von Bonnie Prince Charlie mit einem gläsernen Boden – so konnte er beim Bechern nicht meuchlings ermordet werden. Über 9000 Bände zählt zudem die Bibliothek.

Moffat Water Valley ▶ E 10

Von der Kleinstadt Moffat führt die A 708 durch das wunderschöne Moffat Water Valley. Nach einigen Kilometern Fahrt passiert man kurz vor einer kleinen Bachbrücke einen großen Parkplatz. Nahebei rauscht aus einer Höhe von 61 m der Wasserfall Grey Mare's Tail in eine Schlucht.

Die weitere Fahrt führt nun durch eine dramatisch anmutende Land-

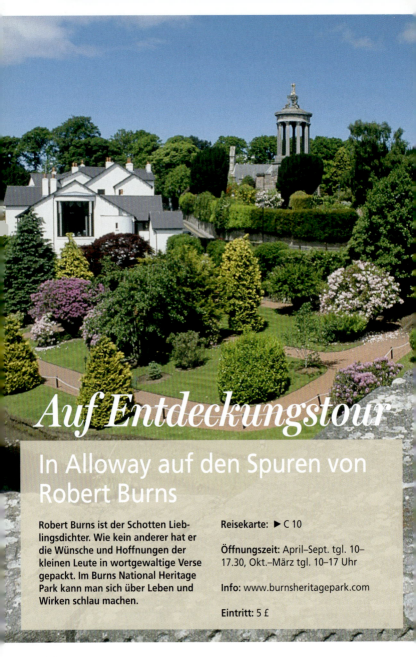

Auf Entdeckungstour

In Alloway auf den Spuren von Robert Burns

Robert Burns ist der Schotten Lieblingsdichter. Wie kein anderer hat er die Wünsche und Hoffnungen der kleinen Leute in wortgewaltige Verse gepackt. Im Burns National Heritage Park kann man sich über Leben und Wirken schlau machen.

Reisekarte: ▶ C 10

Öffnungszeit: April–Sept. tgl. 10–17.30, Okt.–März tgl. 10–17 Uhr

Info: www.burnsheritagepark.com

Eintritt: 5 £

Direkt an der Durchgangsstraße in Alloway steht das niedrige, weiß getünchte und reetgedeckte Haus, in dem Robert Burns das Licht der Welt erblickte. Hier hauste die Familie zusammen mit dem Vieh unter einem Dach. Man kann sich immer noch gut vorstellen, wie Robert, der älteste von sieben Kindern, hier mit den Geschwistern und Eltern gelebt hat.

Angeschlossen ist ein Burns-Museum, in dem zahlreiche Memorabilia das Leben des Dichters dokumentieren: da gibt es die große Familienbibel, Briefe, Manuskriptseiten, eine verrostete Pistole, die er als wahrscheinlich gehasster Steuereintreiber vorsichtshalber immer bei sich trug, eine Locke seines Haares und natürlich eine ganze Menge an Burnsiana-Kitsch.

Bäuerliches Naturtalent

Ein etwa zehnminütiges Video gibt eine Einführung in Burns Biographie und dokumentiert das Leben der Familie in dem Cottage. Etwa 500 m die Straße weiter abwärts erreicht man die Auld Alloway Kirk, auf dessen Kirchhof der Vater von Robert Burns seine letzte Ruhestätte fand – und die von ihm erfundene Figur Tam O'Shanter auf seiner Stute Meg schwer vom Whisky beseelt die Hexen auf sich aufmerksam machte.

In der Tam O'Shanter Experience informiert eine 20-minütige Tonbildschau über Burns gleichnamige bekannteste Ballade und die Abenteuer des volltrunken nach Hause reitenden Tam. Nahebei erhebt sich auf einem Hügel inmitten eines kleinen Parks das hohe und kreisrunde Burns-Denkmal, das man besteigen kann. Von dort oben hat man einen guten Blick auf die Brig o'Doon, jene Bogenbrücke über das Flüsschen Doon, über die Tam O'Shanter in letzter Minute den Hexen

entkam – freilich unter Zurücklassung des prächtigen Schweifs seines Pferdes (Merke: Hexen können keine fließenden Gewässer überqueren!). Und so heißt es in den letzten Zeilen Ballade: »Ein Sprung noch – Tam ist neu geboren; / Doch ging Megs Schwanz dabei verloren. Die Hex' behielt ihn in der Hand, / Und Meg mit blankem Arsch da stand.«

Alljährlich im Januar gedenkt man mit einem großen Fest Burns' Geburtstags, und im Juni strömen aus aller Herren Länder Burns-Fans zum großen Festival herbei.

Affären, Rebellion und sehr viel Alkohol

Robert Burns wurde am 25. 1. 1759 als Sohn eines Landarbeiters in Ayrshire geboren. Seit frühester Kindheit die schwere Arbeit auf den kargen Böden gewöhnt, erhielt Robert vom Vater eine die soziale Herkunft übersteigende Schulausbildung und widmete sich mit großem Interesse den heimischen Sagen, Legenden und Liedern. Goethe bewunderte besonders an Burns, dass er »als Knabe unter den alten Volksliedern heranwuchs und dass seine eigenen Lieder im Volk sogleich empfängliche Ohren fanden.«

Schon früh begann der junge Robert Gedichte in schottischer Mundart zu schreiben. Um 1785, nach dem Tode des Vaters, bewirtschaftete er zusammen mit seinem Bruder einen kleinen Bauernhof in Mossgiel. Dort stürzte er sich in einige unglückliche Liebesaffären, rebellierte gegen den calvinistischen Geist seiner Umgebung und frönte ausgiebigem Alkoholkonsum. So schlug ihm von vielen Seiten Ablehnung entgegen, was in Robert den Entschluss reifen ließ, nach Jamaika auszuwandern. Schon war alles für den Weggang vorbereitet, da publizierte ein Verleger seine ›Poems Chiefly in the Scottish Dialect‹ in einer Auflage von 600 Exemplaren. Der unmittelbar einsetzende große Erfolg des Werks machte Burns schlagartig zu einem bekannten und vor allem bei der Damenwelt beliebten Mann – außerdem verdiente er noch gut daran, denn sein Honorar betrug 20 Pfund. Dichterkollegen sprachen von ihm als einem »Heaven-taught Ploughman« und bewunderten seine »Divinity of Genius«. Rasch kam nun eine zweite Auflage seiner Gedichte bei dem renommierten Edinburgher Verleger William Creech heraus.

Vom Dichter-Genie zum Steuereintreiber

Burns schrieb nicht nur im schottischen Dialekt, gleichzeitig veröffentlichte er nun auch in englischer Sprache und verfasste im Stil der damaligen Zeit einige sentimental-melancholische Werke. Als seine patriotische Pflicht sah er es an, der Aufforderung von James Johnson nachzukommen und für dessen Scots Musical Museum Liedtexte zu sammeln sowie neu zu bearbeiten. Einige seiner besten Werke sind Neudichtungen von alten Liedern.

Die letzten Jahre seines kurzen Lebens verbrachte Burns auf einem kleinen, unwirtschaftlichen Bauernhof bei Dumfries und wurde dort Steuereinnehmer. In Dumfries schrieb er auch seine berühmteste Ballade ›Tam O'Shanter‹.

Vom Alkohol wie von einem rheumatischen Fieber angegriffen, starb Robert Burns am 21. 7. 1796 im Alter von nur 37 Jahren.

Das Globe Inn in Dumfries war Burns' Lieblingskneipe

schaft. Die Straße wird recht schmal, links geht es tief ins Tal hinunter, rechts ragen grasbewachsene Hügelhänge gen Himmel. Schafe grasen am unbefestigten Fahrbahnrand.

Ein nächster Stopp lohnt sich unbedingt am Ufer von St. Mary's Loch. An einem kleinen Strand halten die Besucher an warmen Tagen die Füße ins Wasser, trinken Tee, essen Kuchen oder Eis – leckere Sachen, die das Glen Café anbietet. Nicht weit entfernt lockt eine berühmte Kneipe, der Pub Tibbie Shiel's Inn. Die Besitzerin Isabella Richardson (1781–1878), von ihren Freunden Tibbie genannt, versammelte in ihrem Gasthof die literarischen Größen ihrer Zeit. Walter Scott und Robert Louis Stevenson kehrten hier ein. Auch ein armer Bauernsohn, der von seinem Geburtsort Ecclefechan zu Fuß auf dem Weg zur Universität in Edinburgh erschöpft dort Rast machte, verdient Erwähnung – der große englische Historiker Thomas Carlyle. Nicht vergessen darf man auch den Ettrick-Shepherd, den Schäfer vom Ettrick, der in der Kneipe jahraus, jahrein seinen Whisky trank: James Hogg (1770–1835) hatte sich während seiner einsamen Tage selbst lesen und schreiben beigebracht. Seine Gedichte beeindruckten die Bauern der Umgebung sehr, und der Schäfer-Dichter wurde zu einer lokalen Berühmtheit. Scott lud Hogg mehrfach nach Abbotsford ein.

Selkirk ► F 10

Entlang der Gestade von St. Mary's Loch und parallel zum Flüsschen Ettrick Water geht es weiter nach Selkirk. In der hübsch anzuschauenden, 5500 Einwohner zählenden Stadt mit beschaulicher Puppenstubenatmosphäre wurde 1771 Mungo Park geboren. 1795 erblickte er als erster Europäer den Niger

Mungo Park

Das spannende Leben und das tragische Ende dieses Abenteurers und ›Entdeckers‹ des Niger ist in dem sprach- und fabuliergewaltigen Roman »Wassermusik« von Tom Coraghessan Boyle unnachahmlich fesselnd geschildert (Rowohlt-Taschenbuch).

und folgte unter großen Gefahren einem Teil des Flusslaufs. Nach seiner Rückkehr ließ sich Mungo als Arzt im nahen Ort Peebles nieder. Dort versuchte er, ein bürgerliches Leben zu führen – zu stark jedoch überkam ihn das Fernweh, und so brach der Schotte erneut an den Niger auf. 1806 wurde er vermutlich von Eingeborenen ermordet. Am Ende der High Street hat die Stadt ihm ein Denkmal gesetzt.

Noch einen zweiten prominenten Schotten kann die kleine Stadt vorweisen: Mehr als 30 Jahre lang fungierte hier Sir Walter Scott als Richter. Auf dem kleinen Marktplatz vor dem Gerichtsgebäude ehrt ein 1839 errichtetes Denkmal den großen Schreiber historischer Monumentalwerke.

Halliwell House Museum
April–Sept. Mo–Sa 10–17, So 11–15, Okt. Mo–Sa 10–16, So 11–15 Uhr
Über die lokale Geschichte und das Wirken von Sir Walter Scott im Ort und der Region informiert das kleine Heimatmuseum.

Infos & Termine

Tourist Information: Halliwell House Museum.
Juni: Common Riding: Der gemeinschaftliche Ausritt erinnert daran, wie die Männer von Selkirk 1513 in die Schlacht von Flodden zogen. Die Eng-

Das südschottische Hügelland

länder metzelten die Schotten in einem unglaublichen Blutbad nieder – wie die Chronik berichtet, kehrte nur ein Kämpfer zurück.

Roslin ►F 9

Roslin Chapel
April–Sept. Mo–Sa 9.30–18, So 12–16.45, Okt.–März Mo–Sa 9.30–17, So 12–16.45 Uhr
Über die sympathische, recht malerisch beiderseits des River Tweed gelegene Kleinstadt Peebles – Mungo Park, der ›Entdecker‹ des Niger, praktizierte hier einige Jahre als Arzt – führt die A 703 nordwärts nach Edinburgh. Kurz vor der schottischen Kapitale lohnt sich ein kleiner Umweg zum Ort Roslin. Roslin Chapel, obwohl unvollendet, ist eines der ornamentreichsten Gotteshäuser in Europa. 1450 stiftete William Sinclair, der dritte Graf von Orkney, die Kapelle. Bis zu seinem Tod im Jahr 1484 dauerten die Bauarbeiten an. In der nur 21 m langen Kirche schufen die Steinmetze und Baumeister einen überwältigenden Dekorschmuck. In dem Gotteshaus spielt die letzte Szene in Dan Browns Roman »Sakrileg«.

Wanlockhead ►E 10

In den Lowther Hills fühlt man sich ins schottische Hochland versetzt. Nicht mehr flache, grüne Ebenen, so weit das Auge reicht, sondern schroffe, steil aufragende Hügelhänge dominieren die Landschaft.

Wanlockhead, der höchst gelegene Ort Schottlands, ist ein lebendiges Museumsdorf. Über 300 Jahre lang wurde hier Blei abgebaut, teilweise deckte die Fördermenge 80 % des jährlich in Großbritannien benötigten Schwermetalls ab. Das Museum of Scottish Leadmining (www.leadminingmuseum.co.uk, April–Okt. tgl. 11–16.30, Juli/Aug. tgl. 10–17 Uhr, 6,25 £) gibt erste Informationen über den Bleiabbau. Im halbstündigen Rhythmus finden die Führungen (die letzte um 16 Uhr) durch die Loch-Nell-Bleimine statt. Rund 600 m tief wird der Besucher in den Berg geführt und bekommt an vielen Stationen die über die Jahrhunderte gewandelten Abraumtechniken erklärt. Während man die harten Arbeitsbedingungen hautnah erfährt, kann man sich ein Bild von den täglichen Mühen und Strapazen machen, denen die Grubenarbeiter ihr Leben lang ausgesetzt waren.

Nach der Minenbesichtigung geht die Führung weiter, vorbei an einer riesigen Entwässerungspumpe zu zwei kleinen, vollständig eingerichteten Cottages. Das eine Häuschen dokumentiert die Wohnbedingungen im Jahr 1740, das andere zeigt eine typische Einrichtung aus dem Jahr 1890. Man sieht nicht nur das karge, ärmliche Mobiliar, sondern erfährt auch etwas über die einstigen Ausbeutungsmechanismen, die die Kumpel ein Leben lang gefangen hielten. Begann ein Kumpel seine Arbeit in der Grube, so lebte er das erste Jahr auf Kredit. Erst dann hatte er so viel Blei gefördert, dass er es an die Gesellschaft verkaufen konnte – sein Konto zeigte nun einen ausgeglichenen Saldo an, doch für die Zukunft war nichts übriggeblieben, so dass die Familie ein erneutes Jahr auf Kredit lebte. Die Kinder schufteten schon im Alter von zehn Jahren für einen Tageslohn von 2 Pence in der Mine und schafften den Abraum aus der Grube hinaus. Im Jahre 1835 betrug das durchschnittliche Jahreseinkommen einer Familie 20 Pfund.

Erst 1871 gründeten die Bewohner von Wanlockhead, bei denen bis dahin keine Solidarität aufgekommen war, eine Kooperative und ihnen gelang die Flucht aus der Ausbeutung.

Dumfries ▶ E 11

Die von ihren 30 000 Einwohnern auch ›Queen of the South‹ bezeichnete Stadt beiderseits der Ufer des River Nith ist die Verwaltungskapitale der Grafschaft Dumfries and Galloway. Ihre touristische Bedeutung verdankt sie dem schottischen Dichter Robert Burns, der seine letzten Lebensjahre in Dumfries verbrachte (s. S. 138).

Burns House
Burns Street, www.dumfriesmuseum. demon.co.uk , April–Sept. Mo–Sa 10–17, So 14–17, Okt.–März Di–Sa 10–13, 14–17 Uhr
Besuchermagnet ist das Burns-Wohnhaus in der Burns Street, in dem Exponate über das Leben des bedeutenden schottischen Lyrikers informieren.

St. Michael's Church
Unweit entfernt ragt der Kirchturm der St. Michael's Church in den oft grauen Himmel. Auf dem Friedhof des Gotteshauses hat Burns in einem kleinen Mausoleum seine letzte Ruhe gefunden. Eine Hinweistafel mit Übersichtskarte zeigt die Orte, an denen Freunde des Dichters begraben liegen.

Stadtspaziergang
Nicht weit von Burns' Haus zieht sich die von Geschäften gesäumte und in eine Fußgängerzone umgewandelte High Street stadteinwärts. Im Pub Globe Inn becherte Burns gerne und ausgiebig. Auch hier erinnern einige Ausstellungsstücke an den schottischen Mundartdichter. Etwas weiter steht das alte Rathaus der Stadt, der um 1707 erbaute Midsteeple. Nahebei findet man die älteste Kneipe von

Dumfries, das 1620 eröffnete Pub Hole i' the Wa' Inn, wo man während der Saison abends Livemusik lauschen kann. Am Ende der High Street ehrt in der Mitte eines kleinen Platzes ein Denkmal Robert Burns.

Robert Burns Centre
Mill Road, April–Sept. Mo–Sa 10–20, So 14–17, Okt.–März Di–Sa 10–13, 14–17 Uhr, 1,60 £
Über die kleine Straße Friars Vennel gelangt man an den River Nith und zur sechsbogigen Steinbrücke Devorgilla's Bridge. Am anderen Ufer ragt das älteste Gebäude von Dumfries auf, das Old Bridge House, und ein Stückchen weiter flussaufwärts trifft man in der Mill Road auf das Robert Burns' Centre, das in Dumfries nur kurz RBC genannt wird. Eine Tonbildschau und viele weitere Exponate veranschaulichen das Leben des schottischen Nationaldichters.

Übernachten

Wellness und Leisure – **Cairndale Hotel**: English St., Tel. 01387 25 41 11, www.cairndalehotel.co.uk, DZ ab 105 £. Gutes, familiengeführtes Hotel im Zentrum mit 91 Zimmern, im Barrakuda-Club mit seinem Pool und dem Fitness-Studio kann man die eigene Kondition verbessern und im Reivers oder im Sawney Beanes Restaurant stilvoll tafeln.

Klassisch viktorianisch – **Station Hotel**: 49 Lover's Walk, Tel. 01387 25 43 16, www.bestwestern. co.uk, DZ ab 85 £. Hotel in einem imposanten viktorianischen Gebäude, innen und außen kürzlich umfassend restauriert.

Für Individualisten – **Moreig Hotel**: 67 Annan Rd., Tel. 01387 25 55 24, www.moreighotel.co.uk, DZ ab75 £. Kleines, familiengeführtes Haus, bis

Das südschottische Hügelland

Anfang der 1990er-Jahre ein privates viktorianisches Townhouse, dann zu einem Hotel mit 10 individuell gestalteten Zimmern umgebaut, in dem guten Restaurant werden nur Produkte der näheren Umgebung verarbeitet.

Geleitet von Amanda MacQueen und Angela Fraser – **Aberdour Hotel**: 16 Newall Terr., Tel. 01387 25 20 60, www.aberdour-hotel.co.uk, DZ ab 75 £. Kleines Haus in ruhiger Lage mit zwölf geschmackvoll eingerichteten Zimmern alle en suite nahe dem Zentrum.

B & B am River Nith – **Merlin**: 2 Kenmure Terrace, Tel. 01387 26 10 02, DZ 50 £. Zentral gelegen an der Fußgängerbrücke mit gutem Blick über den Fluss, 3 Zimmer.

Unter Denkmalschutz – **Torbay Lodge**: 31 Lover's Walk, Tel. 01387 25 39 22, www.torbaylodge.co.uk, DZ 58 £. 6 freundlich eingerichtete Zimmer, alle en suite, in einem 1860 errichteten, unter Denkmalschutz stehenden, einstigen Stadthaus, in allen Zimmern digitales Fernsehen und Wireless-Internet-Anschluss.

Essen & Trinken

Minimalistisch gestaltet – **The Linen Room**: 53 St. Michael's Street, Tel. 01387 25 56 89, Lunch um 13 £, Hauptgerichte zwischen 16 und 19 £, 7-Gänge-Menü 40 £. Eines der besten Lokale der Region mit einem ansprechenden Ambiente und einem Küchenchef, der weiß, wie man französische Küche in Szene setzt.

Tafeln mit Robert Burns – **Hullabaloo**: Mill Road, Tel. 01387 25 96 79, Lunch 7–9 £, Dinner 12–16 £. Äußerst gemütliches Restaurant im obersten Stock des Robert Burns Centre, sommertags hat man von der Terrasse gute Ausblicke auf die Stadt und den Fluss.

Einkaufen

Kunsthandwerk – **Craft Shop im Gracefields Arts Centre**: 28 Edinburgh Road, Kunsthandwerksartikel aus der Region Dumfries & Galloway, ausgefallener Gold- und Silberschmuck, Keramik, Korb- und Holzarbeiten, Textilien, handgefertigte Kunstdrucke, handgemalte Postkarten und vieles mehr. Di– Sa kann man den Kunsthandwerkern in ihren Studios zusehen.

Abends & Nachts

Traditionskneipen – **The Barrel**: English St., und **Ye Olde Friars Vaults**, Friars Vennel, zwei gemütliche Pubs, letztgenannter ist eine uralte Kneipe aus dem Jahr 1723; **Globe Inn** und der **Hole i' the Wa' Inn** siehe Ortsbeschreibung oben.

Infos

Tourist Information: Whitesands, Tel. 01387 25 38 62.
www.dumfries-and-galloway.co.uk: Neben vielen anderen Informationen auch Hinweise zu Sehenswürdigkeiten, Verkehr, Unterkunft und Karten der Region.

Der Bahnhof von Dumfries befindet sich einen kurzen Fußweg östlich vom Zentrum, die Bushaltestellt ist am Whetisands in der Ortsmitte am River Nith nahe bei der Tourist Information.

Umgebung von Dumfries

Drumlanrig Castle ▶ E 10
www.drumlanrig.com, Ostern–Aug. tgl. 11–17 Uhr, 7 £

Von Dumfries führt die A 76 nach Norden zum prachtvollen Drumlanrig Castle. Das aus dem 17. Jh. datierende Renaissance-Schloss besitzt eine bedeutende Bildergalerie. Doch nicht nur die Konterfeis blaublütiger Schotten kann man hier studieren, auch der einstige Küchenchef des Hauses und Leibkoch des Duke, Joseph Florence, ist auf einem Gemälde verewigt. Große Teile des feinen Mobiliars datieren aus der Zeit von Ludwig XIV.

Glenluce Abbey ▶ C 11

Bei dem Ort Glenluce sollte man auf einen Besuch der romantisch gelegenen Ruine Glenluce Abbey auf keinen Fall verzichten. Im Jahre 1192 gründete Roland, Earl of Galloway, das kleine Kloster für die Brüder des Zisterzienser-Ordens (April-Sept. Mo –Sa 9.30–18.30, So 14–18.30 Uhr, Okt.–März Sa 9.30-16.30, So 14–16.30 Uhr, 1,50 £).

Threave Garden & Castle ▶ D 11
www.nts.org.uk, April–Okt. tgl. 9.30–17.30 Uhr, 10 £
Nahe beim Städtchen Castle Douglas pflegt der National Trust die Threave Gardens, ein weitläufiges Parkareal mit vielen blühenden Pflanzen, alten Bäumen und ausgedehnten Rasenflächen (ausgeschildert).
Ebenfalls ausgeschildert ist der Weg zur Burgruine Threave Castle. Das Tower House entstand 1639 bis 1690. Der trutzige Wehrturm ist allerdings nur nach einem etwa 15-minütigen Spaziergang zu erreichen. An einer Anlegestelle macht man den Fährmann mittels einer Glocke auf sich aufmerksam und wird dann mit einem Ruderboot über ein kleines Flüsschen gebracht.

Castle Kennedy Gardens ▶ C 11

www.castlekennedygardens.co.uk, April–Sept. tgl. 10–17 Uhr, 4 £
Ca. 7 km vor Stranraer liegen nahe der der A 75 die Castle Kennedy Gardens, in denen im Frühjahr die blühenden Rhododendren, Azaleen und Magnolien das Herz eines jeden Blumenfreunds höher schlagen lassen.

Stranraer ▶ C 11

Nicht mehr weit ist es nun bis zum Hafenort Stranraer. Regelmäßig verkehren von dort Autofähren nach Nord-Irland, und das Städtchen verwöhnt den Besucher nicht gerade mit einer anheimelnden Atmosphäre.

Castle of St. John
April–Sept. Mo–Sa 10–13, 14–17 Uhr
Mitten im Zentrum ragt das Castle of St. John empor, ein um 1510 errichteter Wehrturm. Im 18. Jh. diente die Befestigungsanlage als Gefängnis. Von der oberen Turmplattform hat man einen weiten Ausblick über die Stadt und das Umland.

Stranraer Museum
Mo–Fr 10–17, Sa 10–13, 14–17 Uhr
Ein kleines Lokalmuseum in der Old Town Hall informiert über die Geschichte des Hafenorts.

Mit dem Pferdewagen unterwegs

Wie wäre es, die Sehenswürdigkeiten der Region und die Natur des Südwestens Schottlands nicht mit dem Auto anzufahren, sondern mit einem Pferdewagen zu erkunden? Man stelle sich

Das südschottische Hügelland

einen voll eingerichteten, authentischen *Gypsy Caravan* vor: Der hat Platz für zwei bis fünf Personen, verfügt über eine kleine, voll eingerichtete Küche, ein ausklappbares Bett, Schlafsäcke und einen Kleiderschrank. Das Gefährt wird von einem Kaltblut gezogen, das – wie die Anbieter versichern – an den Straßenverkehr gewöhnt ist und nervenstark ist. Am Anreisetag wird man in den Umgang mit dem Wagen und dem Pferd eingewiesen. Man erhält eine Karte der Umgebung Stranraers und einen Vorschlag für die Route. Nicht nur für Pferde-Experten kann dies eine gemütliche Alternative sein, die Gegend zu erkunden. Man kann den Wagen entweder wochenweise, für drei Tage oder auf Nachfrage je nach Verfügbarkeit auch mal für einen Tag buchen. **Gypsy Caravan Holidays:** Old Spittal Croft, in Portpatrick bei Stranraer, Tel: 01776 81 06 24, www.gypsy-caravan-holidays.co.uk.

Übernachten

Übernachten im Leuchtturm – **Corsewall Lighthouse Hotel**: im Weiler Kirkcolm, einige Kilometer nördlich von Stranrear, Tel. 01776 85 32 20, www.lighthousehotel.co.uk, DZ ab 100 £. Gemütliches kleines Hotel in einem 1815 errichteten Leuchtturm mit phantastischen Ausblicken über die Küstenlinie und das Meer, 10 individuell eingerichtete Zimmer und ein gutes Restaurant.
Übernachten am Hafen – **Harbour Guest House**: 11 Market St., Tel. 01776 70 46 26, www.harbourguesthouse stranrear.co.uk., DZ 65 £. Pension mit 4 großen Zimmern, alle en suite.
Bei Golfern beliebt – **North West Castle**: am Hafen, Tel. 01776 70 44 13, www.northwestcastle.co.uk, ab 55 £ pro Person. Hotel in schöner Lage mit

Blick über den Hafen und den Loch Ryan, ausgezeichnetes Restaurant. Es lohnt sich, auf der Website nach Sonderpreisen zu schauen, besonders für Golfer, da das Hotel Golf-Ferien und -Wochenenden anbietet.

Aktiv & Kreativ

Golf – **Stranraer Golf Club:** Creachmore, Tel. 01776 87 02 45, www.stran raergolfclub.com. Diese hügelige Parklandschaft ist eine sportliche Herausforderung für Golfer; atemberaubende Ausblicke über den Loch Ryan.

Abends & Nachts

Beliebt bei den Locals – **Golden Cross**: George St., **The Bridge Arms**: Bridge St., gemütliche Kneipen, die eine Reihe von Bar Meals im Angebot haben.

Infos

Tourist Information: Burns House, 28 Harbour St., Tel. 01776 70 25 95.
Bahn: Der Bahnhof befindet sich am Ostpier beim Stena Line Ferry Terminal, Verbindungen nach Glasgow.
Bus: Die Bushaltestelle ist wenige Minuten entfernt am Port Rodie, Verbindungen mit Citylink und National Express.

Girvan ▶ C 10

Von Stranraer führt die A 77 zum kleinen Seebad Girvan, einem beliebten Urlaubsort der Arbeiterklasse. Am Hafen verschandelt ein Amusement Pavilion mit Video-Spielen das Areal. Einige Bingo Halls treffen wohl den Geschmack der Low-Budget-Klientel.

Entlang der Main Street ziehen sich Fish & Chips-Buden, nur auf dem Hafengelände findet der durstige Besucher einige wenige Pubs. Lang und breit ist allerdings der Sandstrand, auf dem die Wogen des Atlantiks seicht auslaufen. An der Uferstraße reihen sich viele Bed & Breakfast-Unterkünfte aneinander.

Ailsa Craig ▶ C 10

Von Girvan aus verkehren Boote zum 16 km weit im Meer liegenden Granit-Steinsplitter Ailsa Craig, der heute ein Vogelschutzgebiet ist. Neben vielen weiteren Arten stellen die Basstölpel mit rund 50 000 Tieren die größte hier brütende Population. Das ganze Jahr über setzt die Glorious, das Boot von Mark McCrindle, vom Hafen in Girvan dorthin über (Tel. 01465 71 32 19, www.ailsacraig.org.uk).

Kirkoswald ▶ C 10

Souter Johnnie's Cottage
www.nts.org.uk, April–Sept. Fr–Di 1.30–17 Uhr, 5 £

Auf dem Dorffriedhof von Kirkoswald liegen Douglas Graham und John Davidson begraben, Freunde von Robert Burns, die der Dichter als Tam O'Shanter und Souter Johnnie in seinen Werken unsterblich machte. Besuchermagnet ist im Garten die 1802 von dem lokalen Künstler James Thorn in Stein gehauene, pralle Lebensfreude ausdrückende Figurengruppe: Da bechern Tam O'Shanter und Souter Johnnie mit dem Wirt und dessen draller Frau um die Wette. Die schützende Holzhütte, die man um die Skulpturen herum baute, hat leider der Atmosphäre rund um die lebensnah dargestellten Figuren erheblich geschadet.

Treppenhaus im Culzean Castle

Das südschottische Hügelland

Culzean Castle ▶ C 10

www.culzeanexperience.org, April–Okt. tgl. 10.30–17 Uhr, 12 £
Weiter entlang der A 719, die nun sehr schön oberhalb des Meers verläuft und Ausblicke auf einige Klippenlandschaften gibt, ist bald Culzean Castle erreicht. Das prachtvolle Schloss – auf jeder Fünf-Pfund-Note der Royal Bank of Scotland zu sehen – zählt zu den Meisterwerken des schottischen Architekten Robert Adam, der die Entwürfe lieferte, von 1777 bis zu seinem Tod 1792 die Bauaufsicht führte und auch die Inneneinrichtung entwarf. Im Jahr 1945 überließ der Kennedy-Clan seinen Stammsitz dem National Trust unter der Bedingung, dass die obere Etage stets für Very Important Persons reserviert bliebe. Der General und spätere Präsident der Vereinigten Staaten, Dwight D. Eisenhower, war der erste, der von dieser großzügigen Geste profitierte. Er logierte 1946 in den luxuriösen Gemächern und kehrte in den folgenden Jahren häufig zurück.

Nicht nur das Schloss mit seiner prachtvollen Einrichtung, auch die ausgedehnten Parkanlagen lohnen einen längeren Aufenthalt. Ein Besucherzentrum informiert über den 1970 als ersten in Schottland eingerichteten Country Park. Auf dem 250 ha großen Areal lassen sich geruhsame Spaziergänge unternehmen.

Ayr ▶ C 10

Die einzige Attraktion in dem 50 000 Einwohner zählenden Seebad Ayr ist die Kneipe Tam O'Shanter Inn (230 High St.), schon zu Zeiten des schottischen Mundartdichters Robert Burns ein bekannter Pub mit eigener Brauerei. Der Name der Kneipe, die Burns gern und oft besuchte, geht auf die berühmte Ballade von Burns zurück. Heute ist hier ein kleines Burns-Museum zu Schottlands großem Poeten eingerichtet. Man sollte sich auch noch die Auld Brigg ansehen, die alte Brücke von 1491, die in Burns berühmtester Ballade Tam O'Shanter vorkommt.

Ansonsten ist das Städtchen seit den viktorianischen Zeiten beliebt bei den Schotten für seinen Sandstrand und die führende Pferderennbahn, auf der alljährlich neben vielen weiteren Derbys die beiden Hauptereignisse, Scottish Grand National und der Ayr Gold Cup, ausgetragen werden und dank der spielfreudigen Schotten und Engländer für hohe Wettumsätze sorgen.

Übernachten

International – **Jarvis Ramada Hotel**: Dalblair Rd., Tel. 01292 26 93 31, www. ramadajarvis.co.uk, DZ 100 £. Modernes, großes Haus im Zentrum der Stadt, von außen allerdings etwas gesichtslos, aber komfortable eingerichtete Zimmer, mit Fitness Club und Pool und einem guten Restaurant.
Familiär – **Savoy Park Hotel**: 16 Racecourse Rd., Tel. 01292 26 61 12, www. savoypark.com, DZ ab 100 £. Kleines familiengeführtes und atmosphärereiches Haus in ruhiger Wohnlage mit 19 individuell eingerichteten Zimmern, alle en suite.
Einziges Hotel am Meer – **Horizon Hotel**: Esplanade, Tel. 01292 26 43 84, www.horizonhotel.com, DZ 80 £. Einziges Hotel von Ayr direkt am langen Strand, umfassend renoviert.
Mehr B & B als Hotel – **St. Andrew's Hotel**: 7 Prestwick Rd., Tel. 01292 26 32 11, www.standrewshotel.co.uk, DZ 60 £. Umfassend renoviertes, familiengeführtes Haus mit 3 Familienzimmern en suite, 2 Doppel-, 1 Einzelzimmer.

Ayr

Für schmökernde Gäste – **Belmont Guest House**: 15 Park Circus, Tel. 01292 26 55 88, www.belmontguesthouse.co.uk, Pension in einem sorgfältig restaurierten viktorianischen Haus von 1877 in einer ruhigen Wohnsiedlung; angenehm ist das zentrale Wohnzimmer mit einer kleinen Bibliothek für Gäste.

Camping – **Heads of Ayr Caravan Park**: Dunure Rd., Tel. 01292 44 22 69, www.headsofayr.com, 7,5 km südlich nahe der A 719 und dem Strand.

Essen & Trinken

Ein Kellerbistro – **Fouters Bistro Restaurant**: 2 Academy St., off Sandgate, Tel. 01292 26 13 91, ab 15 £. Bestes Haus am Platz und in der Umgebung, seit 1977 wird hier auf gleichmäßig hohem Niveau für die Gäste gekocht, Fisch-, Fleisch-, Geflügelgerichte.

Nicht zu teuer – **Caprice**: 48 Newmarket St., Tel. 01292 1 09 16, Pizza und Pasta 8–10 £, Fleisch und Geflügel 10–14 £. Freundliches Café-Restaurant.

Mama Mia – **Trattoria Bonfanti**: 64 Sandgate, Tel. 01292 26 65 77, 8–14 £. Einfaches, aber ansprechendes italienisches Lokal, Pizza, Pasta, Fisch, Fleisch.

Kantonesisch – **Ruby 7**: New Bridge St., Tel. 01292 26 61 12, 7–11 £. Preiswerte chinesische Gerichte im ›Cantonese and Seafood Restaurant‹.

Einkaufen

Kunst – **World of Art**: 17 High Street, www.scottishcastleart.com. Pastell-Bilder und Drucke des schottischen Künstlers Matt Russell: schottische Landschaften, Burgen und Golfplätze für Liebhaber dieses Sports.

Strickwaren – **Carrick Mill Shop**: 47 Alloway St. Hochwertige Strickwaren aller Art aus reiner schottischer Naturwolle.

Aktiv & Kreativ

Per Pedes – **AMG Cycles**: 55 Dablair St, Tel. 01292 28 75 80, www.irvinecycles.co.uk. Vermietung von Fahrrädern für Touren im Burns Heritage National Park im nahegelegenen Alloway.

Für die künstlerische Ader – **Craft daft**: 2 Cow Wynd, Alloway St, Tel. 01292 28 08 44, www.craft-daft.co.uk. Keramik, Seidenmalerei, Mosaike, Servietten-Technik, Fenstermalerei.

Abends & Nachts

Trinken in sakraler Umgebung – **The West Kirk**: 58 Sandgate. Free House, großer, trotzdem außerordentlich gemütlicher und atmosphärereicher Pub in einer säkularisierten Kirche, große Palette an Bar Meals.

Spezialist für Whisky und Biere – **MacCab's Ale & Whisky House Bar**: Fullarton St. Ein Free House mit vielen Whisky-Marken im Ausschank und in Ayr sehr beliebt bei den Locals.

Infos & Termine

Tourist Information: 22 Sandgate, Tel. 01292 28 86 88.

www.undiscoveredscotland.co.uk/ayr/ayr: Website mit vielen Fotos und guten Links zu anderen Websites der Region.

April: The Scottish Grand National (Pferderennen) auf dem Race Course von Ayr.

Der Bahnhof liegt wenige Minuten Fußweg südöstlich vom Zentrum, die Bushaltestellte in der Sandgate/Ecke Fullerton Street.

Das Beste auf einen Blick

Die Central Highlands

Highlight!

Hopetoun House: Der prachtvolle, einstige Adelssitz gehört sicherlich zu den schönsten Profanbauten, die Schottland zu bieten hat. Er ist mit altem Mobiliar, handgewebten seidenen Gobelins sowie vielen Gemälden und Kunstgegenständen ein Besuchermagnet. S. 152

Auf Entdeckungstour

Orte historischer Schlachten: Am Wallace Monument und Bannockburn bekommt man alle Informationen über die kriegerische Historie des Landes, die von vielen Kämpfen mit den südlichen Nachbarn geprägt ist. Auf diesen beiden Schlachtfeldern immerhin trieben die Schotten die Engländer vor sich her. S. 156

Kultur & Sehenswertes

Stirling Castle: Wie ihre Schwesterburg in Edinburgh wacht Stirling Castle von einem steil anwachsenden Felsen über die Stadt und das Umland. Ein strategisch wichtiger Punkt: Stirling war das Einfallstor in die Highlands. S. 154

Scone Palace: Wo Schottlands Königen für Jahrhunderte auf dem legendären Stone of Destiny die Krone aufs Haupt gesetzt wurde. S. 159

Aktiv & Kreativ

Wandern in Pitlochry: Die Landschaft rings um Pitlochry ist wie gemacht für Wanderungen. Lohnenswert ist der Aufstieg auf den Ben Vrackie, Pitlochrys Hausberg, von dem man eine atemberaubende Sicht auf den Ort und das Hochland hat. S. 163

Genießen & Atmosphäre

Kinnaird House: Exzellentes Restaurant mit außergewöhnlicher Weinkarte in einer ehemaligen viktorianischen „Jagdhütte" inmitten eines 3600 Hektar großen Parkareals. S. 160

The Old Armoury: In der alten Waffenschmiede in Pitlochry werden aus Seafood, Geflügel und Fleisch leckere schottische Gerichte gezaubert. S. 164

Abends & Nachts

Alle Musikrichtungen: Live Music vom Feinsten im Tolbouth von Stirling mit musikalischen Stilrichtungen aus aller Welt. S. 155

Bier mit Livemusik: Ein abendliches Pint of Bitter im Old Market Inn im Victorian Market von Inverness, der auch in der Saison Live Entertainment Nightly verspricht. S. 174

Die Central Highlands

Die zentrale Route durch die Central Highlands ist eine der schönsten Strecken des Landes, vor allem für Besucher, die noch nie im ›Alaska Großbritanniens‹ waren. Auf der Tour wird man langsam und sachte in die rauhe Highland-Landschaft eingeführt, und nicht umsonst apostrophieren die Schotten den Verlauf der A 9 als die ›Traumstraße des Hochlandes‹. Die Städte und Dörfer haben neben ihrer reichen Geschichte natürlich auch ganz handfeste touristische Attraktionen zu bieten, und langweilig wird es somit auf keinen Fall.

South Queensferry

Folgt man von Edinburgh den Ausschilderungen Forth Road, Bridge Road in nordwestlicher Richtung, so erreicht man schnell den kleinen Ort South Queensferry. Jahrhundertelang

Infobox

Internet
Informationen im Internet über die Region Perthshire bekommt man von den Websites **www.perthshire-scotland.co.uk** und **www.perthshire.co.uk**. Über alle Highland-Regionen informiert **www.visithighlands.com**.

Rundreise und Verkehr
Die Tour ist rund 250 km lang und geht ab Stirling über die gut ausgebaute A 9, die in vielen Teilbereichen vierspurig ist. Von Glasgow oder Edinburgh aus ist die gesamte Strecke bis Inverness auch mit dem Zug befahrbar, der in jedem Ort hält. Inverness besitzt einen Airport mit Flügen zu schottischen und englischen Zielen.

setzte dort eine Fähre die Reisenden über den Firth of Forth. Nach siebenjähriger Bauzeit wurde 1890 die mächtige, über 2,5 km lange und 50 m hohe Eisenbahnbrücke eingeweiht. Von der Uferfront hat man einen guten Blick auf die gigantische Stahlkonstruktion, die einst als technisches Wunderwerk gefeiert wurde. Die großen tragenden Hauptröhren haben einen Durchmesser von fast 4 m, so das ein Londoner U-Bahn-Zug problemlos dort durchfahren könnte. Bei heißem Wetter dehnt sich die Stahlkonstruktion um rund 2,10 m aus, und die gesamte Überspannung kommt auf ein Gewicht von 58 000 t.

Wenige hundert Meter westlich dieses Bogenschlags überspannt eine 1964 in Dienst gestellte, knapp 2 km lange mautpflichtige Auto-Hängebrücke den Firth of Forth.

Wer ein wenig länger bei den beiden eindrucksvollen Firth-Brücken verweilen möchte, kann am östlichen Ende der Esplanade in den Pub The Hawes Inn einkehren. Stevenson verewigte die aus dem 17. Jh. datierte Kneipe in seinem Roman ›Entführt‹, und auch Sir Walter Scott kam nicht umhin, die Örtlichkeit in ›Der Altertümler‹ zu erwähnen. Ebenfalls einen guten Ausblick genießt man vom Pub The Seals Craig am westlichen Ende der Esplanade.

Hopetoun House **!** ▶ E 8
South Queensferry, www.hopetoun house.com, April–Sept. tgl. 10.30–17 Uhr, 8 £
Drei Kilometer westlich von South Queensferry liegt, umgeben von ausgedehnten Ländereien, das prachtvolle Hopetoun House. Der Mitteltrakt der Anlage wurde 1699 bis 1703 nach Plänen des königlichen Baumeisters William Bruce errichtet. 1721 beauftragte der erste Earl of Hopetoun den

großen schottischen Architekten William Adam mit umfangreichen Erweiterungen. Adam stockte den Bau auf und entwarf auch die beiden Flügelpavillons. Nach seinem Tod 1748 setzten Adams Söhne John und Robert die Arbeiten fort und gestalteten vor allem die Inneneinrichtung. Um der horrend hohen Erbschaftssteuer zu entgehen, übergab die Familie 1974 Hopetoun House dem National Trust for Scotland und residiert nun als ›Untermieter‹ in einem Seitenflügel ihres ehemaligen Hauses.

Linlithgow ▶ E 9

Linlithgow Palace
www.historic-scotland.gov.uk, April– Sept. tgl. 9.30–17.30, Okt.–März tgl. 9.30–16.30 Uhr, 5,20 £
Einzige Attraktion von Linlithgow ist die mehr als eindrucksvolle Ruine des Linlithgow Palace. Der schottische König David hatte hier schon im 12. Jh. einen Landsitz errichten lassen. 1425 ordnete Jakob I. den Bau eines Schlosses an, Jakob IV. und sein Sohn Jakob V. ließen umfangreiche Erweiterungen vornehmen. 1512 wurde Jakob V. in Linlithgow geboren, ein Jahr später kam sein Vater in der Schlacht von Flodden ums Leben. Schmerzerfüllt trauerte die Witwe Margarete im Palast. Im Jahre 1542 erblickte Jakobs Tochter Maria Stuart das Licht der Welt in Linlithgow; nur Tage später starb Jakob gerade 30-jährig.
Maria Stuarts Sohn, Jakob VI., herrschte seit 1603 in Personalunion auch über England und verlegte seine Residenz nach London. So geriet Linlithgow Palace in Vergessenheit; 1607 stürzte das Dach ein. 1746 nahmen die nordwärts gen Culludon marschierenden Truppen des Duke of Cumberland Quartier in dem schon weitgehend verfallenen Schloss; bei ihrem Abzug sorgte ein ungelöschtes Feuer für die Katastrophe – Linlithgow Palace brannte bis auf die Grundmauern nieder.

Pineapple House ▶ E 8
Über Grangemouth erreicht man das kleine Dorf Airth und biegt etwa 2 km weiter zum Pineapple House in die B 9124 ein. Inmitten von Dunmore Park, einem großen Gartenareal, gestaltete 1761 ein unbekannter Baumeister den 15 m hohen Turm eines Gewächshauses als Ananas.

Essen & Trinken

Steaks und Seafood – **Champany Inn**: 4 km nordöstlich von Linlithgow an der Kreuzung der A904 mit der A 803, Tel. 01506 83 45 32, www.champany.com, bis 30 £. Bestes Restaurant der Gegend in einem niedrigen, weißgekälkten und ambientereichen Bruchsteincottage, vom Michelin mit einem Stern geadelt, spezialisiert auf Aberdeen Angus Steaks, aber natürlich gibt es auch gute Seafood-Gerichte.

Abends & Nachts

Trinken wie die Hofdamen – **Four Marys**: 65 High St., bester Pub des Örtchens, benannt nach den vier Hofdamen von Maria Stuart.

Stirling ▶ D 8

Die 35 000 Einwohner von Stirling preisen ihre Stadt gerne als das ›Herz von Schottland‹. Aufgrund der zentralen Lage und der daraus resultierenden strategischen Bedeutung – Stirling galt als Einfallstor in die Highlands – wurde

Die Central Highlands

der Ort schon im 13. Jh. mit einer wehrhaften Burganlage geschützt.

Stirling bedeutet ›Ort der Kämpfe‹, und dieser Name erinnert vor allem an zwei berühmte Schlachten: 1297 schlugen die Schotten bei Stirling Bridge unter Führung von William Wallace die Engländer. 1314 tat es ihm Robert Bruce im nahen Bannockburn gleich; nach dem Gemetzel avancierte Bruce zum schottischen König.

Im Jahr 1967 bekam Stirling eine eigene Universität – der große Campus erstreckt sich im 3 km entfernten Bridge of Allan –, und seither prägen die vielen Studenten das Bild des Städtchens.

Stirling Castle

www.historic-scotland.gov.uk, April–Sept. tgl. 9.30–18, Okt.–März tgl. 9.30–16 Uhr, 8,50 £
Hauptattraktion von Stirling – sieht man einmal von dem sympathischen Erscheinungsbild des Ortes ab – ist die hoch auf einem Felsen thronende Festungsanlage, die einige der schönsten Renaissance-Gebäude Schottlands beherbergt. Schon kurz nach ihrer Geburt in Schloss Linlithgow wurde Maria Stuart aus Sicherheitsgründen nach Stirling Castle gebracht und im Alter von nur neun Monaten zur Königin gekrönt.

Altstadt

Nicht versäumen sollte man einen Bummel durch die unterhalb der Burg gelegene Altstadt von Stirling. In Castle Wynd 10 befindet sich das um 1631 vom Earl of Stirling erbaute, mit Renaissance-Elementen geschmückte Stadthaus Argyll's Lodge.

Um die Ecke ist schnell St. Mary's Wynd erreicht. Hier lockt ein Lager oder Bitter – sommertags auch in einem kleinen Biergarten – in Stirlings ältester Taverne Settle Inn von 1589.

Übernachten

Uraltes Gemäuer – **Golden Lion Hotel**: 8 King St., Tel. 01786 47 53 51, www.thegoldenlionstirling.com, DZ ab 110 £. Das Golden Lion Hotel ist eines der ältesten Hotels von Stirling, 1786 erbaut, kürzlich umfassend renoviert, 67 modern eingerichtete angenehme Zimmer sowie ein gutes Restaurant, mitten im Stadtzentrum, nur wenige Minuten Fußweg von der Burg gelegen.

Georgianischer Chic – **The Park Lodge Country House Hotel**: 32 Park Terr., Tel. 01786 47 48 62, www.parklodge.net, DZ ab 85 £.Das kleine Hotel mit zehn individuell eingerichteten Zimmern in einem georgianischen Stadthaus inmitten eines grünen Gartens befindet sich in einer ruhigen Wohnlage nahe dem Zentrum.

Für Gartenfreunde – **Firgrove**: 13 Clifford Rd., Tel. 01786 47 58 05, www.firgrove.stirling.co.uk, DZ 70 £. Nur eben mal 3 große und überdies charmant eingerichtete Zimmer en suite in einer 1895 erbauten viktorianischen Villa, die von einem blühenden Garten umgeben ist.

Drei Munros in Sichtweite – **Castlecroft**: Ballengeich Rd., Tel. 01786 47 49 33, www.castlecroft-uk.com, DZ 65 £. Modernes Haus mit 6 En-suite-Zimmern, von der Guest Lounge aus hat man prachtvolle Ausblicke auf die Berge der Highlands.

Schlafen beim lieben Gott – **Youth Hostel**: St. John's St., nahe bei der Burg, Tel. 0870 15 53 255, in einer 1824 errichteten säkularisierten Kirche, 127 Betten, Zimmer mit 4 und 5–8 Betten, Familienräume.

Camping – **Witches Craig Caravan & Camping Park**: Blairlogie, Tel. 01786 47 49 47, www.witchescraig.co.uk, April-Okt., 4,5 km östlich von Stirling an der A 91 Richtung St. Andrews.

Stirling

Wehrhafte Festung an strategisch wichtigem Punkt: Stirling Castle

Essen & Trinken

Italienische Variationen – **Italia Nostra**: 23 Baker St., Tel. 01786 47 32 08, Pizza und Pasta 9–11 £, Fisch-, Fleischgerichte 12–16 £. Gute italienische Küche.
Nicht zu scharf gewürzt – **Taj Mahal**: 39 King St., Tel. 01786 45 09 66, 7–10 £. Große Auswahl an preiswerten indischen Gerichten.
Nahe der Burg – Darnley Coffeehouse: Bow St., mittägliche Lunch-Gerichte, kleine Snacks und leckere Kuchen in einem historischen Stadthaus mit mittelalterlicher Atmosphäre in der Altstadt nahe der Burg.

Abends & Nachts

Die drei beliebtesten Pubs – **No. 2 Baker Street**: Baker St./Ecke Friars St., gute Bar Meals, große Auswahl an Real Ales. **Port Customs Bar**: Port St./Ecke Upper Craigs, Free House, Treffpunkt der Einheimischen. **Porter's**: Port St./Ecke Upper Craigs, gemütlicher, renovierter Pub.
Musik und Kunst – **Tolbooth:** Jail Wynd/St. John St., Tel. 0186 27 40 000, www.stirling.gov.uk/tolbooth. Das Tolbooth liegt im Herzen der Stadt und ist die erste Adresse für Musik und Kunst. Künstler der verschiedensten Musikrichtungen treten während des ganzen Jahres auf. Das Tolbooth hat den Ruf, eines der besten Orte für Life-Musik in Schottland zu sein.

Infos & Termine

Tourist Information: 41 Dumbarton Rd., Tel. 01786 47 50 19.
www.expore-stirling.com: Informative Seite auf Englisch zu Stirling und das Forth Valley.
www.stirling-tourism.com: Informationen rund um Stirling und die Sehenswürdigkeiten der Stadt (englisch).

Auf Entdeckungstour

Orte historischer Schlachten

Nur wenige Male gelang es den Schotten, die Engländer in einer der vielen Schlachten zu schlagen, zwei Mal davon in der Umgebung von Stirling.

Reisekarte: ▶ D 8

Öffnungszeiten: Wallace Monument: Nov.-Febr. tgl. 10.30–16, März–Mai tgl. 10–17, Juni tgl. 10–18, Juli/August tgl. 9–18, Sept. tgl. 9.30–17.30, Okt. tgl. 10–17 Uhr; Bannockburn: März-Okt. tgl 10-17.30 Uhr.

Eintritt: Wallace Monument 6,50 £, Bannockburn 3,50 £

Info: www.nts.org.uk, www.national wallacemonument.com

Grandios ist der Ausblick von oben über die Highlands – und schon deswegen lohnt der Besuch des 3 km nördlich von Stirling gelegenen, 67 m hohen **Wallace Monuments**. Es informiert über die historische Schlacht an der Stirling Bridge, in der die schottischen Kämpfer mit William Wallace an der Spitze die Engländer besiegten. Der Besuch dieses nationalen Wahrzeichens ist ein absolutes Muss. Es erweckt den verzweifelten Feldzug und das Ringen der Schotten um Freiheit zu neuem Leben. Die Audiotour wird in fünf Sprachen angeboten.

Braveheart – der Stolz der Schotten

William Wallace wurde um 1270 in eine schottische Adelsfamilie hinein geboren und begann seine militärische Karriere Mitte 20, indem er sich einen Namen als erfolgreicher Guerilla-Kämpfer gegen die Engländer machte. Am 11. 9. 1297 führten die Engländer auf Geheiß ihres Königs Edward I., auch ›Hammer of Scotland‹ genannt, ein den Schotten weit überlegenes Heer mit 3000 Reitern und 10 000 Mann Infanterie auf Stirling zu. Landschaftliche Besonderheiten zwangen die Invasoren, den River Forth über der einzigen weit und breit vorhandenen Brücke zu überqueren.

Die Überspannung war so schmal, dass gerade einmal zwei Reiter oder drei Fußsoldaten nebeneinander passten. Die Schotten warteten, bis die ersten Engländer die Brücke fast überquert hatten und griffen dann an. Die vorderen Männer erkannten sofort die Ausweglosigkeit der Situation und wollten sich zur Flucht wenden. Doch von hinten drückten die nachfolgenden Kampfreihen nach, Chaos brach aus, die Verteidiger hatten leichtes Spiel und metzelten die Engländer nie-

der. Binnen kurzem war die Invasionsarmee in heilloser Flucht begriffen und bar jeglicher militärischer Formation. Die schottischen Fußsoldaten setzten nach, und eine 400 Reiter starke Kavallerie-Einheit folgte den berittenen Engländern. Innerhalb nur weniger Stunden hatten die Schotten einen überwältigenden Sieg errungen. Wallace wurde von König Robert the Bruce geadelt und bekam den Titel ›Guardian of Scotland‹. 1305 fiel er durch Verrat den Engländern in die Hände, wurde geköpft und dann geviertelt.

Hollywood hat mit Mel Gibson als Regisseur und in der Hauptrolle den Kampf des William Wallace im oscarprämierten Film ›Braveheart‹ verewigt.

Der nächste Sieg über England ...

Südlich vom Zentrum Stirlings, im Vorort **Bannockburn**, liegt das einstige Schlachtfeld mit Visitor Centre, auf dem König Robert I. wenige Jahre später die Engländer ein zweites Mal in die Flucht schlug. Robert Bruce wurde 1274 geboren und war von 1306 bis zu seinem Tod 1339 einer der erfolgreichsten Herrscher des Landes.

Am 23. 6. 1314 sammelte sich das um den Faktor drei überlegene englische Heer bei Bannockburn. Bruce stellte seine Streitmacht strategisch geschickt zwischen zwei Flüssen auf, um die Manövrierfähigkeit des übermächtigen Feindes einzuschränken und die eigene Frontlinie kurz zu halten. Als die englische Kavallerie angriff, gelang es den Schotten gut, die Attacken mit ihren Schiltrons immer wieder abzuwehren. Reiter, die trotzdem durchkamen, wurden von den hinteren Reihen sofort getötet. Dazu sollte man wissen, dass Schiltrons eine von den Schotten erfundene Gefechtsformation war, die ähnlich der antiken Phalanx von Alexander dem Großen funktionierte: Die

157

Soldaten standen dicht an dicht und richteten ihre langen Spieße auf den Gegner, so dass ein nur schwer zu durchbrechender Wall entstand. Im Gegensatz zur Phalanx allerdings wiesen die Lanzen der Schiltrons zu allen Seiten hin, um eine Flankierung durch den Feind zu unterbinden. Da der schottische Walles undurchdringbar war, rückten die Verteidiger nun vor und trieben die gegnerische Kavallerie in die Reihen der Fußsoldaten. Panik und Chaos brach aus, und die Engländer wandten sich zur Flucht.

Picknick auf dem Schlachtfeld

Während Bruce nur 500 Infanteristen und zwei Reiter zu beklagen hatte, kamen auf englischer Seite 22 Barone, 68 Ritter und mehr als Tausend Fußsoldaten ums Leben.

Das Visitor Centre informiert in einer audiovisuellen Show über die Hintergründe und den Schlachtverlauf und würdigt das militärische Vorgehen gegen eine überlegene Streitmacht ausführlich. Immer findet man hier eine oder auch gleich mehrere Schulklassen, die vor Ort schottischen Nationalstolz lernen sollen. Ein besonderer Leckerbissen sind im Sommer an Wochenenden die Vorführungen der Living History, bei denen Schauspieler, angetan in historischen Kostümen und gegürtet mit den Waffen jener Ära, recht erfolgreich versuchen, dem Zuschauer die Atmosphäre des spannungsgeladenen Tages nahezubringen.

Ein Stückchen außerhalb des Besucherzentrums kann man bei schönem Wetter auf dem einstigen Schlachtfeld im Gras picknicken und wird dort sicher jenen Ort dafür wählen, an dem ein überlebensgroßes Denkmal von Robert Bruce in voller Kampfmontur auf seinen Streitross über die hier tafelnden Besucher wacht. Daneben ragt von einen kleinen Betonplateau ein Flaggmast in die Luft; hier befand sich der Kommandoposten von Robert Bruce, von hier aus dirigierte er seine Männer gegen den Feind.

Das Wallace Monument ist ein Wahrzeichen für den schottischen Freiheitsdrang

www.stirling-highland-games.co.uk: Website mit allen Informationen rund um die Highland Games in Stirling.
Juni: Alljährlich am nächsten Samstag zum 24. Juni Gedenkmarsch von Norden durch die Stadt zum Schlachtfeld von Bannockburn im Süden in Erinnerung an den Sieg von Robert Bruce über die Engländer. An der Statue von Bruce hält der Parteichef der Scottish Nationalist Party eine flammende Rede.
Juli: Highland Games.
Bahn: Bahnhof in der Station Rd.
Bus: Busbahnhof in der Goosecroft Rd. Verbindungen in alle Landesteile.

Perth ►E 7

Die rund 43 000 Einwohner zählende Stadt – auch das Tor zum Hochland genannt – hat Besuchern recht wenig zu bieten. Immerhin aber war Perth bis zum Jahre 1452 die Hauptstadt von Schottland.

Museum & Art Gallery
George St., www.pkc.gov.uk, Mo–Sa 10–17, Mai–Aug. So 13–16.30 Uhr
Einen Besuch lohnt in der heutigen kleinen Industrie- und Verwaltungsstadt das Museum & Art Gallery. Hier werden naturgeschichtliche Sammlungen, Silberarbeiten, Glaswaren sowie Werke schottischer Maler unterschiedlicher Epochen gezeigt.

Scone Palace ►E 7

www.scone-palace.net, April–Okt. tgl. 9.30–17.30 Uhr, 8 £
Drei Kilometer nördlich von Perth liegt an der A 93 der Scone Palace. Zwischen 1802 und 1812 wurde der Landsitz des Earl of Mansfield unter Aufsicht des Architekten William Atkinson im neo-

gotischen Stil errichtet. Im Innern sind kostbare Möbel, Silber- und Glasarbeiten, Bilder und Elfenbeinschnitzereien zu besichtigen. Für Schotten ist dieser Ort vor allem für die nationale Historie von großer Bedeutung. Bis 1559 stand hier Scone Abbey, die Krönungskirche der schottischen Herrscher. Schon 843 wurde von Kenneth MacAlpin in Scone das erste schottische Königreich gegründet.

In Shakespeares ›Macbeth‹ spricht Ross zu Macduff: »So wird Macbeth wahrscheinlich König sein.« Macduff antwortet:»Das steht schon fest. Er ist längst auf dem Weg nach Scone zur Krönung.« Von großer Bedeutung für die Zeremonie war dabei der Stone of Scone, der wie eine Reliquie verehrte Krönungsstein. Jahrhundertelang nahmen die schottischen Könige bei der Inthronisation ihren Platz auf dem Stein ein. 1296 jedoch raubte der englische König Eduard I. den sagenumwobenen Block und brachte ihn nach London, wo er seither im Krönungsstuhl von Westminster Abbey seinen Platz hatte. Die vorerst letzte Regentin, die ihre Herrscherwürde auf diesem Stein erhielt, war im Jahr 1952 Königin Elisabeth II. Nur zwei Jahre zuvor hatten zwar schottische Nationalisten den geschichtsträchtigen Kiesel entführt und in seine alte Heimat zurückgebracht, aber die Engländer holten sich – wie nicht anders zu erwarten – das kostbare Stück erneut.

Genau 700 Jahre, nachdem Edward I. den Stein geraubt hatte, gaben ihn die Engländer jedoch im November 1996 wieder an die Schotten zurück. Aber auch ohne den Stone of Scone sind hier in der Scone Abbey weitere 300 Jahre lang die schottischen Herrscher gekrönt worden, bis sie in den Tagen der Reformation von den Anhängern des Protestanten John Knox geschleift wurde.

Die Central Highlands

Fahrradtouren

Perth eignet sich als Ausgangspunkt für Fahrradtouren entlang des River Tay. Viele interessante Routen starten im Stadtzentrum, da die Route 778 des National Cycle Networks (NCN) direkt durch die Stadt führt und vielversprechende Möglichkeiten unterschiedlicher Länge und Schwierigkeitsstufen bietet. Die so genannte Luncarty Loop beispielsweise ist 21 km lang und eine ideale Familientour. Sie führt durch schöne Landschaften mit Blicken auf die Flüsse Tay und Almond und zum Huntintower Castle. Auf der Website www.perthshire.co.uk kann man sich unter ›Active Pertshire‹, ›Cycling Pertshire‹ sechs ausgezeichnet beschriebene Fahrradtouren kostenlos herunterladen.

Golf

Die Region Perthshire hat rund 40 Golfplätze, darunter einige der besten des Landes. Mit der Golf Green Card kann man 19 dieser Plätze zu ermäßigten Preisen bespielen. Informationen zu den Plätzen und zu Preisen bei der Tourist Information oder unter www.perthshire.co.uk unter ›Active Pertshire‹, ›Golf Pertshire‹.

Flusswanderung

Mit 193 Kilometern ist der River Tay der längste Fluss Großbritanniens. Das North Inch Parkland in Perth ist eine schöne Grünfläche im Herzen der Stadt, von wo aus Wanderer auf einem Rundweg einen offenen Blick auf den mächtigen Fluss haben.

Der beste Startpunkt ist Dewar's Sports Centre in der Hay Street, weil man dort sein Auto parken kann. Es geht über den Weg unterhalb der Perth Bridge und über die Tay Street, wo man einen wunderbaren Blick auf die grüne Flusslandschaft hat. Im River Tay leben Otter, und manchmal kann man sie im Wasser spielen sehen. Mit etwas Glück kann man graue Seehunde beobachten, die sich unter den Brücken der Stadt sonnen. Man überquert den Fluss auf der Queens Bridge und kann sich am anderen Ufer die Rodney Gardens ansehen. Der Weg geht weiter ostwärts entlang des Flusses mit schönen Blicken auf die Stadt, und man gelangt über die Eisenbahnbrücke mit Fußweg zurück in die Tay Street. Die Tourist Information hält weitere Wanderungen und einen kostenlosen Stadtplan bereit.

Übernachten

Beeindruckend – **Salutation Hotel**: 34 South St., Tel. 01738 63 00 66, www.strathmorehotels.com, DZ ab 85 £. Eines der ältesten Hotels von Schottland, 1699 eröffnet, umfassend renoviert, 84 angenehme Zimmer, Fitness-Einrichtungen.

Wuchtig – **Queen's Hotel**: Leonard St., Tel. 01738 44 22 22, www.symphany hotels.co.uk, DZ ab 85 £. Freundliches Hotel im Zentrum, ordentliche Zimmer, Fitness-Einrichtungen.

Am rauschenden Bach – **Jarvis Perth Hotel**: West Mill St., Tel. 01738 62 82 81, www.ramadajarvis.co.uk, DZ ab 80 £. Hotel in einer umgebauten ehemaligen Wassermühle mit 61 Zimmern im Stadtzentrum, der Bach fließt unter dem Hotel durch und bewässert den grünen Garten.

Viktorianisch – **Kinnaird House**: 5 Marshall Place, Tel. 01738 62 80 21, www.kinnaird-guesthouse.co.uk, 55–65 £. 7 Zimmer, alle en suite, in einer

Perth

viktorianischen Villa, nur 250 m vom Zentrum entfernt. Mit exzellentem Restaurant.

Zentrale Lage – **Heidl Guest House**: 43 York Place, Tel. 01738 63 50 31, www. heidle.co.uk, DZ 55 £. Nahe beim Zentrum gelegen, 8 einfach eingerichtete Zimmer.

Zelten bei Scone Palace – **Scone Palace Caravan Park**: Tel. 01738 55 04 85, www.scone-palace.net/caravanpark, 3 km nördlich von Perth nahe der A 93 am Scone Palace.

Essen & Trinken

Preisgekrönt – **Dean @ Let's Eat**: 77 Kinnoull St., Tel. 01738 64 33 77, 16–25 £. Bestes Lokal der Stadt mit Plätzen für 65 Gäste, die vom Küchenchef Willie Dean mit variationsreichen Kreationen verwöhnt werden.

Empfehlenswert – **Duncan's in Perth**: 33 George St., Tel. 01738 62 60 16, Hauptgerichte 15 £, 3-Gänge-Dinner-Menü 23 £. Einst ein Ableger von Let's Eat, jetzt unter neuem Management.

Vorbildlich – **South Bistro**: 47 South Str., Tel. 01738 63 33 34, 11–16 £, Zwei-Gänge-Menü 20 £, drei Gänge 25 £. Angenehmes kleines Lokal, das von Mi–So mittägliche Lunch- und abendliche Dinnergerichte serviert und nur lokale Produkte der Saison verarbeitet.

Preiswert chinesisch – **Jade Garden**: 14 Scott St., Tel. 01738 62 22 54, 6–10 £. Einfaches chinesisches Lokal.

Aktiv & Kreativ

Fahrradverleih – **Perth City Cycles**: 42 Princes St., Tel. 01738 63 93 46.

Golf – **Craigie Hill Golf Club**: Cherrybank, Tel. 01738 62 43 77, www.craigiehill.co.uk. 18-Loch-Platz in schöner Lage.

Golf auf der Insel – **King James VI Golf Club:** auf dem Moncrieffe Island im Fluss gelegen, über zwei Fußgängerbrücken von Perth aus zu erreichen, Tel. 01738 63 24 60, www.kingjamesvi.co.uk.

Abends & Nachts

Die drei beliebtesten Pubs der Stadt – **Royal Bar:** Scott/Ecke South St.. Freundlicher Pub im Stadtzentrum, Free House. **Scaramouche**: 103 South St.. Helle, angenehme City Centre-Kneipe. **The Auld Hoose**: King Edward/Ecke South St.. Netter City Centre Pub.

Infos & Termine

Tourist Information: Lower City Mills, West Mill St., Tel. 01738 45 06 00.

www.perthfestival.co.uk: Hier findet man alle Informationen zum Perth Festival of the Arts (englisch).

www.perth-races.co.uk: Website der Perth Pferderennbahn im Scone Palace Park.

Mai/Juni: Perth Festival of the Arts: Rund 2 Wochen lang Konzerte und klassische Musik mit Feinsten an verschiedenen Standorten in Perth.

August: Highland Games.

Bahn/Bus: Verbindungen (Bus: Citylink) in alle Landesteile.

Dunkeld ▶ E 7

Von Perth aus folgt man nun der A 9, der ›Traumstraße der Highlands‹, bis nach Inverness.

Dunkeld mit seinen knapp 1000 Einwohnern ist ein malerisch am River Tay liegendes ›Puppenstubendörfchen‹. Der Dorfplatz ist von weiß gekalkten

161

Die Central Highlands

Häuschen aus dem 17. Jh. umgeben. In einem davon befindet sich die Tourist Information, in einem anderen zeigt das Scottish Horse Regimental Museum Exponate zur schottischen Kavallleriegeschichte.

Wenige Schritte nur vom Square entfernt liegt am Ufer des Tay die Kathedrale, umgeben von hohen Bäumen und gepflegten Rasenflächen. Das Gotteshaus datiert aus dem Jahre 1380. Es wurde während der Reformation zerstört und 1660 renoviert. Innerhalb des alten, noch heute als Ruine erhaltenen Baukörpers errichtete der Architekt im einstigen Chor eine neue kleinere Kirche.

Von dem Gotteshaus hat man einen guten Blick auf die recht imposant den River Tay überspannende Brücke; konstruiert wurde sie 1809 unter Leitung von Thomas Telford, der mit seinen weit reichenden Plänen das schottische Hochland infrastrukturell umfassend ausbaute.

Wandern

Dunkeld ist ein guter Ausgangspunkt für Wanderungen entlang des River Tay oder in die angrenzenden Wälder. Rund 3 km östlich des Ortes liegt der Loch of the Lowes, ein Naturreservat, das Ornithologen begeistern wird. Hier kann man brütende Fischadler und andere Wildvögel beobachten. Die Mitarbeiter des Visitor Centres leiten Besucher zu den besten Aussichtspunkten (Tel. 01350 72 73 37, April–Sept. 10–17 Uhr).

Fahrradtour zum Loch Ordie

Der Loch Ordie liegt rund 9 km von Dunkeld entfernt, und ist auf einer sehr schönen, meist ebenen Strecke mit wenigen steilen Abschnitten zu erreichen. Bei dieser wenig anspruchsvollen Tour kann man die landschaftliche Schönheit von Dunkelds Hinterland genießen. Die Tour führt an fünf friedlichen Seen vorbei.

Die Tour startet am Parkplatz. Man verlässt Dunkeld in nördlicher Richtung und biegt rechts in die A 923 (Ausschilderung Loch of the Lowes, Blairgowrie) ein. Bei der ersten Kreuzung fährt man links, dann einen steilen Berg hinauf, und erreicht den Parkplatz von Atholl Estates (Informationstafel).

Hier folgt man den Schildern zum Loch Ordie, wo sich viele schöne Plätzchen für ein Picknick finden. Weitere Fahrradtouren unter www.perthshire.co.uk.

Essen & Trinken

Haute Cuisine – **Kinnaird Estate:** von der A 9 3 km nördlich von Dunkeld über die B 898 (ausgeschildert), Tel. 01796 48 24 40, 4-Gänge-Dinner-Menü 60 £. Das Restaurant, das zu den besten Schottlands zählt, liegt in einem der Top-Ten-Hotels des Landes, hervorragende moderne europäische Küche mit starkem französischen Einschlag und geadelt vom Michelin mit einem Stern.

Aktiv & Kreativ

Golf – **Dunkeld & Birnam Golf Club:** Tel. 01350 72 75 24, www.dunkeldandbirnamgolfclub.co.uk. Einer der malerischsten Golfplätze in Perthshire, Vergünstigungen mit der Golf Green Card, Informationen zur Golf Green Card geben die Tourist-Information-Büros der Region und der Golfclub.

Pitlochry ►E 7

Pitlochry ist einer der bekanntesten schottischen Luftkurorte. Das rund 3000 Einwohner zählende, sehr sympathische Städtchen steht ganz im Zeichen des Tourismus, und dementsprechend geschäftig geht es während der Hauptsaison in den Straßen zu. Seit den Zeiten von Königin Viktoria leben nahezu alle Einwohner des Dorfs von den vielen Besuchern aus aller Welt. Entlang der Main Street reihen sich Craft Shops, Restaurants, Hotels, Pubs und Läden mit Wanderausrüstungen aneinander.

Pitlochry Festival Theatre
www.pitlochry.org.uk, Theatre & Box Office Sommer tgl. 10–20, Winter tgl. 10–17 Uhr
Wenige hundert Meter außerhalb des Ortskerns kann man während der Saison im Pitlochry Festival Theatre allabendlich Konzerten lauschen oder Theateraufführungen folgen. Scotland's Theatre in the Highlands blickt auf eine lange und erfolgreiche Tradition zurück: Im Jahr 1951 begannen die ersten Darbietungen in einem großen Zelt, und genau 30 Jahre später weihte Prinz Charles das neue, 540 Personen fassende und preisgekrönte Theatergebäude ein.

Pitlochry Power Station
Visitor Centre, April–Okt. Mo–Fr 10–17.30, Juli/Aug. Sa, So 10–17.30 Uhr, 3 £
Auf keinen Fall sollte man einen Besuch der Pitlochry Power Station versäumen. Neben dem etwa 20 m hohen Damm, der den River Tummel zum Loch Faskally staut, ist eine Lachsleiter eingerichtet. Über 18 Bassins, alle verbunden durch große Röhren, kämpfen sich zwischen Mai und September die Lachse flussaufwärts zu ihren Laichgründen. An einem Becken kann man durch zwei Glasscheiben dieses faszinierende Naturschauspiel beobachten. Um dem Besucherandrang gerecht zu werden, überträgt ein Video-Monitor den Lachszug nach außen. Außerdem ist ein elektronisches Zählwerk an der Lachsleiter angebracht, das die Anzahl der passierenden Fische festhält: Pro Saison schwimmen ungefähr 5400 Lachse den River Tummel hoch. Ein Besucherzentrum in der Power Station – auch hier ein Monitor – gibt Interessierten weitere Auskünfte über den Lebenszyklus der Fische und informiert zudem über die Elektrizitätsgewinnung durch Wasserkraft.

Wandern

Aufgrund der gut ausgebauten touristischen Infrastruktur eignet sich Pitlochry als Ausgangspunkt für Wanderungen und Ausflüge: So etwa zum südwestlich gelegenen Loch Tay mit den beiden Orten Kenmore und Killin und dem 1214 m hohen Ben Lawers oder in die westlich von Pitlochry gelegene Region am Loch Rannoch mit dem 1083 m hohen Schiehallion. Eine Wanderung auf den 820 m hohen Ben Vrackie, den Hausberg von Pitlochry, und eine Rundwanderung von Pitlochry über den Pass of Killiecrankie und zurück sind weitere Alternativen.

Das Tourist Information Centre hat zahlreiche Touren für Wanderer und Bergsteiger ausgearbeitet.

Rad- und Mountain-Bike-Touren

Pitlochry bietet Radfahrern eine atemberaubende Landschaft, die Besucher nicht erst seit Queen Victoria verzau-

Die Central Highlands

berte. Diese Region ist wie geschaffen, um mit dem Fahrrad erkundet zu werden: gute und ruhige Straßen, Pisten abseits asphaltierter Straßen und interessante Sehenswürdigkeiten. Auf der Website www.perthshire.co.uk kann man unter ›Active Perthshire‹, ›Cycling Perthshire‹ verschiedene, hervorragend ausgearbeitete Touren unterschiedlicher Länge herunterladen.

Übernachten

Einschlafen beim Rauschen der Blätter – **Pine Trees Hotel**: Strathview Terr., Tel. 01796 47 21 21, www.pinetreeshotel.co.uk, DZ ab 120 £. Viktorianisches Haus in einem 4 ha großen Park- und Waldareal, alle Annehmlichkeiten, komfortable und freundliche Zimmer und ein exzellentes Gartenrestaurant.
Wellness Hotel – **Scotland's Hotel**: 40 Bonnethill Rd., Tel. 01796 47 22 92, www.cerarhotels.com, DZ ab 80 £. Angenehmes Hotel, komfortable Zimmer, Fitnesseinrichtungen und Pool nahe dem Stadtzentrum, zwei Restaurants.
Viktorianisches Ambiente – **Poplars Guest House**: 27 Lower Oakfield, Tel. 01796 47 21 29, www.poplarspitlochry.com, DZ 65 £. In einem eindrucksvollen viktorianischen Haus, modernisierte freundliche Räumlichkeiten.
Romantisch – **Ferryman's Cottage**: Port-na-Craig, Tel. 01796 7 36 81, www.ferrymanscottage.co.uk, DZ 60 £. Schnuckeliges Bruchstein-Cottage aus dem 18. Jh. direkt am rechten Ufer des River Tummel und einen Steinwurf vom Theater entfernt in dem uralten Weiler Port-na-Craig gelegen und mit guten Ausblicken über den Fluss und die Countryside, 2 Zimmer en suite.
Mitten im Zentrum – **Pitlochry Independent Backpacker's Hostel**: 134 Atholl Rd., Tel. 01796 47 00 44, untergebracht in einem ehemaligen Hotel,

Schlafsäle sowie zehn Doppelzimmer (30 £), insgesamt 67 Betten.
Campen neben der Destille – **Milton of Fonab Caravan Site**: 1 km südlich an der Bells Distillery, Tel. 01796 47 28 82, www.fonab.co.uk.

Essen & Trinken

Unschlagbar – **The Old Armoury**: Armoury Rd., Tel. 01796 47 42 81, Gerichte bis 30 £. Seafood, Geflügel, Fleischgerichte, exzellente moderne schottische Küche in einem gemütlichen Lokal, sommertags tafelt man draußen im Garten.
Einfach – **Old Mill Inn**: Mill Ln., an einem kleinen Mühlbach im Zentrum, Tel. 01796 47 40 20, Fish & Chips 7 £, 16 Unzen Aberdeen Angus Special Steak 20 £. Pub mit einer großen Palette an Bar Meals.
Gut und preiswert – **Strathgarry Restaurant**: 113 Atholl Rd., Tel. 01796 47 24 69, 7–14 £. Kleines Lokal mit Gerichten in einem guten Preis-Leistungs-Verhältnis.
Indisch scharf – **Prince of India**: Station Rd., Tel. 01796 47 22 75. Große Palette an preiswerten indischen Gerichten zwischen 6–11 £.
Anheimelnd und gemütlich – **Café Biba**: Atholl Rd., Hauptgerichte 6–12 £. Freundliches kleines Restaurant-Café in niedrigem Bruchstein-Cottage.

Einkaufen

Mitbringsel mit Geschmack – **Keep Sakes of Pitlochry:** 81 Atholl Rd., Gold- und Silberarbeiten von den Orkney's, designed von Sheila Fleet, Glasartikel, schottische Mythentierchen und Hundefigürchen, hergestellt von Pewtermill Crafts, handbemalte Keramik mit schottischen Sujets, Porzellanfigürchen, Silberrahmen, Designeruhren, eigenwillig gestaltete Schachspiele, lustige Forchino-Figuren, in die man eine Weinflasche hineinstellen kann, und vieles mehr.

Aktiv & Kreativ

Fahrradverleih – **Escape Route:** 3 Atholl Rd., Tel. 01796 47 38 59.
Golf – **Pitlochry Golf Course:** Golf Curse Rd., Tel. 01796 47 27 92. Dieser Golfplatz ist als einer der schönsten in ganz Schottland bekannt. Seine Lage wurde in einer Golfzeitschrift als ›Die Schweiz Schottlands‹ beschrieben. Sondertarife mit der Golf Green Card, Informationen bei der Tourist Information und beim Club.

Infos & Termine

Tourist Information: 22 Atholl St., Tel. 47 22 15.
www.pitlochry.org: Offizielle Tourismus-Seite mit vielen nützlichen Informationen.
September: Highland Games.
Bahn/Bus: beide an der Station Rd. Verbindungen in alle Landesteile.

Umgebung von Pitlochry

Pass of Killiecrankie Visitor Centre ▶ E 6
www.nts.org.uk, April–Okt. tgl. 10–17.30, 2 £
Ebenfalls weiter gen Norden passiert man nach wenigen Kilometern den Pass of Killiecrankie (von der A 9 ausgeschildert) – eine weitere Stätte, an der die Schotten für die Befreiung vom englischen Joch kämpften.
Am 27. 7. 1689 zogen die Truppen

Wilhelm von Oraniens unter General Mackay durch die enge Schlucht des River Garry, um den Anhängern von Jakob VII. endgültig den Garaus zu machen. Am Nordende der Schlucht erwarteten nur 100 Atholl-Highlander den Feind. Geführt von dem charismatischen Haudegen John Graham of Claverhouse, Viscount Dundee (von den Schotten auch liebevoll Bonnie Dundee genannt), stürzten sich die Hochländer auf die verhassten Königstruppen und rieben sie in Minuten auf. Bonnie Dundee setzte den flüchtigen Engländern nach und reckte dabei die Hand zum Zeichen des Triumphes – da traf ihn eine verirrte Kugel in die Achselhöhle. Der siegreiche Held starb an Ort und Stelle, die Jakobiten, nun ihres strategisch versierten Führers beraubt, verloren ihre Sache trotz der gewonnenen Schlacht. Ein Besucherzentrum des National Trust for Scotland informiert über die Ereignisse in jenen Tagen, aber auch über die wunderschöne unverdorbene Natur der Region und gibt Empfehlungen für Wanderungen und Spaziergänge.

Blair Atholl ▶ D 6

Wenige Autominuten weiter nördlich erreicht man Blair Atholl, einen ganz im Zeichen des Tourismus stehenden Weiler.

Atholl Folk Museum ▶ E 6
April–Sept. 13.30–17.30 Uhr, 2 £
In der funktionstüchtigen Kornmühle aus dem 17. Jh. wird für die Besucher die alte Technik wiederbelebt. In dem angeschlossenen Heimatmuseum (*Folk Museum*) erfährt man viel über das Alltagsleben der vergangenen Tage. Wer mag, kann sich hier ein Fahrrad ausleihen und die schöne Umgebung von Blair Atholl erkunden.

Lieblingsort

Queen's View ▶ E 6/7
Dies ist einer der schönsten Aussichtspunkte im ›Alaska Großbritanniens‹. Von hoch oben schweift der Blick hinein in ein Tal, das in seiner Gesamtheit von der blauen Wasserfläche des Loch Tummel eingenommen wird. Die raue, bewaldete Uferlinie und ein Inselchen geben dem suchenden Auge Halt, und im Hintergrund ragt überkrönend und majestätisch der hohe Schiehallion auf – der Berg der Feen, einer der wenigen, die völlig solitär in den Himmel streben und nicht von Brudergipfeln bedrängt werden.

Die Central Highlands

Blair Castle, die Besucherattraktion von Blair Atholl

Blair Castle
www.blair-castle.co.uk, April–Sept. tgl. 9.30–16.30, Nov.–März, Di, Sa 9.30–12.30 Uhr, 7,90 £

Attraktion des Weilers ist jedoch das schneeweiße Blair Castle. Cumming's Tower, der älteste Teil der Burg, wurde um 1269 errichtet. Sein heutiges Aussehen erhielt das Schlösschen 1869: Der siebte Duke of Atholl ließ das Gebäude im damals beliebten Baronial Style des 16. Jh. renovieren. 32 Räume stehen Besuchern offen, hier können kostbare Möbel, Porzellan, Gobelins und Gemälde besichtigt werden.

Eine Kuriosität spielt sich alljährlich am letzten Samstag im Mai auf dem Anwesen von Blair Atholl ab. Dann marschiert die 80 Mann starke Privatarmee des Duke of Atholl vor dem Schloss auf und ehrt ihren militärischen Führer. Der Herzog von Atholl ist der einzige Brite, der das verbriefte Recht auf eine eigene Truppe besitzt. Im Jahre 1845 verlieh die schottlandbegeisterte Königin Viktoria den Herren von Atholl dieses Privileg als kleine Wiedergutmachung für die Schändlichkeiten der Engländer an der schottischen Seele. Dementsprechend begeistert war man damals im Hochland. Einen Tag nach dem sehenswerten Spektakel finden die Blair Atholl Highland Games statt.

Aktiv & Kreativ

Pony-Trekking – **Blair Castle Trekking Centre:** Tel. 01796 48 15 68, www.blair castletrekking.co.uk. Auf dem Gelände von Blair Castle. Das Trekking Centre bietet Touren verschiedener Länge auf Hochland-Ponys auf dem Gelände der Burg und in die Berge dahinter; geführte Tagestouren (auch für Anfänger) durch die Heide- und Moorlandschaft.

Golf – **Blair Atholl Golf Club:** Invertilt Rd., Tel. 01796 48 14 07, www.blairat

hollgolf.co.uk. 9-Loch-Golfplatz in wunderschöner Lage. Sondertarife mit dem Highland Golf Ticket, Informationen bei der Tourist Information oder beim Club.
Fahrradverleih – **Basecamp Bikes:** The Firs, St. Andrews' Crescent, Tel. 01796 48 12 46.

Kingussie ▶ D 6

Von Blair Atholl verläuft die Straße in einem weiten Bogen entlang des Glen Garrie. Sie umgeht dabei mehrere fast 1000 m hohe Berge und führt über den 462 m hoch gelegenen Pass of Drumochter in das Truim-Tal und schließlich zum 1000-Seelen-Örtchen Kingussie. Sozialhistoriker und Gourmets sollten an dem Straßendorf nicht vorbeifahren.

Highland Folk Museum
www.highlandfolk.com, Ostern–Aug. Mo–Sa 10–17.30, Sept./Okt. Mo–Fr 10–16.30 Uhr
Zum einen präsentiert das Highland Folk Museum eine sehr sehenswerte Ausstellung zum Alltagsleben vergangener Jahrhunderte und zeigt in der Freilichtabteilung ein originalgetreues Black House von der Hebriden-Insel Lewis. Zum anderen lockt das Cross Restaurant, eines der besten Lokale der Region.

Essen & Trinken

Restaurant with Rooms – **Cross Restaurant:** Tweed Mill Brae, Tel. 01540 66 11 66, abendliches Mehr-Gänge-Menü 45 £. Eines der besten Lokale der Region, in einer alten Wassermühle aus den 1880er-Jahren mit sehr guten Gerichten und exzellenter Weinkarte. Außerdem gibt es noch acht individuell eingerichtete Zimmer, alle en suite, Dinner, Bed & Breakfast 115 £ pro Person.

Aviemore ▶ E 5

Mit wenig Gespür für die Landschaft wurden hier in den 1960er-Jahren Betonbauten errichtet, die nicht jedermanns Geschmack treffen. Wegen des Aviemore Centre, in dem neben mehreren Hotels ein Einkaufszentrum, Swimmingpool, Theater, Kino, Sauna, Solarium, eine Schlittschuhbahn und ein künstlicher Skiabhang, Bars, Res-

Highland Wildlife Park ▶ D 5
www.higlandwildlifepark.org, April–Okt. Tgl. 10–17, Nov.–März tgl. 10–16 Uhr, 10,50 £
Kurz vor dem Weiler Kincraig liegt etwas abseits der A 9 der Highland Wildlife Park, in dem man Hochlandrinder, Wildkatzen, Rehe, Wölfe und viele Vogelarten beobachten kann. Vor allem für Kinder ist dieser ›Hochland-Zoo‹ eine beliebte Adresse.

Die Central Highlands

taurants sowie Konferenzräume untergebracht sind, ist nun auch an Sommertagen viel auf Kurzweil ausgerichtetes Publikum in den Straßen unterwegs.

Strathspey Railway
Juni–Sept. mehrmals tgl. Fahrten, www.strathspeyrailway.co.uk, 10,50 £
Doch es lohnt sich ein Stopp, um mit dem Dampfzug der Strathspey Railway die 10 km bis Boat of Garden zurückzulegen. Die liebevoll gepflegte Museumsbahn datiert aus dem 19. Jh., als Aviemore zu einem Eisenbahnknotenpunkt ausgebaut wurde und bald darauf als Wintersportort touristische Bedeutung erlangte.

Carrbridge ▶ E 5

Im wenige Kilometer nordwärts liegenden Dörfchen Carrbridge sollte man einen ausgiebigen Stopp einlegen und sich hier Zeit für einen Besuch des Landmark Highland Heritage Park nehmen.

Landmark Highland Heritage Park
April–Juni tgl. 9.30–18, Juli/Aug. tgl. 9.30–20, Sept./Okt. tgl. 9.30–17.30, Nov.–März tgl. 9.30–17 Uhr, 9,95 £
Auf einem Waldlehrpfad wird man mit den verschiedenen Baumarten bekannt gemacht, erfährt etwas über die Holzfällerkunst in früheren Zeiten, kann bei der Arbeit in einem alten, dampfgetriebenen Sägewerk zuschauen, zuletzt auf den 40 m hohen Forest Tower steigen und einen faszinierenden Rundblick genießen. Im Centre selbst, dem ein Café und ein gut sortierter Buchladen angeschlossen sind, erfahren interessierte Besucher in einer audiovisuellen Show viel Wissenswertes über Leben, Alltag und Historie der Hochlandbewohner.

Inverness ▶ D 4/5

Inverness hat zwar nur 45 000 Einwohner, ist aber unbestreitbar die Hauptstadt der Highlands und das kulturelle, ökonomische und administrative Zentrum im hohen Norden der Britischen Insel. Für Besuche ist Inverness der zentrale Standort, um Ausflüge und Wanderungen in die Einsamkeit des Hochlands zu unternehmen. Beiderseits des River Ness umsäumt Inverness die Bucht des Moray Firth und ist ringsum von hohen Bergen umgeben, die bis in den Frühsommer hinein mit Schnee bedeckt sind.

Inverness

Im Kastellstil erbaute Befestigungsanlage auf dem Burghügel

Geschichte

Schon 565 soll der irische Abt Columban in Inverness den Herrscher der Pikten aufgesucht und zum Christentum bekehrt haben. 500 Jahre später entstand die erste Befestigungsanlage auf dem Castle Hill – wie es heißt, eine der Residenzen des Königsmörders Macbeth. Ein Jahrhundert später wurde die Wehrfähigkeit der Stadt weiter verstärkt, Inverness avancierte zur Royal Burgh, und die Kaufleute im Ort entwickelten einen prosperierenden Handel mit Häuten, Pelzen und Wolle. Es ist historisch belegt, dass dieser bis weit hinein in die Mittelmeerländer reichte.

Strategisch bedeutsam gelegen, kontrollierte die Stadt doch das Great Glen und den Weg in die Northwestern Highlands, wurde Inverness immer wieder angegriffen, belagert und zerstört. Während der Jakobitenaufstände in der Mitte des 18. Jh., die mit der Schlacht von Culloden 1746 endeten, wurde die Stadt dann vollends niedergebrannt.

Durch den infrastrukturellen Ausbau des schottischen Hochlands anhand der Pläne von Thomas Telford, den damit verbundenen Anschluss an

Die Central Highlands

das englische Eisenbahnnetz und vor allem durch den Bau des Kaledonischen Kanals nahm die Stadt Mitte des 19. Jh. einen gewaltigen Aufschwung.

Aufgrund der vielen militärischen Auseinandersetzungen um und in Inverness und wegen der Kahlschlagsanierung der 1960er-Jahre findet man in der Stadt fast keinerlei historische Bausubstanz mehr. Selbst die Befestigungsanlage auf dem Burghügel ist ein im 19. Jh. im Kastellstil errichtetes Verwaltungsgebäude. Doch sollte man trotzdem von dort oben die Aussicht genießen und auch einen Blick auf die Statue von Flora MacDonald nicht versäumen.

Inverness Museum & Gallery
Mo–Sa 10–17 Uhr
Nahebei lohnt sich ein Besuch im Inverness Museum & Gallery, wo archäologische Funde, Exponate zur Kultur des Hochlands sowie eine Silbersammlung zu besichtigen sind und in der benachbarten Kunstgalerie wechselnde Ausstellungen organisiert werden.

Town House
Einen Blick sollte man auch dem Ende des 19. Jh. im neogotischen Stil errichteten Town House in der High Street widmen, in dessen Council Chamber 1921 die erste außerhalb von London tagende Kabinettsitzung stattfand – Winston Churchill befand sich damals unter den Teilnehmern.

Abertarff House
In der Church Street steht das älteste Gebäude der Stadt, das aus dem Jahre 1593 datierende Abertarff House, einst die Stadtwohnung eines Hochland-Lords.

Am schönsten jedoch ist es in Inverness, wenn man durch die wenige hundert Meter südlich vom Stadtzentrum gelegenen und mit Fußgängerbrücken verbundenen, grün bewachsenen Inseln im River Ness spaziert.

Stadtrundfahrten und Stadtrundgänge

Eine lohnenswerte Stadtrundfahrt in einem Doppeldecker-Bus startet von Mai bis September in der Bridge Street. Die Tour umfasst 13 Stationen, und man kann einen ganzen Tag lang aus dem Bus aussteigen und wieder zusteigen, wie man möchte (mehrfach tgl., City Sightseeing, Tel. 01667 45 98 49, 6 £. Alle zwei Stunden verkehrt ein Bus zur sogenannten Culloden Loop, eine Fahrt zum **Culloden Battlefield**, zum **Cawdor Castle** und nach **Fort George** (s. S. 210). Das Ticket ist ganztägig gültig, man kann bei jeder Sehenswürdigkeit aus- und wieder zusteigen, mit einem Kombi-Ticket kann man beide Touren miteinander verbinden.

Die Mitarbeiter der Tourist Information organisieren Stadtrundgänge, beispielsweise eine Geschichtstour oder einen Ghost Trip. Ausgangspunkt ist die Tourist Information (s.u.). Dort kann man auch Tagesausflüge in die Highlands buchen.

Übernachten

Neogotischer Palast – **Palace Hotel**: Ness Walk, Tel. 01463 22 32 43, www.bw-invernesspalace.co.uk, DZ ab 110 £. Für 1 Mio. £ renoviert, im Zentrum am River Ness, angenehme große Zimmer, Wellness und Fitnessbereich mit Sauna und Pool, alles in einem mächtigen viktorianischen Gebäude.
Kein Hotelkettenhaus – **Glen Mhor Hotel**: 9 Ness Bank, Tel. 01463 23 43 08, www.glen-mhor.com, DZ ab 95 £. Eröffnet 1920 und seitdem familienge-

Inverness

führtes, sehr angenehmes Haus am River Ness mit 50 gemütlichen Zimmern en suite, Nico's Bistro und Riverside Restaurant.
Zentrale Lage – **Macrae House**: 24 Ness Bank, Tel. 01463 24 36 58, www.macraehouse.co.uk, DZ 64. 3 Doppelzimmer en suite in einem alten Gemäuer von 1836 direkt am River Ness gelegen, fünf Minuten zum Zentrum.
Bestes B & B – **Winston**: Ness Walk, Tel. 01463 23 44 77, www.winstonguesthouse.co.uk, DZ 60 £. Gute Lage in der Innenstadt direkt am River Ness, liebevoll eingerichtete Räume im Country-Stil, alle Zimmer en suite.
Charmant bei den Camerons – **Ivybank Guest House**: 28 Old Edinburgh Rd., Tel. 01463 23 27 96, www.ivybankguesthouse.com, DZ en suite 60 £, sonst 56 £. Großes georgianisches Haus von 1836 oberhalb des Burggebäudes mit offenen Kaminen und einem ansprechenden Interieur.
Zentraler geht's nicht – **Ho Ho Independent Hostel**: 23 a High St., gegenüber von McDonald's, Tel. 01463 22 12 25. 70 Betten.
Camping – **Torvean Caravan Park**: Glenurquhart Rd., von der A 9 über die A 82 am äußeren westlichen Stadtrand, Tel. 01463 22 05 82, www.torveancaravanpark.co.uk.

Hollywoods Ruf nach Kilts
Seit Duncan Chrisholm and Sons 1956 ihre Kilt-Schneiderei im Schatten der Burg in der Castle Street eröffneten, haben sie einige Berühmtheiten mit Schottlands Nationalkostüm ausgestattet. Charlton Heston – von Herkunft ein Fraser – hat gleich zwei Kilts gekauft. Madonna war hier, Dr. Who ... Die Liste der Celebreties ist lang, und Ian Chrisholm (Foto oben), der das Geschäft von seinem Vater übernommen hat, hat bei ihnen Maß genommen.

Essen & Trinken

Spanische Tapas – **La Tortilla Asesina**: Castle St., Tel. 01463 70 98 09, 9–16 £. Restaurant & Tapas-Bar, gemütliches Lokal mit guten Gerichten.
Sympathisches Bistro – **Café 1**: Castle St., Tel. 01463 22 62 00, Hauptgerichte 9–16 £. Sehr gutes Restaurant mit einer modernen schottischen Küche zu akzeptablen Preisen.
Italienisch lecker – **Riva Bistro Italiano**: 4 Ness Walk, Tel. 01463 23 73 77, Pizzen und Pastas 8–10 £, Fisch- und Fleischgerichte 12–16 £. Freundliches italienisches Restaurant.
Indisch scharf – **Shapla Tandoori**: 2 Castle Rd., Tel. 01463 24 19 19, 8–14 £. Große Auswahl an indischen Gerichten.

Einkaufen

Große Auswahl – **Eastgate Shopping Centre**: 11 Eastgate. Hier bieten über 60 Geschäfte Herren- und Damen-

Die Central Highlands

mode, Schuhe und alle weiteren Accessoires für Sie und Ihn, Lebensmittel, Kosmetikartikel, Schmuck, Musik-CD's, Sport- und Outdoor-Bekleidung und vieles mehr, weit über 1000 Parkplätze in zwei Parkhäusern.

Seit 1890 – **Victorian Market:** Zugänge von Academy St., Church St., und Union St.. In einer ehemaligen viktorianischen Markthalle mit Flair befinden sich über 40 Geschäfte, in denen Schmuck, Kunsthandwerksartikel, Damen- und Herrenmode, Dudelsäcke, Kilts und Zubehör, Geschenkartikel aller Art in individuell geführten Geschäften an die Kunden gebracht werden.

Kilts vom Feinsten – **Chrisholm & Sons:** 47–51 Castle St., Tel. 01463 23 45 99, www.kilts.co.uk.

Aktiv & Kreativ

Selbst Kapitän sein – **Caley Cruisers:** Canal Rd., Tel. 01463 23 63 28, www.caleycruisers.com. Unterschiedlich große Kabinenboote kann man für beliebig lange chartern und damit für 100 km über den Caledonian Canal und durch die Seen Loch Ness, Loch Lochy bis in den Loch Linnhe bei Fort William schippern. Ein Bootsführerschein ist nicht nötig, nach einer kurzen Einweisung kann die Fahrt beginnen.

Guided Tours – **Happy Tours:** Tel. 07828 15 46 83, www.happy-tours.biz. In der Saison täglich um 11, 13 und 15 Uhr Historic Walk; 19 und 20.15 Uhr Crime & Punishment Tour, Start: am Tourist Office.

Zu Delphinen – **Inverness Wildlife Cruises:** Shore Street Quay, Tel. 01463 71 79 00, www.inverness-dolphin-cruises.co.uk. In der Saison finden täglich von 10.30 bis 18 Uhr alle eineinhalb Stunden Bootsfahrten vom Hafen zur Delphin- und Walbeobachtung im Moray Firth statt; ein kostenloser Shuttle-Bus verkehrt von der Tourist Information zum Hafen und zurück.

Tagestouren – **Puffin Express:** Tel. 01463 71 71 81, www.puffinexpress.co.uk. Fahrten in die Highlands oder auf die Isle of Lewis oder Orkney.

Abends & Nachts

Trinken bei den Iren – **Foxes Irish Pub:** 26 Bank St., mit irisch-schottischen Bar Meals.

Beliebter Marktpub – **Old Market Inn:** Church St., im Victorian Market, erreichbar über einen etwas versteckt liegenden Hofeingang. ›Live Entertainment Nightly‹.

Infos & Termine

Tourist Information: 5 Castle Wynd, im Gebäude des Inverness Museums, unterhalb der Burg, Tel. 23 43 53, viel Literatur und kostenlose Karten der Stadt und der Umgebung.

www.inverness-scotland.com: Offizielle Website der Stadt, nicht kommerziell, mit Informationen zu Aktivitäten, Sehenswürdigkeiten, Anreise etc.

Juli: Highland Games.

Flughafen: Inverness Airport liegt in Dalcross, rund 15 Kilometer nordöstlich der Stadt und bietet Charterflüge zu europäischen Urlaubszielen sowie Flüge auf die Orkney's, Shetland's, die Inneren und Äußeren Hebriden sowie nach Irland und Nord-Irland und zu größeren englischen Großstädten an. Die Busse vom Flughafen in die Stadt (alle halbe Stunde) brauchen rund 20 Minuten.

Bus/Bahn: Beide liegen an der Academy St. nordöstlich des Stadtzentrums.

Lieblingsort

Entspannung am Fluss
In Inverness finden sich ein Stück flussaufwärts vom Stadtzentrum eine Reihe von kleinen Inseln inmitten des sachte dahinströmenden River Ness. Sie sind mit dem Ufer und untereinander durch Fußgängerbrücken verbunden und bilden eine gepflegte und ruhige Parklandschaft – ideal, um im Sommer zu picknicken oder einfach am Ufer zu sitzen und den Anglern beim Lachsfang zuzuschauen.

Das Beste auf einen Blick

Die zentrale Route

Highlight!

Braemar: Ein winziger Ort mit viel Atmosphäre und das geeignete Standquartier für Wanderungen und Unternehmungen in die Umgebung. S. 178

Auf Entdeckungstour

Whisky-Trail: Wie kommt der Geschmack in den Whisky? Das entdeckt man bei der Besichtigung einer der Whisky-Destillen des Whisky-Trails im malerischen Tal des River Spey. S. 180

Kultur & Sehenswertes

Balmoral Castle: Die Hochlandresidenz von Königin Viktoria war ihr liebster Herrschersitz. Wann immer möglich, verbrachte sie ihre Zeit dort – und das tut die königliche Familie noch heute im August und September. S. 179

Aktiv & Kreativ

Braemar: Lachsangeln im River Dee, Forellenangeln im Bergsee, Felsklettern, Mountainbiking und Skifahren in Royal Deeside. S. 179

Ballater: Golf in den Highlands, auf geführten Mountainbike-Touren und Wanderungen entlang des River Dee. S. 186

Genießen & Atmosphäre

The Green Inn: Ein so gutes Restaurant hätte man im winzigen Ballater nicht erwartet: Wildlachs, Lammrücken, schottische Küche in französischer Verfeinerung. S. 185

Abends & Nachts

Ausklang des Tages: Ein abendliches Dinner am festlich gedeckten Tisch oder ein Schlummertrunk an der Bar in Ballaters Auld Kirk, einer umgebauten und säkularisierten Kirche. S. 185

Die zentrale Route

Diese Route führt den Besucher in die Cairngorm Mountains und das liebliche Tal des River Dee. Vorbei an dem Wintersportgebiet Glenshee, an dem die Skilifte auf die Hänge führen, gelangt man zum winzigen Örtchen Braemar, das sich ganz hervorragend als Standquartier für die Erkundung der Umgebung anbietet. Nicht weit von diesem
entfernt liegt Balmoral Castle, seit den Tagen von Queen Victoria, die eine tiefe Sympathie für den hohen Norden hegte. Vom Puppenstubendörfchen Ballater dann kann man auf dem Whisky-Trail die Geheimnisse der Produktion des hochprozentigen Brannts in allen Einzelheiten erfahren.

Braemar! ► E 6

Von Perth verläuft die A 93 Richtung Norden, vorbei am Scone Palace und an dem Weiler Blairgowrie. Von dort geht es durch das Glen Shee zum 665 m hohen Pass Devil's Elbow; Skilifte führen steil auf den Cairnwell (933 m) hinauf. Rechts der Straße erkennt man am Hügelhang zwei Skulpturen von Malcolm Robertson, einem zeitgenössischen schottischen Bildhauer und Absolvent der Glasgow School of Arts – ein angeödetes, gelanweiltes Ehepaar, das im Winter den Skifahrern zuschaut. Weiter durch das Glen Clunie ist bald Braemar erreicht.

Der kleine Ort – in dem Robert Louis Stevenson Teile seines berühmten Romans ›Die Schatzinsel‹ schrieb – profitiert von der nahe gelegenen königlichen Residenz Balmoral Castle, in der Königin Elisabeth samt Familie alljährlich den Spätsommer verbringt. Sonntags besucht sie dann den Gottesdienst in der Kirche von Braemar oder Crathie, sehnsüchtig von Abertausenden Touristen erwartet, die klatschend und Fähnchen schwenkend die Straße säumen.

Braemars großer Tag ist jedoch der erste Samstag im September. Schon am frühen Morgen um 9 Uhr beginnt das Royal Highland Gathering, das berühmteste Hochlandspiel in Schottland, und natürlich ist die königliche Familie unter den Besuchern.

Im winzigen Dorfzentrum informiert im Bau der Tourist Information ein Highland Heritage Centre über die Region. Das Örtchen ist bei Bergwanderern als Standquartier sehr beliebt.

Braemar Castle

Mai–Okt. Sa und So 11–16 Uhr oder nach Absprache mit der Tourist Information in Braemar, Tel. 013397 4 16 00, 5£
Weiter gen Norden lohnt sich nach 2 km ein Besuch von Braemar Castle. Der älteste Teil des zinnen- und türmchenbewehrten Tower House datiert aus dem 17. Jh. 2007 fiel Braemar Castle an

Infobox

Internet
Über die Region Speyside informieren im Internet die Websites **www.greaterspeyside.com** und **www.aboutspeyside.com**. Über die Cairngorm Mountains, die der Besucher auf seiner Tour durchquert, bekommt man Hinweise und Informationen unter **www.cairngormmountains.org.uk**. Alles, was Angler über die Region wissen müssen, finden sie unter **www.fishdee.co.uk**.

Rundreise und Verkehr
Die Route von Perth über Braemar und Dufftown nach Inverness hat eine Strecke von rund 270 km. Die Straßen sind gut ausgebaut.

die Gemeinde, die derzeit das alte Gemäuer umfassend restauriert. Zu besichtigen sind die Räumlichkeiten im zentralen Turm sowie die Kellerverliesse.

Mit ein wenig Glück bekommt man ja vielleicht auch den Hausgeist zu Gesicht, den üblen John Farquharson, genannt ›The Black Colonel‹. Besagter John brannte 1689 Braemar Castle nieder und darf zur Strafe nun nicht in Frieden ruhen.

Übernachten

Verblüffendes Angebot – **Braemar Lodge**: Glenshee Rd., Tel. 013397 4 16 27, www.braemarlodge.co.uk, DZ 85 £. Früheres Jagdschlösschen in einem 1 ha großen Garten, charmantes Interieur, mit Bar und Restaurant, reichhaltiges Unterkunftsangebot mit Einzel- und Doppelzimmern, den so genannten Log Houses, komfortable Holzhäuschen für Selbstversorger und Familien sowie ein Bunkhouse (Schlafsaal) für Wanderer mit 12 Betten und zwei Bädern.

B & B mit Restaurant – **Gordon's B & B**: 20 Mar Rd., Tel. 013397 74 12 47, www.gordonsbraemar.com, DZ 50 £. 3 Zimmer ohne Bad, dazu ein gutes Restaurant, eine Institution in Braemar.

Groß und viel Platz – **Youth Hostel**: 21 Glenshee Rd., Tel. 0870 1 55 32 55, 50 Betten, 2 Schlafsäle mit 4 Betten, 3 mit 5–8 Betten, 3 mit 9 Betten.

Camping – **The Invercauld Caravan Club Site**: Glenshee Rd., Tel. 01339 74 13 73. Schöner Campingplatz, Dezember bis Oktober geöffnet.

Essen & Trinken

Restaurants und Pubs befinden sich in den Hotels.

Aktiv & Kreativ

Für Angelfreunde – **Invercauld Estate**: Tel. 013397 4 12 24, www.invercauld. org. Lachs-Angeln im River Dee in Begleitung eines erfahrenen Anglers.

Einsamkeit inklusive – **Inveredrie Farm**: Glenshee, Tel. 01250 88 52 41 (Mrs Young). Forellen-Angeln in einsamem Bergsee.

Outdoor Sports – **Cairnwell Mountain Sports**: Glenshee, Tel. 01250 88 52 55, www.cairnwellmountainsports.co.uk. Attraktives Angebot für aktive Urlauber: Mountainbiking, Klettern, Wildwasser-Kanu, Eisklettern im Winter – und alles mit fachkundiger Führung.

Jeep-Fahrten durchs Hochland – **4x4 Mountain-Trips**: Tel. 013397 4 14 20, www.braemarhighlandsafaris.co.uk. Geführte Touren und Fahrten in abgelegene Highland-Orte.

Skifahren in Braemar – **Braemar Ski School**: Glenshee Rd., Tel. 07768 51 78 29 (nur im Winter).

Infos & Termine

Tourist Information: The Mews, Tel. 013397 4 16 00.

www.braemarscotland.co.uk: Rund um Braemar: Geschichte, Unterkünfte, Highland Games ...

1. Samstag im September: Highland Games mit Besuch der königlichen Familie.

Bus: im Ortszentrum. Verbindung mit den Linien 201 und 202 nach Aberdeen, Fahrzeit rd. 2 Std.

Balmoral Castle ► E 6

www.balmoralcastle.com, April–Juli tgl. 10–17 Uhr, 7 £
Von Braemar führt die A 93 entlang des River Dee zu dem aus weißem Gra-

Auf Entdeckungstour

Uisce Beathad – das Wasser des Lebens

Selbst wer keinen Whisky trinkt, sollte es sich nicht nehmen lassen, in Erfahrung zu bringen, wie er hergestellt wird. Nichts eignet sich dafür besser als eine Fahrt auf dem einzigen Malt Whisky Trail der Welt. Jede der Brennereien des Whisky Trails hat ihren eigenen Charme.

Tipp: Führungen in den Destillerien kosten zwischen 2,50 £ und 4 £. In der bekannten Glenfiddich Distillery ist die Führung kostenlos, sie ist aber auch überlaufen. Herausragend ist auch die Strathisla-Brennerei, die älteste in der Speyside.

Startpunkt: Im Weiler Glenlivet.

Info: www.maltwhiskytrail.com

Rund 50 Destillerien kann man in der Speyside besichtigen, doch die wirklichen Touristenmagneten sind die acht Brennereien und eine Kooperative des Whisky Trails. Ob man sie nun alle anschaut oder stellvertretend nur eine – bei allen geht es um das Eine: Das Wasser des Lebens.

Der Malt Whisky Trail beginnt im Weiler **Glenlivet (1)** mit der gleichnamigen Brennerei rund 10 km westlich von Granton-on-Sprey. 1824 gegründet, gehört sie heute zu einem großen kanadischen Lebensmittelkonzern (April–Nov. Mo–Sa 9.30–16, So 12–16 Uhr).

Über die B9009 ist schnell Dufftown mit der **Glenfiddich Distillery (2)** erreicht, die noch immer im Besitz der Gründerfamilie ist und als einzige auch eine Flaschenabfüllanlage besitzt. Sie ist eine der berühmtesten Destillerien des Landes. Ein Film in sechs Sprachen erläutert die Herstellung des hochprozentigen Getränks. Anschließend wird man auf einer Führung durch die Brennerei geleitet. Schautafeln in deutscher Sprache sind an wichtigen Stationen angebracht (Jan.–Mitte Dez. Mo–Fr 9.30–16.30 Uhr, Ostern–Okt. auch Sa 9.30–16.30, So 12–16.30 Uhr).

Weltbekannte Destillen

In der **Speyside Cooperage (3)** kann man miterleben, wie jedes Jahr mehr als 100 000 Eichenfässer hergestellt oder repariert wurden (ganzjährig Mo–Fr 9–16 Uhr). Die **Cardhu Distillery (4)** ist die einzige je von einer Frau gegründete Destille (Okt.–Ostern Touren 11, 13, 14, Ostern–Juni Mo–Fr 10–17, Juli–Sept. Sa 10–17, So 12–16 Uhr). In Rothes lohnt nicht nur die **Glen Grant Distillery (5)** einen Besuch – der wunderschöne viktorianische Garten lädt zum Ausruhen ein (April–Okt. Mo–Sa 9.30–17, So 12–17 Uhr).

Eines der Highlights ist ohne Frage die **Strathisla-Brennerei (6)** in Keith, die für ihren Chivas Regal weltbekannt ist. Sie ist mit ihren Zwillingstürmen und ihrem Charme vielleicht eine der schönsten Brennereien, sicherlich ist sie aber die älteste: Sie wurde 1786 gegründet (April–Okt. Mo–Sa 9.30–16, So 12–16 Uhr).

Zum Trail gehören auch die 1897 gegründete **Glen Moray Distillery (7)** (ganzjährig Mo–Fr 9–17, Mai–Sept. Sa 10–16.30 Uhr), die **Benromach Distillery (8)** (Mai–Sept. Mo–Sa 9.30–17, Juni–Aug. So 12–16 Uhr) sowie die **Dallad Dhu Historic Distillery (9)** (April–Sept. tgl. 9.30–17.30 Uhr), die im Besitz der gemeinnützigen Organisation Historic Scotland ist.

Während der Hauptreisezeit, im Juli und August, müssen viele Brennereien eine ›Brennpause‹ einlegen, da die Bäche dann oft Niedrigwasser führen. Dann werden die notwendigen Reparaturen durchgeführt, und der Besichtigungsrundgang ist weniger spannend.

Ein halbes Jahrtausend Whisky

1494, also vor über 500 Jahren, wurde in Schottland zum erstenmal die Destillation von Whisky urkundlich erwähnt. Irische Mönche waren es, die im 6. Jh. die Geheimnisse der Destillation erforschten und den ersten Whisky brannten. Uisce Beathad, Wasser des Lebens, nannten die frommen Brüder den starken Fusel.

Der Sprit aus jener Ära hat natürlich nichts gemein mit dem heutigen aromatischen Malt Whisky. Der schottische Nationaldichter Robert Burns, dem Whisky hingebungsvoll zugetan (dafür allerdings auch bereits im Alter von 37 Jahren verstorben), jubelte über seinen hochprozentigen Ideengeber und Durstlöscher: »Oh Du,

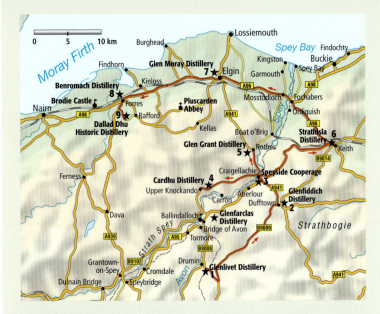

meine Muse! Guter alter schottischer Trank! Feure mich an, bis ich stammelnd und zwinkernd deinen Namen preise!«

Wie Whisky gebrannt wird

Im Nordosten Schottlands, im Land des River Spey, erkennt der Besucher die Destillen an den pagodenförmigen Dächern der Kilns. In diesen Darrehäusern wird angefeuchtete Gerste (Barley) zum Mälzen gebracht und über dem Torffeuer wieder getrocknet. Der durch die Gerste ziehende Torfrauch verleiht dem Korn eine ganz eigene Würze und je nach Dauer und Intensität beeinflusst dieser Vorgang den späteren Geschmack des Whiskys.

Die feingemahlene Gerste, der *Grist*, wird mit heißem Quellwasser gemischt. Das heiße Wasser löst den Zucker aus dem Grist, und diese süße Flüssigkeit nennen die schottischen Brenner *Wort*. Ist die Maische erkaltet, wandelt die hinzugegebene Hefe den Zucker im Wort zu Alkohol um. In 12 m hohen Bottichen mit über 50 000 Liter Fassungsvermögen gärt das Gebräu blubbernd zum *Wash*, auf dessen Oberfläche sich während der Fermentierung graue Schaumberge türmen.

Der Wash nun wird in Brennblasen, den so genannten *Pot Stills*, destilliert. Diese kupfernen Kessel spielen eine wichtige Rolle, denn sie dienen der Kondensierung verschiedener Aromastoffe und verhindern die Bildung giftiger Verbindungen wie etwa des Dimethylsulfids, das zu Bewusstlosigkeit und in höheren Dosierungen zum Tode führen kann. Jede Destille im schottischen Hochland hat für ihre *Pot Stills* ein eigenes Design, denn lange Kondensatorenhälse der Kessel bringen einen leichten Whisky, kurze Hälse einen schwereren Brannt hervor. Bis zu drei

Mal läuft das Destillat durch die Brennblasen, und am zollamtlich versiegelten *Spirit Safe* entscheidet der Brennmeister, der *Stillman*, welches Destillat zur Reife gelagert wird. Mit gewienerten Handrädern öffnet er Ventile und leitet den klaren Whisky in die Fässer.

Wie nun genau der Geschmack in das Destillat kommt, weiß man bis heute nicht. Chemiker analysieren seit langem die fast tausend Substanzen, die einen Brannt ausmachen – ein wissenschaftlicher Durchbruch konnte bislang nicht erzielt werden. Jüngst allerdings scheinen die Wissenschaftler eine wichtige Entdeckung gemacht zu haben. Ein Wirkstoff namens Lignin ist nun in ihrem Visier. Das flüchtige und kompliziert aufgebaute Molekül füllt bei Bäumen die Zellmembranen aus und lässt diese beim Wachstumsprozess zu Holz werden. Bei der Whisky-Lagerung in Holzfässern löst Lignin eine Vielzahl chemischer Reaktionen im Brannt aus, die zur Bildung von Coniferylalkohol und Vanillinsäure führen – wichtige Stoffe für die Aromabildung. Die Spritexperten wähnen sich auf dem richtigen Wege, denn in Fässern, deren Holz kein Lignin mehr enthält, kommt auch kein Whisky zur geschmacklichen Reife: Er bleibt ein untrinkbarer Rachenputzer. Glücklicherweise kann man dieses Lignin bisher nicht synthetisch herstellen. Wir sind also noch geschützt vor einem Chemie-Whisky aus dem Labor.

Whisky als Allheilmittel

Echte schottische Highlander kämen sowieso nie auf die Idee, industriell hergestellten Brannt zu trinken. Sie vertrauen lieber auf ihr eigenes Können. Die eigene Destille hat durchaus Tradition in Schottland: 1777 gab es allein in Edinburgh über 400 schwarze Fuselbrennereien – war doch der selbst destillierte Whisky in erster Linie Medizin, die »Ausschlag, Phlegma und Melancholie heilt, den Alterungsprozess aufhält und Fleischwürmer tötet« – so eine alte Chronik aus dem 17. Jh. Gegen maßlose Steuerforderungen der Obrigkeit beklagte sich der schottische Volksdichter Robert Burns mit den Worten: »*Freedom and Whisky gang the gither*« – Freiheit und Whisky gehören zusammen.

Übrigens: Schottischen Whisky schreibt man ohne ein ›e‹, irischen Whiskey dagegen mit ›e‹.

Eine der schönsten Destillen: die Strathisla-Brennerei

Die zentrale Route

Königsschloss Balmoral Castle

nit errichteten Balmoral Castle, das Königin Viktoria und Prinzgemahl Albert 1855 bezogen. Seitdem dient das Schloss als königliche Hochlandresidenz. Wenn die Windsors dort nicht verweilen, dürfen Besucher durch die ausgedehnten Parkanlagen streifen sowie eine kleine Ausstellung im Ballsaal zum höfischen Leben bewundern.

Ballater ▶ F 6

Nicht weit von Balmoral Castle entfernt liegt im Tal des Dee der Luftkurort Ballater. Das ›Puppenstubendörfchen‹ mit der anheimelnden Atmosphäre eignet sich gut als Ausgangspunkt für Wanderungen im Dee-Tal.

Eine 12 km lange Stichstraße führt von Ballater nach Süden durch das Glen Muick entlang des River Muick zum Loch Muick, den man auf guten Uferwegen umrunden kann. Mit hoher Wahrscheinlichkeit bekommt man dabei aus nächster Nähe Rotwild zu Gesicht. Der See wird von dem imposanten Bergmassiv des Lochnagar überragt, der nicht nur in der Saison viele Bergwanderer anzieht.

Ballater

Übernachten

Übersetzt: Eichenwald an der Hügelschulter – **Darroch Learg Hotel**: Braemar Rd., Tel. 013397 55 44 3, www.darrochlearg.co.uk, DZ ab 140 £. Feines Landhotel, erbaut 1888, mit zwölf edel eingerichteten Zimmern, dazu ein exzellentes Restaurant, nahe dem Zentrum.
Klein und fein – **Deeside Hotel**: Braemar Rd., Tel. 013397 5 54 20, www.deesidehotel.co.uk, DZ 70 £. Familiengeführtes Haus mit 10 individuell eingerichteten Zimmern, alle en suite.

Zauberhafte Ferienhäuser – **Balgonie Country House**: Braemar Place, Tel. 013397 5 54 82, www.balgonie-selfcatering.co.uk, in der Saison pro Woche für 840 £ für 6 Personen. Schöne, efeuumrankte edwardianische Villa vom Anfang des 20. Jh. in einem 2 ha großen Park. Cilla und John Finnie, die früheren Besitzer, haben sich in den Ruhestand zurückgezogen, wohnen nun auch in ihrem einstigen Hotel und führen noch ohne Restaurant das Coach und das Garden House, zwei freundliche Ferienhäuschen auf dem Areal für Selbstversorger mit Platz für je sechs Personen.
Camping – **Anderson Rd. Caravan Park**: Anderson Rd. Der Campingplatz liegt etwas außerhalb vom Zentrum, flussabwärts vom River Dee, Tel. 013397 5 57 27, April–Okt.

Essen & Trinken

Für Feinschmecker – **The Green Inn**: 3 Victoria Rd., Tel. 013397 5 57 01, 20–30 £. Das beste Restaurant des Örtchens, neben Wildlachs und Lammrücken wird auch exzellente schottische Küche in französischer Verfeinerung angeboten, getafelt wird im großen Wintergarten.
Ausgezeichnete Küche – **The Auld Kirk**: Am nördlichen Ende der Hauptdurchgangsstraße (A 3), Tel. 013397 75 57 07, Gerichte zwischen 12 und 19 £. Restaurant und Bar sowie einige Fremdenzimmer in einer säkularisierten Kirche von 1869.
Einfach und erschwinglich – **Station Restaurant**: Station Square, Tel. 013397 5 50 50, 8–11 £. Das Restaurant befindet sich im schon lange stillgelegten Bahnhof, der für Königin Viktoria und ihren Mann Albert von Sachsen-Coburg erbaut wurde, ein einfaches Lokal.

Die zentrale Route

Einkaufen

Für Schatzsucher – **Treasures of Ballater & Rowan Antiques:** 1, 5 & 7 Victoria Rd. Kleiner Laden mit antikem und modernem Schmuck, alten Silberarbeiten, Gemälden, Porzellan und Glas, Spiegeln, Lampen; alle Sachen werden auch per Post ins Heimatland geschickt.

Für Leseratten – **Deeside Books**: 18 Bridge St. Antiquariat, aber auch vergriffene neuere Bücher, spezialisiert auf schottische Historie und lokale Geschichte, Kinderbücher, außerdem auch Spielzeug, Mode, Schmuck aus Stirling-Silber und viele kleine Accessoires.

Für Selbstversorger – **Gow Delicatessen:** 37 Bridge St. Schottischer Wildlachs, große Auswahl an Käsen, Fleischtheke mit gut abgehangenen Steaks, exzellente Weine, schottische Biere, Schokolade und Pralinen, hausgemachte Marmeladen, Nudeln, Antipasti, Oliven, Senf, der mit Whisky veredelt wurde, und alles, was der Gourmet sonst noch so braucht.

Aktiv & Kreativ

Golf im Hochland – **Ballater Golf Club:** Victoria Rd., Tel. 013397 5 55 67, www.ballatergolfclub.co.uk. Ein 18-Loch-Golfplatz in atemberaubender Landschaftsszenerie, Gastspieler sind willkommen.

Auf dem Drahtesel ins Gebirge – **Cycle Highlands:** Victoria Rd., Tel. 013397 5 58 64, www.cyclehighlands.com. Fahrradverleih und geführte Mountainbike-Touren entlang des Dee-Tals und ins Gebirge.

Wanderungen – **Walk Deeside:** Royal Deeside, Tel. 01339 88 00 81, www.walkdeeside.com. Geführte Wanderungen im Dee-Tal und auf die Munros des

östlichen Cairgorms, Tages- und anspruchsvolle Wochenwanderungen.

Infos & Termine

Tourist Information: Station Square, Tel. 01339 5 53 06.
www.undiscoveredscotland.co.uk/ballater/ballater: Ansprechende Seite mit guten Links zu anderen Websites der Region.
August: Highland Games.
Bus: im Ortszentrum. Verbindung mit den Linien 201–203 nach Aberdeen.

Dufftown ►F5

Dufftown ist das Zentrum der schottischen Whisky-Produktion. Hier brennen gleich sieben Destillen das Wasser des Lebens. Und so steht das Städtchen unter dem Motto: »*Rome was built on seven Hills, Dufftown stands on seven stills.*« Wobei mit den *stills* die Brennblasen gemeint sind, mittels derer der Brannt destilliert wird. Zu den weltweit bekanntesten zählt die Glenfiddich Distillery (s. S. 181).

Strathisla-Brennerei

Vom Bahnhof in Dufftown kann man in alten, restaurierten Zügen mit Diesel-Lokomotiven nach Keith tuckern, um hier die Strathisla-Brennerei (s. S. 181) zu besichtigen (Keity & Dufftown Railway, Apr.–Sept. Sa/So 3 Fahrten, Juni–Aug. Fr–So, Tel. 01340 81 11 81, www.keith-dufftown-railway.co.uk, 8 £).

Von Dufftown geht es auf der A 95 über Carrbridge nach Inverness.

Liebliches Dee-Tal

Das Beste auf einen Blick

Die Küste nördlich von Edinburgh

Highlight!

St. Andrews: In Schottlands ältester Universitätsstadt halten die Studenten die betulichen Mitbürger auf Trab. Internationales Flair kommt auf, wenn hier die großen Golfmeisterschaften ausgetragen werden. S. 195

Auf Entdeckungstour

Culross: Man fühlt sich wahrlich ins 16. Jh. zurückversetzt, wenn man die katzenkopfgepflasterten Gassen zwischen den kleinen weißen Häusern entlangspaziert. Der National Trust for Scotland hat über die Jahre alles originalgetreu restauriert. S. 192

Kultur & Sehenswertes

Glamis Castle: Eines der pittoresken Schlösser Schottlands. Hier wurden Queen Mum und Prinzessin Margaret geboren. S. 201

Aberdeen Maritime Museum: Alles über die Geschichte der Seefahrt, den harten Alltag der Fischer und die noch härteren Arbeitsbedingungen auf den Offshore-Ölplattformen in der Nordsee. S. 205

Aktiv & Kreativ

St. Andrews: Hier wurde das Golfspiel erfunden. Wer möchte, der kann am Himalayan Puttin Course Schläger und Ball ausleihen und auf einen gesonderten Areal mit 18 Löchern speziell das Einputten üben. S. 200

Genießen & Atmosphäre

Seafood Restaurant: In einem großen Glaskubus direkt am Meer tafelt man in St. Andrews fangfrische Meeresfrüchte mit Blick auf die anbrandenden, schaumgekrönten Wellen. S. 199

The Peat Inn: Der Torf-Gasthof in der Nähe von St. Andrews ist eines der besten Restaurants auf der Halbinsel Fife. Seit mehr als 30 Jahren werden die Gourmets hier ins Zauberland geschickt. S. 200

Abends & Nachts

Aberdeen: Die beiden gemütlichen Pubs **Prince of Wales** und **The Globe Inn** erfreuen sich bei den Bewohnern der Metropole großer Beliebtheit. Sie sind direkt nach Feierabend und noch einmal später am Abend immer rappelvoll. S. 207

Die Küste nördlich von Edinburgh

Bevor wir dem Nordseeküstenverlauf folgen, geht es erst einmal über die Halbinsel Fife, die mit dem Weiler Culross ein perfekt konserviertes Juwel des 18. Jh. zu bieten hat. In Falkland Palace erholte sich Maria Stuart von den Regierungsgeschäften und den Intrigen bei Hofe.

Die Studenten von Schottlands ältester Universitätsstadt, St. Andrews, halten ihre betulichen Mitbürger auf Trab, darüber hinaus liegt hier das Mekka der Golfer, in dem nicht nur internationale Turniere ausgetragen werden, sondern auch weltweit verbindlich die Regeln des Spiels festgelegt werden.

Über Dundee und das pittoreske Glamis Castle führt die Route in die Erdölmetropole Aberdeen, *The silver city of the sea*, und weiter in einem Bogen über Elgin, Cawdor Castle zum Culloden Moor, auf dem im 18. Jh. die letzte Schlacht auf britischem Boden ausgetragen wurde.

Dunfermline ▶ E 8

In South Queensferry nordwestlich von Edinburgh kreuzt man auf der Forth Road Bridge den Firth of Forth und gelangt in das Städtchen Dunfermline.

Dem kleinen, grauen Ort sieht man seine frühere Bedeutung nicht mehr an, doch einst war er Hauptstadt von Schottland, und im 11. Jh. residierte dort König Malcolm III. Canmore. Dessen Gemahlin Margaret zog es jedoch nach Edinburgh, wo die Königin mehr Zeit als in Dunfermline verbrachte.

Dunfermline ging vor allem als Begräbnisplatz schottischer Herrscher in die Geschichte des Landes ein. Hatte man noch Mitte des 11. Jh. den Mörder Macbeth neben seinem Opfer Duncan auf der Hebriden-Insel Iona – seit frühester Zeit das ›Beinhaus‹ der schottischen Regenten – begraben, so avancierte nun die Anfang des 12. Jh. von Malcolm Canmores Sohn David I. begründete Abteikirche von Dunfermline zur letzten Ruhestätte der schottischen Könige.

Dunfermline Abbey und Palace

www.historic-scotland.gov.uk, April–Sept. 9.30–17.30, Okt.–März tgl. 9.30–16.30 Uhr, 3,70 £

Sieben Herrscher bettete man hier zu Grabe, darunter Robert Bruce, den Helden von Bannockburn. Eine Platte unterhalb der Kanzel zeigt seine letzte Ruhestätte an. Als man 1818 seinen Sarg öffnete, fand man die Rippen zersägt – also stimmt die Legende, nach welcher das Herz des großen Königs herausgenommen und von einem treuen Gefolgsmann ins Heilige Land gebracht worden war. Beigesetzt wurde es dann in Melrose Abbey.

Infobox

Internet

Über die Halbinsel Fife geben die Websites **www.scotland-flavour.co.uk/fife** und **www.visitfife.com** Auskünfte. Die Region um Aberdeen ist im Internet über die Seiten **www.aberdeenshire.gov.uk** und **www.agtb.org** abgedeckt. Informationen auch über **www.visithighlands.com**.

Rundreise und Verkehr

Die Ostroute von Edinburgh über St. Andrews und Aberdeen nach Inverness ist rund 400 km lang, und auch zweitklassige Straßen sind relativ gut ausgebaut. Aberdeen besitzt einen Flughafen, von dem Ziele in Schottland und England angeflogen werden.

Oben am Turm der Abteikirche haben die Steinmetze ein riesiges Graffiti eingeschlagen: ›King Robert the Bruce‹.

In der *Palace* genannten Ruine, einst das Gästehaus des Benediktiner-Ordens, erblickte Karl I., der letzte in Schottland geborene britische König, im Jahr 1600 das Licht der Welt.

Andrew Carnegie Birthplace Museum

www.carnegiebirthplace.com, April–Okt. Mo–Sa 11–17, So 14–17 Uhr
Dunfermlines großer Sohn ist jedoch nicht Robert Bruce oder Karl I., sondern der am 25. 12. 1835 in einem kleinen Cottage an der Moody Street geborene Andrew Carnegie. Im Jahr 1848 wanderten die Carnegies nach Amerika aus. Andrew fand mit 13 Jahren Arbeit in einer Baumwollfabrik, wurde Telegraphenbote, stieg mit 17 Jahren zum Assistenten eines Eisenbahndirektors auf, investierte früh in Stahl- und Ölaktien, war mit 33 Jahren Millionär und machte dann mit seinen Stahlhütten ein schier unermessliches Vermögen.

Ganz frühkapitalistischer Philanthrop ließ er sein Geld in gemeinnützige Stiftungen fließen, finanzierte unzählige Universitätsinstitute, die Carnegie Hall in New York, genau 2811 Bibliotheken in der gesamten englischsprachigen Welt und beschenkte seine Heimatstadt Dunfermline mit dem 30 Hektar großen Piettencrieff-Park mitten im Städtchen.

Kinross ▶ E 8

Nur wenige Kilometer nordöstlich von Culross entfernt liegt am Westufer des Loch Leven der kleine Ort Kinross. Historisch von Bedeutung ist das auf einer Insel im See liegende Loch Leven Castle.

Loch Leven Castle ▶ E 8

www.historic-scotland.org.uk, April–Sept. tgl. 9.30–17.30, 4,70 £
Die Festung wurde im 14. Jh. erbaut und liegt heute weitgehend in Ruinen. Maria Stuart saß fast ein Jahr in der Burg unter Hausarrest ein. Nach der Ermordung ihres Ehemanns und der überstürzten Hochzeit mit dem mutmaßlichen Mörder Lord Bothwell stellte der schottische Adel die Königin 1567/68 auf Loch Leven Castle unter Hausarrest. Mit Hilfe des erst 16 Jahre alten Knappen Willie Douglas, der sich unsterblich in die neun Jahre ältere Königin verliebt hatte, gelang ihr die Flucht. Maria sammelte ein Heer um sich, doch auch das nützte nichts mehr, und sie musste nach England fliehen. Vom Pier in Kinross verkehrt regelmäßig ein kleines Fährboot zur Insel.

Umgebung von Kinross

Falkland Palace

www.nts.org.uk, März–Okt. Mo–Sa 10–17, So 13–17 Uhr, 10 £
Das Jagdschloss der Stuarts im gleichnamigen Ort wurde zwischen 1501 und 1541 teilweise im Renaissance-Stil errichtet. Jakob V., der Vater von Maria Stuart, starb hier nur wenige Tage nach der Geburt seiner Tochter in Falkland – wie es heißt an gebrochenem Herzen. Drei Wochen zuvor hatten die Engländer dem schottischen König eine vernichtende Niederlage beigebracht, und als mit Marias Geburt sich die Hoffnung auf einen männlichen Thronfolger zerschlug, war es um die psychische Verfassung des Herrschers geschehen. Auf dem Sterbebett prophezeite Jakob den nahen Untergang der Stuart-Dynastie mit den Worten: »It cam' wi' a lass and will gang wi' a lass! – Es begann mit einem Mädchen

Auf Entdeckungstour

Culross – einst die reichste Stadt Schottlands

Dem National Trust for Scotland ist es zu verdanken, dass wir hier ein Dorf besuchen können, das fast originalgetreu Wohnen und Leben im 16./17. Jh. widerspiegelt.

Reisekarte: ▶ E 8

Öffnungszeiten: März–Mai Do–Mo 12–17, Juni–Aug. tgl. 12–17, Sept. Do–Mo 12–17, Okt. Do–Mo 12–16 Uhr
Eintritt: 8 £

Tipp: Geführte Touren stündlich zwischen 13 und 16 Uhr, Start am ›Palace‹

Info: www.nts.org.uk; Tourist Information im ›Town House‹

Der Legende nach soll im Weiler Culcross am Ufer des Firth im Jahre 520 der heilige Mungo, später Gründer von Glasgow, das Licht der Welt erblickt haben. In jenen Tagen trieb die reiche Kaufmannsstadt Culross prosperierenden Handel mit aller Herren Länder. Kohle ließ die Bewohner zu Wohlstand gelangen, und dies verdankten sie der Ingenieurleistung von Sir George Bruce. Dieser hatte unter den Wassern des Firth of Forth flutungssichere Stollen in das Gestein treiben lassen. Die abgebaute Kohle konnte direkt vom Förderschacht auf Schiffe verladen werden. Jakob VI. besichtigte das technische Wunderwerk und erschrak zu Tode, als er an der Spitze des Förderschachtes mitten im Firth of Forth wieder das Tageslicht erblickte und sich ringsum von Wasser umgeben sah: »Verrat, Verrat«, schrie der Herrscher in panischer Angst und blamierte sich vor seinem Gefolge.

Culross' Patrizierhäuser

Das ehemalige Anwesen von Sir Bruce, **The Palace** genannt (Palace ist abgeleitet von palatium = Halle), dokumentiert eindrucksvoll das Wohnambiente eines reichen Bürgers im beginnenden 17. Jh.

Man kann sich gut vorstellen, wie beeindruckt ein damaliger Besucher von der häuslichen Ausgestaltung war, von den kunstvoll bemalten Decken, die teilweise Tonnengewölbe zeigen, von den holzgetäfelten, ebenfalls dekorativ gestalteten Wänden, den labyrinthisch verlaufenden Fluren und Korridoren, welche die vielen kleinen und niedrigen Zimmer miteinander verbinden, in denen geschnitzte Tische und Stühle, Truhen und Schränke alle aus jener Zeit datieren. Nichts scheint sich in den vergangenen 300 Jahren verändert zu haben, so dass man sich wie

eingeschlossen in einer Zeitkapsel glaubt. Kleine Fenster lassen nur wenig Tageslicht ins dunkle Innere, geben aber dem Besucher den Blick auf den mauerumgürteten Hof und den Garten frei, in dem neben einer Rasenfläche und Blumen auch Beete mit Kräutern und Gemüse wachsen, wie sie auch im 18. Jh. von den Leuten angepflanzt wurden. Bei der geführten Tour erfährt der Besucher über das ohnehin vorhandene Anschauungsmaterial noch vieles über die Lebensumstände jener Zeit.

Das **The Study** genannte Häuschen wurde 1610 erbaut. Es hat seine Bezeichnung von dem oberen Raum des kleinen Türmchens bekommen, in dem der lokale Bischof Leighton einmal sein theologisches Studierzentrum hatte und das er über eine sehr steile und enge Wendeltreppe erreichen konnte.

Im **Town House**, das von 1625 datiert, befindet sich das National Trust Visitor Centre. Es macht mit einer Ausstellung über die Geschichte von Culross vertraut. Im Erdgeschoss befindet sich ein kleines Gefängnis, in dem von den Wänden noch immer die darin befestigten Ketten hängen, mit denen die Gefangenen früher angekettet wurden. Darunter dürften sich zwischen 1560 und 1707 auch einige als Hexen angeklagte, unglückliche Frauen befunden haben, die auf ihre Hinrichtung in Edinburgh warteten, wo sie zumeist auf dem Scheiterhaufen verbrannt wurden. Im ersten Stock dieses Stadthauses nämlich fanden die Prozesse gegen jene Frauen statt, die in der Umgebung von Culross der Hexerei beschuldigt wurden.

Wie die einfachen Leute lebten

Doch stärker noch als diese Patrizierhäuser faszinieren die kleinen, weißen

Häuser der einfachen Leute rechts und links der feldsteingepflasterten Straßen, die so prosaische Namen wie Wee Causeway, Stinking Wynd, oder Back Causeway tragen. Zum hoch gelegenen Eingang führt eine schmale Treppe hinauf, über der Tür markiert das Hochzeitsdatum einen der wichtigsten Tage im Leben der Bewohner. Ebenfalls dort oben zeigen die Initialen die Namen des Besitzerpaars an, und auch der ausgeübte Beruf wird durch ein Zunftzeichen kenntlich gemacht. Zweigeteilt sind die Fenster dieser Häuschen: oben in Blei gefasstes Glas für den Lichteinfall, darunter aufklappbare Holzblenden für die Frischluft.

Herrscher und sonstige Bewohner der Stadt

Eine Sozialgeschichte ganz besonderer Art erzählen auch die Straßen von Culross. In der Mitte verläuft ein höher gelegter Plattenweg, von dem rechts und links eine abschüssige Feldsteinpflasterung zum Rinnstein führt. Die Honoratioren des Orts marschierten trockenen Fußes auf dieser Crown o' the Causeway in der Mitte der Straße, das gemeine Volk hatte ihnen auszuweichen und watete dann durch Unrat und Abwässer in der Gosse.

Auch die Anlage des Ortes spiegelt die Herrschaftsverhältnisse des 16. Jh. wider: Unten, dort wo sich ehemals der Hafen erstreckte, stehen das **Rathaus** und der Palast von Bruce, bis auf halber Höhe den Hang hinauf ziehen sich die Little Houses und umrahmen dort den kleinen Marktplatz, oben auf dem Hügel schließlich dominiert die Kirche mit der Abtei. So lebten die einfachen Leute in ihren kleinen Häusern, umgeben und somit unter Kontrolle gleichermaßen von geistlicher wie weltlicher Macht.

Eine Abtei, die auf die Kelten zurückgeht

Die Abteikirche, von Zisterziensermönchen im 13. Jh. errichtet, liegt heute in Ruinen, doch wurde der ehemalige Chor – wie im Ort Dunkeld auch – 1633 zu einer kleineren Diözesankirche umgebaut. Von dem teilweise zerstörten Hauptschiff stehen inmitten einer Rasenfläche noch die Stümpfe der ehemaligen Säulen, im Innern findet man ein keltisches Kreuz, das an die Ursprünge der Abtei erinnert. Auf dem Friedhof rund um die Kirche datieren die meisten Grabsteine aus dem 18. Jh. Wie es damals üblich war, geben Symbole einen Hinweis auf die Profession des Verstorbenen. So zeigt der Gedenkstein eines Gärtners zwei sich kreuzende Spaten und einem Rechen; dazu eine Sanduhr, die nun nichts mit dem Beruf des hier Begrabenen, aber viel mit seiner abgelaufenen Lebenszeit zu tun hat.

Das Kloster und das Gotteshaus konnten die frommen Mönche übrigens nur erbauen, weil ihnen das Land der damalige Earl of Fife, der Herren der Grafschaft, für sein Seelenheil im Jenseits kostenlos übereignet hatte.

Von dort oben hat man einen schönen Blick auf den Firth of Forth mit seinen beiden mächtigen Brücken.

Und zum Schluss ein Besuch im Pub

Am Ende des Besucherrundganges kann man in dem ebenfalls uralten Pub **Dundonnel Arms** einkehren und bei einem Pint of Bitter über die vergangenen Zeiten sinnieren. Wer statt eines Bieres in der Taverne lieber einen Tee oder Kaffee in einem Café trinkt, der sollte den **Bessie Bar Tearoom** besuchen, der die gleichen Öffnungszeiten hat wie die Sehenswürdigkeiten.

St. Andrews

T in the Park
Außerhalb des beschaulichen Örtchens Kinross, in Balado, findet seit 1994 auf einem ehemaligen Flugfeld eines der größten (10 Bühnen!) und besten Musik-Festivals Großbritanniens statt – T in the Park. Drei Tage lang Live-Musik von bekannten Größen – hier haben David Bowie, Kean, Katie Melua, Amy Winehouse und viele andere mehr gespielt. Die Tickets sind meist in Rekordzeit ausverkauft: Jahr für Jahr kommen zum Festival im Juni rund 70 000 Musikbegeisterte für drei Tage nach Kinross. Das Festival 2005 wurde mit dem begehrten UK Festival Award als das beste Musikfestival des Landes ausgezeichnet. Infos unter www.tinthepark.com.

und es wird mit einem Mädchen enden!« Doch so schnell wurde daraus nichts!

Scottish Deer Centre
April–Okt. Tgl. 10–18, Nov.–März tgl. 10–17 Uhr
Auf der Fahrt nach St. Andrews lohnt sich hinter dem Dorf Cupar ein Stopp beim Scottish Deer Centre. Aus nächster Nähe kann man hier das scheue Rotwild beobachten, das hier zur Leder- und Fleischproduktion gezüchtet wird. In dem angeschlossenen Laden kann man derlei erstehen.

St. Andrews! ►F8

Das äußerst sympathische St. Andrews mit seinen 10 000 Einwohnern ist Schottlands älteste Universitätsstadt.

Der Legende nach landete im 4. Jh., aus Griechenland kommend, St. Regulus mit den Gebeinen des heiligen Andreas, des schottischen Schutzpatrons, an der Küste an und gründete den Ort, der schnell zu einem Wallfahrtsziel erster Güte avancierte. 1410 wurde hier die erste schottische Universität ins Leben gerufen.

Die Küste nördlich von Edinburgh

Kathedrale **1**

www.historic-scotland.gov.uk, April–Sept. tgl. 9.30–17.30, Okt.–März tgl. 9.30–16.30 Uhr, 4,20 £

Im Jahr 1140 erhielt St. Andrews das Stadtrecht, und 20 Jahre später begann man mit der Errichtung der Kathedrale, die 1318 geweiht werden konnte. Während der langen Bauzeit war ein Gotteshaus entstanden, das alle anderen Kirchen in Britannien an Schönheit und Größe weit übertraf. Lediglich die Kathedrale von Norwich besaß ein längeres Kirchenschiff. Rund zwei Jahrhunderte später, 1559, erreichte der Reformator John Knox mit wilden Reden, dass fanatische Bilderstürmer sie zerstörten. Erhalten blieben nur ein paar Wände des Kirchenschiffs, der Ostgiebel und ein Teil der Westfassade.

Auf dem ausgedehnten Ruinenareal ist ein kleines Visitor Centre eingerichtet, und vom Turm der ehemaligen Kirche **St. Rule 2** hat man einen guten Ausblick auf die Stadt .

St. Andrews Castle **3**

Öffnungszeiten und Internet wie oben, 5,20 £

Bottle Dungeon

Im St. Andrews Castle verdient ein tief in den Felsen gehauenes, flaschenförmiges Verlies Beachtung. Hier fand man nach der Eroberung der Burg angeblich die Leiche von Kardinal Beaton in einer Salzwasserlösung – der Kleriker hatte viele Protestanten in dieser schaurigen Grube schmachten lassen. Nicht minder interessant sind die beiden Stollen unterhalb des Torturms; den einen gruben die Belagerer, den zweiten trieben die Verteidiger in den Felsen, um dem Gegner zuvorzukommen.

Nahebei, auf einem Felsvorsprung über dem Meer, finden sich die Reste der einst befestigten ›The Castle‹ genannten Bischofsresidenz. Die kleine, um 1200 gegründete Burganlage spielte eine wichtige Rolle in den Reformationswirren. Am 1. 5. 1546 ließ der damalige Kardinal David Beaton den Calvinisten George Wishart als Ketzer vor der Burg verbrennen. Nur 28 Tage später drangen Wisharts Glaubensbrüder in die Festung ein, ermordeten den Kirchenmann und verschanzten sich hinter den Mauern. Fast ein Jahr lang belagerten königstreue Truppen unter Führung des militärisch unfähigen Earl of Arran die Protestanten, dann kam die französische Flotte den Schotten zu Hilfe und schoss die Anlage sturmreif. Die Glaubenseiferer, unter ihnen auch John Knox, wurden auf Galeeren verbannt.

Golf Museum **4**

www.britishgolfmuseum.co.uk, April–Okt. Mo–Sa 9.30–17.30. Nov.–März Mo–Sa 10–14 Uhr, 5,50 £

Gegenüber vom **Old Course Clubhouse 5** bietet das weltweit einzige, 1990 eröffnete Golfmuseum einen tiefen Einblick in die Geschichte dieses Sports und erklärt dem Laien anschaulich die Regeln, sowie das Zubehör.

Sea Life Centre **6**

Tgl 10–18, Juli/Aug bis 19 Uhr, www.standrewsaquarium.co.uk, 6,80 £

Hinter dem Ausstellungsgebäude befindet sich das Sea Life Centre, das ganz anschaulich nicht nur über über die Meeresbewohner vor der schottischen Ostküste, sondern auch über die Populationen anderer Meere informiert.

St. Andrews: erste Adresse für Golf-Fans aus aller Welt

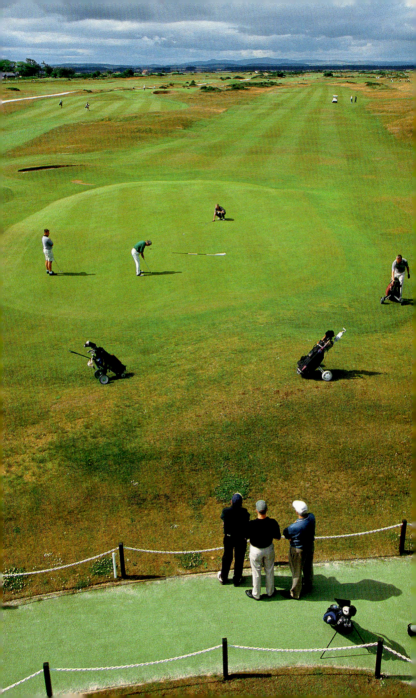

St. Andrews

Sehenswert
1. Kathedrale
2. Glockenturm der Kirchenruine St. Rule
3. St. Andrews Castle
4. Golf Museum
5. Old Course Clubhouse
6. Sea Life Centre

Übernachten
1. The Old Course Hotel & Spa
2. Hazelbank Hotel
3. Old Fishergate House
4. Braeside House

5. St. Andrews Tourist Hostel

Essen & Trinken
1. The Seafood Restaurant
2. St. Andrews Links Clubhouse
3. The Vine Leaf Restaurant

Aktiv & Kreativ
1. Old Golf Course
2. Startpunkt Hexentouren
3. Himalayan Putting Course
4. Balgove Course

Abends & Nachts
1. The Castle Tavern
2. The Central
3. The Criterion

St. Andrews

Golfspaziergang

Weltweit gilt St. Andrews als die Stadt der Golfer. Wer hier noch nicht geputtet hat, nimmt seinen Sport nicht so ernst. Vier Plätze stehen Profis wie Amateuren gleichermaßen zur Verfügung. Die Mitglieder des 1754 gegründeten Royal and Ancient Golf Club legten einst die Regeln für das Spiel fest, und noch heute ist der Verein einzige Autorität in allen Fragen des Golfens. Geführte Touren über den Golfplatz starten an Wochenenden im Juni sowie täglich im Juli und August von 11 bis 16 Uhr am St. Andrews Links Golf Shop. Die 40minütigen geführten Touren gehen vorbei an den 18 Löchern des **Old Golf Course** **1**; dabei erfährt man auch die ein oder andere Anekdote über Tiger Woods oder Bernhard Langer.

Die zweistündige Tour, die jeden Sonntag im Juli und August angeboten wird, muss man unter Tel. 01334 46 66 66 vorbuchen. Dabei bekommt man auch ausführlich die berüchtigten Hindernisse wie den Hell Bunker, The Coffin oder Markierungen wie das High Hole erklärt.

Übernachten

Für die Lady und den Gentleman – **The Old Course Hotel & Spa** **1**: Old Golf Course, Tel. 01334 47 43 71, www.old coursehotel.kohler.com, DZ ab 195 £. Äußerst luxuriöses Hotel und mit dem gediegenen Charme des vergangenen Empires, mit Wellness-Bereich, um die vom Golfspiel verhärteten Muskeln zu lockern.

Kolonialer Charme – **Hazelbank Hotel** **2**: 28 The Scores, Tel. 01334 47 24 66, www.hazelbank.com, DZ ab 10 £. Renoviertes kleines Hotel in einem eleganten viktorianischen Haus, das sich 1898 ein pensionierter Kolonialbeam-

ter erbauen ließ und das seit 1902 ein familiengeführtes Hotel am 18. Loch ist, 10 liebevoll eingerichtete und gemütliche Zimmer, alle en suite.

Ungewöhnliches B & B – **Old Fishergate House** **3**: North Castle St., Tel. 01334 47 08 74, www.odlfishergate house.co.uk, Suite 80 £. Eines der ältesten Häuser von St. Andrews, 1650 erbaut, früher von Fischern bewohnt, nahe an der Kathedrale und der Burg gelegen, 2 komfortabel eingerichtete Suiten mit Doppelzimmer, Bad und einem Wohnraum.

Nicht weit vom Zentrum – **Braeside House** **4**: 25 Nelson St., Tel. 01334 47 26 98, www.braeside-standrews.co.uk, DZ ab 78 £. 3 freundlich und liebevoll eingerichtete Zimmer en suite.

Für Tramper – **St. Andrews Tourist Hostel** **5**: St. Mary's Place (etwas versteckt gelegen), Tel. 01334 47 99 11, www.standrewshostel.com. 44 Betten.

Camping – **Cairnsmill Caravan Park**: Largo Rd., 1,5 km westlich von St. Andrews an der A 915, Tel. 01334 47 36 04, www.ukparks.co.uk/cairnsmill. April–Okt.

Essen & Trinken

Vollverglast – **The Seafood Restaurant** **1**: Below the Scores (hinter Golf-Museum), Tel. 01334 47 94 75, bis 25 £. In großem Glaspavillon direkt an der Seefront, exzellentes Fischrestaurant.

Stilvoll – **St. Andrews Links Clubhouse** **2**: West Sands Rd., Tel. 01334 46 66 66, bis 25 £. Seafood- und Lammgerichte in atmosphärereichem Ambiente.

Lokal zum Weinblatt – **The Vine Leaf Restaurant** **3**: 131 South St., Tel. 01334 47 74 97, 2-Gänge-Menü 22 £, 3-Gänge-Menü 25 £. Restaurant in einem ruhigen Hinterhof im Zentrum der Stadt, gute Gerichte aus lokalem Anbau sowie Seafood.

Die Küste nördlich von Edinburgh

Hervorragend – **Ostler's Close Restaurant**: in Cupar, 25 Bonnygate, einige Kilometer westlich von St. Andrews, Tel. 01334 65 55 74, bis 30 £. Hervorragendes Lokal, Seafood, Wildbret, gute vegetarische Gerichte.

Haute Cuisine – **The Peat Inn**: 7,5 km entlang der A 915, dann rechts ab und 2 km auf der B 940, Tel. 01334 84 02 06, 3-Gänge-Menü 32 £, 6-Gänge-Menü 48 £. Bestes Restaurant in weitem Umkreis.

Lohnt die Anreise – **Scotland's Larder**: Upper Largo nahe St. Andrews an der A 915, Tel. 01334 36 04 14, bis 25 £. Gute schottische Küche, Seafood- und Lammgerichte.

Einkaufen

St. Andrews Einkaufsstraßen sind die Market und die South Street.

Nur für Golfer – **St. Andrews Links Golf Shop** `5`: am Clubhaus des Royal & Ancient Golf Club. Viele Souvenirs, die das Herz eines Golfers höher schlagen lassen: Golfbälle, Polo-Hemden, Handtücher, Krawatten, alle mit dem R & A Logo, Bücher über Golf und vieles mehr.

Aktiv & Kreativ

Auf Hexenjagd – **St. Andrews Witches Tours** `2`: Tel. 01334 65 50 57, www.standrewswitchestour.co.uk. Geführte Hexentouren durch die Stadt, ganzjährig Do und Fr 19.30 Uhr am Greyfriars Hotel, 129 North St. .

Golf spielen ohne Vorkenntnisse – **Himalayan Putting Course** `3`: Gelegen zwischen Old Course und Meer. Wer erst einmal ohne Vorkenntnis am Golfspiel schnuppern möchte, der sollte sich für 1,50 £ Schläger und Ball ausleihen und auf den 18 Löchern dieses Platzes das Einputten üben.

Golf spielen für Anfänger – **Balgove Course** `4`: Wer über Vorkenntnisse verfügt, kann auf diesem 9-Loch-Platz für 8 £ je eine komplette Runde spielen. Informationen jeder Art bekommt man im **St. Andrews Link Clubhouse** `2` (Tel. 46 66 66, www.standrews.org.uk).

Abends & Nachts

Die drei besten Pubs der Stadt – **The Castle Tavern** `1`, North St., nahe den Kathedral-Ruinen, **The Central** `2`, Market St., und **The Criterion** `3`, South St., sind drei gemütliche Pubs, die alle mittags Bar Meals (5–8 £) anbieten.

Infos & Termine

Tourist Information: 70 Market St., Tel. 01334 47 20 21.

www.visit-standrews.co.uk: Viele Informationen rund um St. Andrews, aber auch für Nicht-Golfer.

www.standrews.org.uk: Offizielle Tourismus-Seite mit Informationen zu Anfahrt, Unterkunft, Sehenswürdigkeiten und Golfen.

April: Kate-Kennedy-Umzug, eine ausschließlich männliche Veranstaltung der Studenten, die an Kate Kennedy erinnert, eine große Schönheit und Nichte des Universitätsgründers. Kate wird traditionell von einem Erstjahres-Studenten verkörpert.

Juli: Highland Games.

Anfang August: The Lammas Fair, mittelalterlicher Markt, zwei Tage lang.

Bahn: Nächste Bahnhöfe in Cupar und Leuchars, dort Züge nach Glasgow, Edinburgh, Aberdeen.

Bus: mehrmals tägl. von St. Andrews nach Cupar und weiter nach Edinburgh; weitere Busse verkehren auch in Richtung Glasgow und Aberdeen.

Dundee ►F7

Von St. Andrews führen die A 91 und A 914 in nördlicher Richtung, und dann geht es über die Brücke des Firth of Tay nach Dundee hinein. Mit dem Vorgängerbau dieser Überspannung hatte es eine besondere Bewandtnis. Am 28. 12. 1879 stürzte die erst sieben Monate zuvor errichtete, 3 km lange und als technisches Meisterwerk gefeierte Brücke über den Tay in sich zusammen und riss einen Zug mitsamt den Passagieren in die eisigen Fluten des Firth of Tay. Im Eindruck dieser Katastrophe schrieb Fontane das berühmte Gedicht »Die Brück' am Tay«, das bereits am 10. 1. 1880 in der Zeitschrift »Die Gegenwart« abgedruckt wurde. Generationen von Schülern haben es auswendig lernen müssen, ihnen allen blieben sicher die letzten zwei Zeilen im Gedächtnis: »Tand, Tand/Ist das Gebilde von Menschenhand«.

Der einzige Grund, in der wenig attraktiv wirkenden Stadt einen Stopp einzulegen, sind die im Victoria Dock und am Discovery Pier vor Anker liegenden Schiffsveteranen ›Unicorn‹ und ›Discovery‹.

Unicorn

www.frigateunicorn.org, Sommer tgl. 10–17, Winter Mi–Fr 12–16, Sa/So 10–16 Uhr, 4 £

Bei einem Besichtigungsgang auf der einst mit 46 Kanonen bestückten, 1824 fertig gestellten Fregatte ›Unicorn‹ kann man sich recht gut die Lebensbedingungen auf einem Kriegsschiff des 19. Jh. vorstellen. Es muss eine drangvolle Enge geherrscht haben. Für die Disziplin der vielen Männer auf so wenig Raum sorgten gnadenlose Strafen. Die britische Marine war gefürchtet für ihre drakonischen Gesetze auf See. Leider hat man der Fregatte die Mas-

ten gekappt, so dass das einstige Prunkstück der Navy kein eindrucksvolles Bild mehr abgibt.

Discovery

www.activitypoint.co.uk, April–Okt. Mo–Sa 10–18, So 11–18, Nov.–März Mo–Sa 10–17, So 11–17 Uhr, 7,25 £

Mit dem sorgfältig restaurierten Royal Research Ship (RRS) ›Discovery‹ unternahm der Südpolarforscher Robert Scott (1868–1912) seine für ihn tödlich verlaufende Expedition in die Antarktis. In einem Ausstellungspavillon am Pier wird der Besucher mit der Unternehmung bekannt gemacht.

Glamis ►F7

Glamis Castle

www.glamis-castle.co.uk, April–Okt. tgl. 10–18, Nov./Dez. tgl. 11–17 Uhr, 8 £

Wenige Kilometer nördlich von Dundee steht das mit vielen Erkern und Türmchen recht pittoresk wirkende Glamis Castle. Sein heutiges Aussehen erhielt das Schloss 1675 bis 1687, die ältesten Gebäudeteile datieren aus dem 11. Jh. Shakespeare ist es zu verdanken, dass Glamis Castle weit über die Grenzen von Schottland hinaus bekannt wurde: Hier nämlich könnte Macbeth – Than von Glamis und Cawdor – König Duncan ermordet haben (was historisch nicht belegt ist).

Auch aufgrund der engen Verbindung mit dem englischen Herrscherhaus ist die Besichtigung der Burg ein touristisches Muss: Die Queen Mum, Königin Elisabeth und auch ihre Schwester Prinzessin Margaret – die 1930 auf Glamis Castle geboren wurde – verbrachten in dem Schloss ihre Kindheit. Auf einer geführten Tour wird man mit dem Interieur der Burg vertraut gemacht.

Die Küste nördlich von Edinburgh

Angus Folk Museum
www.nts.org.uk, April–Juni Da/So 12–17, Jul./Aug. Mo–Sa 11–17, So 12–17, Sept./Okt. Sa/So 12–17 Uhr, 5 £
In Glamis sollte man einen Besuch im Angus Folk Museum nicht versäumen. Hier wird der harte Alltag des bäuerlichen Lebens während des 19. Jh. dokumentiert.

Brechin ▶F6

Über den kleinen Ort Forfar erreicht man die nach Aberdeen führende A 90. In der ehemaligen kleinen Bischofsstadt Brechin ragt neben der Kathedrale ein 26 m hoher, nadelschlanker Turm in den Himmel. Dieser so genannte *round tower* mit seinem in über 2 m Höhe liegenden Eingang datiert aus dem 10. Jh. und diente einst gleichermaßen als Ausguck, Glockenturm und letzte Zufluchtsstätte für die frommen Mönche. Einen weiteren Rundturm dieser Art – die in Irland recht weit verbreitet ist – findet man in Schottland nur noch im Ort Abernethy unweit von Perth.

Dunnottar Castle ▶G6

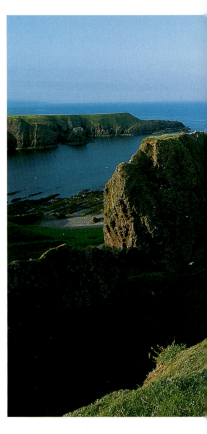

www.dunnottarcastle.co.uk, Ostern–Juni Mo–Sa 9–18, So 14–18, Juli–Sept. Mo–Sa 9–18, So 14–17, Okt.–Ostern Fr–Mo 10.30–Sonnenuntergang, 5 £
Nahe dem Hafenstädtchen Stonehaven liegt hoch über dem Meer die imposante Burgruine Dunnottar Castle. Der Legende zufolge siedelte hier schon im 5. Jh. eine kleine frühchristliche Gemeinde. In Erinnerung an die Glaubensgemeinschaft ließ 1276 Bischof Wishart von St. Andrews eine Kirche errichten, die jedoch schon 20 Jahre später zerstört wurde. Ein Jahrhundert danach ordnete der Großmarschall von Schottland, Sir William Keith, den Bau der mächtigen Festung Dunotir auf dem geweihten Boden an, wurde jedoch wegen dieser frevelhaften Tat vom Bischof in St. Andrews exkommuniziert. Nur durch die Intervention des Papstes gelangte Sir William wieder in den Schoß der Kirche.
1651/52 belagerte Oliver Cromwell acht Monate lang die Festung, um in den Besitz der hier aufbewahrten schottischen Reichsinsignien zu gelangen. Nach der Kapitulation des Burg-

Brechin

Dunnottar Castle bei Stonehaven

kommandanten stellte der Lord Protector jedoch fest, dass die Regalien an den Feinden vorbei geschmuggelt worden waren. Im 11 km entfernten Ort Kinneff lagerten die Schätze sicher unter der Kanzel der Dorfkirche.

Im Sommer 1685, nach einer missglückten Rebellion des Duke of Argyll, schmachteten 122 Männer und 45 Frauen in dem engen Kellerverlies Whigs Vault zwei Monate lang in drangvoller Enge. Nur wenige überlebten die Tortur. Ab 1715 wurde die Festung verlassen und dem Verfall preisgegeben.

Aberdeen ▶ G 5

Aberdeen, mit rund 200 000 Einwohnern die drittgrößte Stadt Schottlands, trägt auch den stolzen Beinamen ›The Silver City by the Sea‹. Fast alle Gebäude der Hafenmetropole sind aus Granit errichtet, und in der Sommersonne funkeln die Fassaden wie Silber.

Aberdeen

Sehenswert
1. Old Town House
2. Provost Skene's House
3. Marischal College
4. James Dunn's House
5. Art Gallery & Museum
6. Maritime Museum
7. Satrosphere

Übernachten
1. Brentwood Hotel
2. Caledonian Thistle Hotel
3. Highland Hotel
4. Travelodge
5. Arden Guest House

Essen & Trinken
1. Silver Darling
2. Marmaris
3. Light of Bengal
4. Pizza Express

Einkaufen
1. The Mall Trinity Centre
2. CC Fashion
3. Waterstone's
4. Millets
5. Edinburgh Woollen Mill
6. Slanj of Scotland
7. Bon Accord Shopping Centre

Abends & Nachts
1. Prince of Wales
2. Globe Inn

Aberdeen

Geschichte

1179 erhielt Aberdeen die Stadtrechte und avancierte zur Royal Burgh. Rund 200 Jahre später ließ der englische König Eduard III. die Gebäude schleifen und niederbrennen. Beim Wiederaufbau unterteilte man die Ansiedlung in Old und New Aberdeen, die erst 1890 wieder zu einem einheitlichen Gemeinwesen verschmolzen. Anfang des 19. Jh. begann Aberdeens Aufstieg zur führenden Fischereimetropole, und die Granitbergwerke der Umgebung exportierten den harten Stein in alle Welt. Als sichtbares Zeichen des ökonomischen Aufschwungs entstand in jenen Tagen die von neoklassizistischen Gebäuden gesäumte Hauptstraße der New Town. Als man Ende der 1960er-Jahre Jh. mit der Ausbeutung der Nordsee-Erdölfelder begann, kamen die Bewohner von Aberdeen zu weiterem Wohlstand – wenngleich der weitaus größte Teil der Erträge nach England floss und bis heute das Staatssäckel in London füllt. Neben den vielen Zulieferbetrieben der Petro-Industrie behaupten sich der Schiff- und Maschinenbau sowie die chemische und die Lebensmittel verarbeitende Industrie in der Stadt und dem Umland.

Stadtspaziergang

Aberdeens Sehenswürdigkeiten liegen rund um die lange Union Street, die gleichermaßen als Hauptgeschäftsstraße und Flanierboulevard dient. Am östlichen Ende der Union Street markiert das Mercat Cross den einstigen Marktplatz, nahebei erkennt man das aus grauem Granit errichtete **Old Town House** **1**, das die Universität von Aberdeen im Jahr 2005 aufwändig restauriert hat (www.abdn.ac.uk/old-townhouse/).

Provost Skene's House **2**
Broad St., Mo–Sa 10–17, So 13–16 Uhr
Hier biegt man in die Broad Street ein, passiert die Tourist Information und gelangt zum Provost Skene's House. Das aus dem 17. Jh. datierende Patrizierhaus ließ der 1676 bis 1685 regierende Bürgermeister Sir George Skene errichten. Vor allem die bemalten Holzdecken, das Mobiliar aus jenen Tagen und die Exponate zur Lokalgeschichte lohnen einen Besuch. Schräg gegenüber beeindruckt die gewaltige Granitfassade des 1906 im neogotischen Stil erbauten **Marischal College** **3**. Es ist das Zentrum der Universität von Aberdeen.

James Dunn's House **4**
61 Schoolhill, Mo–Sa 10–17 Uhr
Über die Querstraße Upperkirkgate – hier zwei große Einkaufspassagen mit vielen exklusiven Einzelhandelsgeschäften, Cafés und Bars – und die Verlängerung Schoolhill passiert man linker Hand James Dunn's House. Das ehemalige Heim des einstigen Aberdeener Schulrektors ist heute ein kleines Museum, in dem wechselnde Ausstellungen gezeigt werden.

Art Gallery & Museum **5**
Schoolhill, www.aagm.co.uk, Mo–Sa 10–17, So 14–17 Uhr
Nur einen Steinwurf entfernt lockt Aberdeen Art Gallery & Museum mit Kunstschätzen aus dem 18., 19. und 20. Jahrhundert.

Maritime Museum **6**
Shiprow, www.aagm.co.uk, Mo–Sa 10–17, So 12–15 Uhr
Zurück in der Union Street biegt man in die zum Hafen führende Gasse Shiprow ein und findet im 1593 errichteten Provost Ross's House 6, einem der ältesten Gebäude von Aberdeen, das Maritime Museum, das über die lokale

205

Die Küste nördlich von Edinburgh

Hafen- und Seefahrtsgeschichte bis in unsere heutigen Tage hinein informiert. Schnell ist von hier der Hafen mit dem allmorgendlich stattfindenden Fischmarkt erreicht.

Satrosphere 7

www.satrosphere.net, The Tramsheds, 179 Constitution St., tgl. 10–17 Uhr, 5,75 £

Vor allem Kinder dürften sich für das Ausstellungsgebäude Satrosphere 7 begeistern. In diesem Hands-on Science & Technology Centre kann man im Do-it-yourself-Experiment physikalische Prozesse nachvollziehen oder Maschinen aller Art zum Laufen bringen. Das Satrosphere Science Centre liegt rund 10 Minuten Fußmarsch vom Stadtzentrum entfernt.

Übernachten

Frisch restauriert – **Brentwood Hotel** 1: 101 Crown St., Tel. 01224 59 54 40, www.brentwood-hotel.co.uk, Fr–So 66 £, Mo–Do 98 £. Renoviertes Haus, zentrale Lage, 63 ordentliche Zimmer, seit 1977 familiengeführt.

Alteingesessen – **Caledonian Thistle Hotel** 2: 10–14 Union Terrace, Tel. 08 70 3 33 91 51, www. thistlehotels.com, DZ ab 95 £. Gutes Haus im Zentrum der Stadt mit 77 vernünftig eingerichteten Zimmern.

Familiengeführt – **Highland Hotel** 3: 93 Crown St., Tel. 01224 58 36 85, www.highlandhotel.net, DZ ab 85 £. Gutes Haus in zentraler Lage und mehr Charme als die Häuser der Hotelketten.

Einfach und preiswert – **Travelodge** 4: 9 Bridge St., Tel. 08 70 1 91 16 17, www.travelodge.co.uk, DZ 65 £. Verhältnismäßig preiswertes, aber uninspriendes Haus der britischen Hotelkette, mitten im Zentrum.

Fast im Zentrum – **Arden Guest House** 5: 61 Dee St., Tel. 01224 58 07 00, www.ardenguesthouse.co.uk, DZ 65 £. Komfortable Zimmer und in unschlagbarer Nähe zum City Centre.

Bei Lena und Chris – **Dunrovin Guest House**: 168 Bon Accord St., Tel. 01224 58 60 82, www.dunrovinguesthouse.co.uk. DZ mit Bad 50 £, ohne Bad 40 £. Viktorianisches Stadthaus mit 8 Zimmern.

Im historischen Gemäuer – **Youth Hostel**: Queen's Rd., Tel. 0870 1 55 32 55, ganzjährig geöffnet, 115 Betten, 15 Schlafsäle mit 4 Betten, 7 mit 5–8 Betten, 1 Saal mit mehr als 9 Betten, zwei Doppelzimmer.

Campen beim Schmied – **Blacksmiths Croft**: Bucksburn, 4,5 km außerhalb vom Zentrum im Vorort Bucksburn, Tel. 01224 69 66 79.

Essen & Trinken

Am Hafen – **Silver Darling** 1: Pocra Quay, North Pier, Tel. 01224 57 62 29, Hauptgerichte 19–22 £. Bestes Seafood-Lokal von Aberdeen, exzellente, fangfrische Meeresfrüchte direkt vom Fischkutter.

Simpel, aber gut – **Marmaris** 2: 21 Rose St., Tel. 01224 46 18 00, Hauptgerichte 7–11 £. Einfaches türkisches Restaurant und Take-Away.

Bengalisches Feuer – **Light of Bengal** 3: 13 Rose St., Tel. 01224 64 49 63, 6–14 £. Gutes indisches Lokal mit einer umfangreichen Palette an Gerichten.

Schnelle Pizzen – **Pizza Express** 4: Union/Ecke Summer St., 8–10 £. Für britische Verhältnisse gute Pizza mit knusprigem Boden und schmackhafter Pasta in dem Lokal einer Restaurantkette.

Die kurze Anfahrt lohnt – **Faraday's Restaurant**: 2 Kirk Brae, im Dörfchen Cults, an der A 93, 3 km westlich von

Aberdeen, Tel. 01224 86 96 66, ab 20 £. Sehr gute schottische Küche in kreativer Zubereitung und klassischem Ambiente, Seafood und internationale Gerichte.

Einkaufen

Aberdeens Haupteinkaufsstraße ist die Union Street, die beiderseits von Geschäften und Kaufhäusern gesäumt ist.
Alles unter einem Dach – **The Mall Trinity Centre** **1**: 155 Union St. Viele Geschäfte unter einem Dach, Herren-, Damen- und Kindermode, Strickwaren, Schuhe, Accessoires etc.
Alles für die Dame – **CC Fashion** **2**: 231 Union St. Damenausstatter mit einer großen Auswahl an Ober- und Unterbekleidung, Schmuck, Schuhe, Leder- und Strickwaren sowie Accessoires aller Art.
Für Leser – **Waterstone's** **3**: 269 Union St. Größter Buchladen der Stadt, in dem alle Sujets zu bekommen sind, dazu eine Abteilung mit Büchern nur für Aberdeen und Umgebung.
Für Naturfreunde – **Millets** **4**: 167 Union St. Umfangreiches Angebot an Camping-Artikeln, Wanderbedarf, Outdoor-Kleidung und vieles mehr für Ausflüge in die schottische Natur.
Wollmühle – **Edinburgh Woollen Mill** **5**: 187 Union St. Hochwertige Strickwaren aus Wolle und Cashmere.
Kilts – **Slanj of Scotland** **6**: 119 George St., Tel. 63 59 15. Der in ganz Schottland bekannte Kiltausstatter ist eine Institution. Die Galerie der bekannten Persönlichkeiten, die sich bei Slanj mit einem Schottenrock eingedeckt haben, ist lang – darunter unter anderem Sean Connery.
Lieblingsarkade – **Bon Accord Shopping Centre** **7**: George St. Seit ihrer Eröffnung 1990 ist diese Arkade eine der beliebtesten Einkaufspassagen der Stadt mit insgesamt 52 unterschiedlichen Läden.

Aktiv & Kreativ

Stadtrundfahrt – Von Mai bis September verkehren einmal in der Stunde oben offene Doppeldeckerbusse zu einer 50minütigen Stadtrundfahrt vom **Marischal College** **3** aus in der Broad Street. Das Ticket ist ganztägig gültig, man kann bei jeder Sehenswürdigkeit aus- und wieder zusteigen.

Abends & Nachts

Zentral – **Prince of Wales** **1**: St. Nicholas Lane. Bekannter und beliebter Pub mit guter Reputation im Stadtzentrum und daher immer voll mit Einkaufslustigen.
Hier ist was los – **Globe Inn** **2**: North Silver St. Einer der atmosphärereichsten Pubs der Hafenmetropole, der während der Saison regelmäßig Live Music bietet.

Infos & Termine

Tourist Information: 23 Union St., Tel. 01224 28 88 28 23.
www.agbt.org: Diese Website informiert über Aberdeen und die umliegende Grampian Region.
Juni: Highland Games.
Flugzeug: Aberdeen Flughafen liegt 11 km nordwestlich der Stadt; Flugverbindungen zu vielen britischen Städten und europäischen Urlaubszielen.
Bahn/Bus: beide Guild St., Verbindungen in alle Landesteile.
Fähren: Von Aberdeens Hafen verkehren regelmäßig Fähren nach Lerwick auf den Shetland's und Kirkwall auf den Orkney's.

Die Küste nördlich von Edinburgh

Landschaft bei Balmedie nahe Aberdeen

Elgin ▶ E 4

Von Aberdeen führt die A 96 vorbei an den Resten des Huntly Castle (15. Jh) nach Elgin. Dort ist eine der schönsten Kirchenruinen Schottlands zu besichtigen.

Elgin Cathedral
www.historic-scotland.gov.uk, April–Sept. tgl. 9.30–17.30, Okt.–März tgl. 9.30–16.30, 4,70 £
Der Grundstein für die ›Leuchte des Nordens‹, The Lantern of the North‹, wie man das Gotteshaus einst nannte, wurde 1224 gelegt. 1390 ließ Alexander Stewart, bekannt als der Wolf von Badenoch, die prachtvolle Kathedrale in Brand setzen. Der vierte Sohn von Robert II. rächte sich auf diese Weise für seine Exkommunikation, die kirchliche Autoritäten aufgrund seiner Ehescheidung gegen ihn eingeleitet hatten. Die größten Zerstörungen brachte allerdings die Reformation mit sich, Elgin Cathedral verfiel nun zusehends und wurde bald als Steinbruch genutzt. 1568 entfernte man die Bleiplatten vom Dach, um sie nach Holland zu verkaufen und mit dem Erlös die schottische Armee zu finanzieren. Daraus wurde jedoch nichts, denn die Ladung Kirchenraub ging im Sturm auf See verloren. 1711 stürzte der zentrale Vierungsturm ein und sorgte für weitere Schäden.

Elgin Museum
www.elginmuseum.org.uk, April–Okt. Mo–Fr 10–17 Uhr, 2 £

Forres

www.elginscotland.com: Informative Seite, von der man sich die Online-Broschüren Elgin Town Trail und Elgin Visitor Guide mit einem Stadtplan des Ortes herunterladen kann.
Juli: Highland Games

Forres ▶ E 4

Direkt am Ortseingang von Forres – aus Richtung Elgin kommend – erhebt sich nahe der Durchgangsstraße in einem schützenden Glaskasten der 6 m hohe Sueno's Stone. Die 1000 Jahre alte Sandsteinsäule – von Shakespeare in ›Macbeth‹ erwähnt – zeigt piktisch-keltische Zeichen. Sinn und Zweck des Steins liegen im Dunkel der Geschichte. Man nimmt an, dass hier einst eine Schlacht zwischen den Pikten und Wikingern tobte.

Unweit der Kathedrale zeigt in der High Street ein kleines, preisgekröntes Museum Exponate zur Lokalgeschichte sowie eine interessante Fossiliensammlung.

Auto-Museum
April–Okt. tgl. 11- 17 Uhr, 2 £
Autobegeisterte lockt in der Bridge Street das Moray Motor Museum mit vielen alten Karossen, u. a. einem Rolls Royce Phantom von 1929 sowie einem Jaguar von 1920, und betagten und gewienerten Motorrädern.

Infos & Termine

Tourist Information: 17 High St., Tel. 01343 54 26 66.

Cawdor Castle ▶ D 4

www.cawdorcastle.com, Mai–Mitte Okt. tgl. 10–17.30 Uhr, 7,90 £
Vorbei am Brodie Castle, das seit über 500 Jahren im Besitz der gleichen Familie ist, geht es weiter zum Cawdor Castle. Schottlands einzige Burg, die noch von einer funktionstüchtigen Zugbrücke geschützt wird, erlangte durch Shakespeare Berühmtheit: Macbeth soll hier König Duncan ermordet haben. Shakespeare nahm es mit den historischen Tatsachen allerdings nicht so genau: Macbeth tötete Duncan in offener Feldschlacht nahe Elgin. Im 11. Jh., als sich das blutige Drama abspielte, gab es Cawdor Castle zudem noch gar nicht. Der zentrale, von Gebäudeteilen aus dem 16. Jh. umgebene Turm (1372) erfuhr 1454 bedeutsame Verstärkungen. Kostbares Mobiliar, Gemälde und Wandteppiche sind im Innern zu besichtigen.

209

Die Küste nördlich von Edinburgh

Mein Tipp

Geschichtsträchtiger Pub
Nach der Burgbesichtigung lohnt sich ein Besuch in der sehr atmosphärereichen Cawdor Tavern in der ehemaligen Werkstatt der Burg. Das Free House serviert gute Bar Meals, und sonntags kommen die Bewohner der Umgebung gern zum Carvery Lunch in den beliebten Pub.

Fort George ▶ D 4

www.historic-scotland.gov.uk, April–Sept. tgl. 9.30–17.30, Okt.–März tgl. 9.30–16.30 Uhr, 6,70 £
Vom Cawdor Castle lohnt sich ein Abstecher zum Fort George am Eingang des Moray Firth. Die gewaltige Festungsanlage bewacht seit dem 18. Jh. die Einfahrt in den Fjord. Die Trutzburg ist eine der größten Europas und wurde von den Engländern nach den Jakobitenaufständen in Auftrag gegeben. 21 Jahre lang bauten die Besatzer an der Anlage. Die Wallmauern sind mehr als 1,5 km lang, und im Innern kann man Waffensammlungen besichtigen. Ausstellungen zeigen, wie einst die Grenadiere in der Festung lebten.

Culloden Moor ▶ D 5

www.nts.org.uk, April–Sept. tgl. 9–18, Nov.–März tgl. 10–16 Uhr, 10 £
In dem 8 km westlich von Inverness gelegenen Hochmoor von Culloden standen sich am 16.4.1746 zwei noch junge Widersacher mit ihren Armeen gegenüber. Der eine war der smarte, 26-jährige Prinz Charles Edward Stuart, von den Schotten liebevoll Bonnie Prince Charlie gerufen, auf der anderen Seite lagen die Mannen des fetten und brutalen 25-jährigen Herzogs von Cumberland, eines Sohns Georg II., auch ›*The Butcher*‹ (der Schlächter) genannt. Die schottische Geschichte sollte sich an diesem Tag entscheiden.

Ein Jahr zuvor war Prinz Charlie, von Rom kommend, wo er geboren und aufgewachsen war, heimlich an der Westküste gelandet und hatte bei den Clan-Fürsten seinen Anspruch auf den Thron angemeldet – Charles Edward Stuart war der Sohn des schottischen Königs Jacob VII., den Wilhelm der Oranier einige Jahre zuvor ins Exil getrieben hatte. Der charismatische und weltgewandte Prinz Charles versammelte in kurzer Zeit alle Clans unter seinem Befehl und zog mit seinen Mannen gen England. Auf einem beispiellosen Siegesmarsch drang das schottische Heer bis fast an die Tore von London vor, und Georg II. hatte sich schon für eine eilige Flucht gerüstet. In dieser günstigen Ausgangssituation beging Charlies General Lord Murray jedoch einen schwerwiegenden strategischen Fehler: Anstatt nun auch noch im Handstreich die englische Metropole einzunehmen, ließ er, aus Furcht, von seinen Nachschublinien abgeschnitten zu werden, das schottische Heer einfach kehrtmachen. Die kampferprobten und bisher siegreichen Highlander – 5000 Mann Fußvolk und 600 Reiter – zogen sich in die heimatlichen Gefilde zurück.

In England hatte mittlerweile der Herzog von Cumberland seine Kämpen neu organisiert und zog mit seiner Streitmacht in den Norden, fest entschlossen, die Demütigung bitter zu rächen. Als die beiden verfeindeten Lager aufeinandertrafen, sah es für die Schotten nicht gut aus. General Mur-

Culloden Moor

Denkmal am Culloden Battlefield

ray hatte seine Männer in einem Nachtmarsch erschöpft und den Nachschub nicht sorgfältig organisiert, sodass alle an Hunger litten. Zudem wählte er einen Standort, der seine Truppe zwang, bergauf zu kämpfen.

Cumberland dagegen war ein Meister der Logistik, seine 9000 Mann waren ausgeruht und wohlgenährt. Die Schlacht dauerte nur 25 Minuten, dann hatten die Engländer die Schotten aufgerieben, und Cumberland befahl ein fürchterliches Massaker.

Cumberland hatte die Losung ausgegeben, keine Gefangenen zu machen, das Gemetzel dauerte stundenlang. Verwundete schleppte man in eine Hütte, die angezündet wurde. Einmal im Blutrausch, zogen die englischen Truppen mordend und metzelnd durchs Land und vernichteten viele Clans bis auf den letzten Mann: die Camerons, die MacDonalds, die Appin Stewards, den Clan der Chattan.

Bonnie Prince Charlie blieb nur die Flucht. Hart verfolgt von seinen Häschern erreichte er die Insel Skye, wo ihn die Bewohner drei Monate lang in Hütten und Höhlen verbargen, floh dann weiter und fand bei Clans Unterschlupf, die für die englische Sache gekämpft hatten. Trotz der ungeheuren Summe von 30 000 Pfund Sterling (nach heutiger Kaufkraft etwa 1 Mio. €), die auf seinen Kopf ausgesetzt waren, mochte kein Schotte an ihm zum Verräter werden. Flora MacDonald, die schottische Nationalheldin, steckte den Prinzen in Frauenkleider und entzog ihn so seinen Verfolgern. Charlie kehrte nach Rom zurück, wo er 42 Jahre später starb.

Nach der Schlacht von Culloden verboten die Engländer den Dudelsack, den Kilt, die gälische Sprache und die schottische Volkstracht – die Kultur des Hochlands sollte systematisch ausgemerzt werden.

Das Beste auf einen Blick

Die Western Highlands und die Isle of Skye

Highlight!

Isle of Skye: ›Die geflügelte Insel‹ ist die größte der Inneren Hebriden, vom Besucher leicht über eine Brücke zu erreichen, und bietet Natur pur: Eine grandiose Bergkulisse und steile Klippen mit herabstürzenden Wasserfällen. S. 218

Auf Entdeckungstour

Black Houses: In solch armseligen Cottages lebten jahrhundertelang die *crofters*, die Bauern der Highlands, und versuchten, in ihrem prekären Leben über die Runden zu kommen. S. 222

Kultur & Sehenswertes

Eilean Donan Castle: Schottlands meistfotografierte Burg und Drehort vieler Kinofilme liegt spektakulär inmitten eines Fjordes und vor einer grandiosen Bergkulisse. S. 216, 217

Dunvegan Castle: Der Stammsitz der MacLeods konnte früher nur von der Wasserseite erreicht werden – auch ein Zeichen für die Feindschaft der Clans untereinander. S. 224

Aktiv & Kreativ

Gälisch in 5 Tagen: Wer in seinem Urlaub einmal etwas ganz anderes machen möchte, der kann z.B. in Sleat auf der Isle of Skye Gälisch lernen. S. 225

Survival: Die kleine Nachbarinsel von Skye, Raasay, zu der vom Pier von Sconser eine kleine Fähre verkehrt, ist nur ein einsamer Steinsplitter. Er lädt mit seiner rauen Landschaft zu allen möglichen Outdoor-Aktivitäten unter Anleitung ein. S. 228

Genießen & Atmosphäre

Three Chimneys: Sehr gute Gerichte kommen in dem von Kerzen erhellten Cottage in Colbost bei Dunvegan auf den Tisch und verzaubern den Genießer. S. 228

Coruisk House: Ein B & B in einem original restaurierten Croftercottage in Elgol mit einem kleinen feinen Seafood Restaurant. S. 228

Abends & Nachts

Auf dieser Tour ist **Portree**, die Hauptstadt der Isle of Skye, mit 2000 Einwohnern die größte Ansiedlung. Dort beschränken sich die abendlichen Aktivitäten auf die zwei Pubs des Dörfchens. S. 229

Die Western Highlands und die Isle of Skye

Teilweise auf Single Track Roads, einspurigen Straßen mit Ausweichplätzen, geht es von Inverness durch eine einsame Landschaft an die Westküste. Hier liegt, mit dem Festland durch eine Brücke verbunden, ›die geflügelte Insel‹ Isle of Skye, die größte der Inneren Hebriden. Neben einer grandiosen Berg- und Meereskulisse kommt der Besucher auch kulturell auf seine Kosten und erfährt etwas über das harte Leben der *crofter* in den armseligen *Black Houses*, das ganz im Gegensatz zur Alltagspracht des schottischen Landadels in Dunvegan Castle stand. Eine berühmte Dudelsackschule bildete jahrhundertelang die besten schottischen Sackpfeifenbläser aus und informiert über das für uns kuriose Instrument. Auch wer einmal in völliger Einsamkeit und unberührter Natur richtig stilvoll tafeln möchte, kommt hier auf seine Kosten.

Beauly ▶ D 4

Von Inverness führt die A 862 am Ufer des Beauly Firth entlang zum Örtchen Beauly. Dort, wo sich die Durchgangsstraße zum langen Marktplatz verbreitert, lohnt ein Blick auf die Ruine der 1230 von französischen Mönchen gegründeten Beauly Priory (Schlüssel im nahen Beauly Priory Hotel). Den Namen bekam das kleine Kloster von Maria Stuart, die es auf einer Reise besuchte und ausrief: »Quel beau lieu« – »Was für ein schöner Ort!«

Strathpeffer ▶ D 4

Das 1200 Einwohner zählende Kurort Strathpeffer liegt recht idyllisch im Tal. Nach dem Anschluss an die Eisenbahnlinie 1862 entwickelte sich das Dorf während der viktorianischen Ära zu einem beliebten Heilbad. Noch immer sprudeln die eisen- und schwefelhaltigen Quellen, deren Wasser man in einem kleinen Pavillon vor dem Tourist Office probieren kann.

Am Ortseingang weist ein Schild zum Eagle's Stone, einem alten piktischen Bildstein, der ein Adlermotiv zeigt. Wie die Überlieferung berichtet, wurde der Stein bereits zweimal umgesetzt. Passiert dies ein drittes Mal, so komme großes Unglück über die Bewohner des kleinen Orts, so heißt es.

Strathpeffer eignet sich sehr gut als Ausgangspunkt für Wanderungen in die Umgebung.

The Old Station

April–Juni, Sept./Okt. Mo–Sa 10–17, Juli/Aug. Mo–Fr 10–19, Da 10–17, S0 14–17 Uhr, 2 £

Im ehemaligen Bahnhofsgebäude sind ein Highland Museum of Childhood und ein Craft and Visitor Centre untergebracht. Hier kann man lokalen Kunsthandwerkern bei der Arbeit zusehen und auch Wissenswertes über die Flora und Fauna der Region erfahren.

Infobox

Internet

Informationen im Internet unter **www.visithighlands.com**, **www.skye.co.uk** und **www.isleofskye.com**.

Rundreise und Verkehr

Die Route bis Kyle of Lochalsh und die Rundreise auf die Isle of Skye sind ca. 375 km lang. Auf der Strecke nach Kyle passiert man noch einige Straßenabschnitte mit *Single Tracks Roads* und *Passing Places*, ebenso bei der Rundreise auf der Isle of Skye.

Ben Wyvis ► C/D 4

Strathpeffers Hausberg ist der nördlich gelegene, 1046 m hohe Ben Wyvis, der in dieser Region bei Bergwanderern sehr beliebt ist. Die B&B-Wirte und die Tourist Information geben Hinweise für die Tour.

Übernachten

Wie ein Chateau – **Highland Hotel**: Tel. 01997 42 14 57, www.shearingholidays.com, DZ 95 £. Eines der wenigen noch erhaltenen Bad-Hotels des Dörfchens, kürzlich umfassend renoviert.
Umgeben von Bergen – **Wyvis View B & B**: Tel. 01997 42 10 53, DZ 50 £. 2 Zimmer en suite, gute Ausblicke auf die Berge vom Wintergarten, insbesondere eben auf den Ben Wyvis.

Aktiv & Kreativ

Fahrradverleih – **Square Wheels**: Am zentralen Platz, Tel. 01997 42 10 00, www.squarewheels.biz. Fahrradverleih und Ratschläge für lohnende Touren in die Umgebung.

Infos & Termine

Tourist Information: The Square, am zentralen Parkplatz, Tel. 01997 421415.
August: Highland Games.

Garve, Achnasheen ► C 4

In Garve markiert ein pinkfarben gestrichenes Hotel das Ortszentrum. Etwas weiter zweigt die A 832 ab in Richtung Kyle of Lochalsh. Vorbei an den Gestaden des Loch Luichart verengt sich die zweispurige Straße bald zu einer schmalen und kurvenreichen *Sin-*

Rogie Falls ► C 4

Kurz hinter dem Weiler Contin weist eine Ausschilderung zu den Rogie Falls. Man kann hier auf einem Parkplatz den Wagen abstellen und erreicht nach kurzem Fußweg die Kaskaden des Flusses. Mit ein wenig Glück sieht man hier von Mai bis September Lachse über die Stromschnellen springen, um ihre Laichstellen zu erreichen.

gle Track Road und durchschneidet die einsamen Highlands.

Vorbei an Achnasheen, wo nur wenige Häuser um den Bahnhof und das Station Hotel verstreut liegen, geht die Fahrt weiter durch das Glen Carron zum Weiler Craig mit dem Bunk House Hostel, einer der wenigen Unterkunftsmöglichkeiten auf dieser Strecke. Die im letzten Drittel der Strecke schmale, einspurige Straße mit Ausweichplätzen führt entlang kleiner Bäche und Seen, gelegentlich durch lichte Wälder, vorbei an schroffen, karg bewachsenen Berghängen, und erreicht die tief ins Land eingeschnittene Meeresbucht Loch Carron.

Loch Carron ► B 5

Hier beginnt nun der landschaftlich schönste Teil der Tour. Mal geht es steil bergauf mit prachtvollen Blicken aufs Meer, die enge Straße windet sich um Steinnasen und verläuft hoch oberhalb der Bucht, dann wieder geht es hinunter bis auf Meereshöhe, vorbei an senkrecht aufragenden Felswänden, von denen im Frühjahr das Schmelzwasser zu Tal rauscht. Hoch über dem kleinen Ort Stromeferry liegt ein Parkplatz, von dem man in Ruhe das großartige Panorama der Landschaft genießen kann.

Die Western Highlands und die Isle of Skye

Essen & Trinken

Stopp in der Einsamkeit – **Carron Restaurant**: Cam-allt, etwa 2 km hinter dem Strathcarron Hotel und dem Bahnhof, Tel. 01520 72 24 88. Das kleine Carron Restaurant liegt hinter hohen Bäumen und lädt zu einer Rast mit mittäglichem Lunch oder nachmittags zum Cream Tea mit Scones ein. Das Keramikgeschirr des Lokals wurde in der daneben liegenden Töpferei hergestellt.

Einkaufen

Alles aus Keramik – **Carron Pottery**: Cam-allt, etwa 2 km hinter dem Strathcarron Hotel und dem Bahnhof, neben dem Carron Restaurant (s.o.). Hier kann man viele individuell gestaltete Töpferprodukte erstehen.

Infos & Termine

Tourist Information: In der Poststation in Strathcarron, rund 4 km von Lochcarron entfernt.
www.undiscoveredscotland.co.uk/lochcarron/lochcarron: Informative Website mit guten Links zu lokalen Hotels, Restaurants und diversen Aktivitäten.
www.visit-lochcarron.com: Auf dieser Seite befindet sich eine kleine Online-Broschüre zu Lochcarron zum kostenlosen Herunterladen.

Die Lochcarron & District Business Association hat zwei kleine Führer herausgegeben, die äußerst nützlich sind: Den **Lochcarron Fishing Guide** (3,50 £) sowie den **Lochcarron Walking Guide** (3,60 £). Beide können in den Shops in Lochcarron oder in der Poststation in Strathcarron erstanden werden.

Eilean Donan Castle ▶ B 5

www.eileandonancastle.com, Mitte März–Mitte Nov. tgl. 10–18, Juli/Aug. tgl. 9–18 Uhr, 4,95 £
Vor einer grandiosen Bergkulisse, am Schnittpunkt dreier Lochs und auf einer kleinen Insel – heute durch eine mehrbogige Brücke erreichbar – trotzt seit 1220 die meist fotografierte Burg Schottlands allen Gefahren: Eilean Donan Castle. Als Burgvögte der Mackenzies of Kintail, der späteren Earls of Seaforth, verteidigten die MacRea die Festung vor allen Angriffen.

Mitte des 16. Jh. kam es zu einer besonders heftigen Belagerung. Wie die Chronik berichtet, streckte Duncan MacRea mit seinem letzten Pfeil Donald Gorm MacDonald nieder, beraubte die Angreifer damit ihres Anführers und verhinderte mit dem treffsicheren Schuss wahrscheinlich die Eroberung der Burg. 1719 nahmen spanische Truppen zur Unterstützung der schottischen Sache Quartier in der Festung. Die Engländer schickten daraufhin drei Fregatten in die Meeresbucht und nahmen Eilean Donan Castle unter Feuer.

Fast 200 Jahre war die Ruine den zerstörerischen Einflüssen von Wind und Wetter ausgesetzt, dann restaurierte ein Nachfahre der MacRaes 1912 bis 1932 das Tower House und sorgte auch für den Bau der Brücke.

Kyle of Lochalsh ▶ B 5

Der 1500-Seelen-Ort liegt an der Meerenge (Kyle) zur Hebriden-Insel Skye. Seit 1995 können die Besucher den schmalen Sund auf einer Brücke überqueren. Die Fähre hat somit ausgedient und dadurch stauen sich während der Saison auch nicht mehr die Autos im Ort.

Lieblingsort

Eilean Donan Castle ▶ B 5
Eine schönere Burgkulisse gibt es schwerlich in ganz Europa! Vor einem grandiosen Wasser – und Bergpanorama aufragend, fügt sich die kleine Festung wie gemalt in die Landschaftsszenerie ein. Die stetig wechselnden Wolkenformationen und damit das sich schnell ändernde Licht tauchen Eilean Donan Castle immer wieder in neue Farbfacetten ein, die von lieblich bis beängstigend changieren können.

Die Western Highlands und die Isle of Skye

Übernachten

Gateway to Skye – **Kyle Hotel**: Main St., Tel. 01599 53 42 04, www.kylehotel.co.uk, DZ ab 70 £. Im Ortszentrum, ordentliche Zimmer en suite, umfassend renoviert, mit angschlossenem Pub-Restaurant.

B & B – **Clais an Torrain**: Church Rd., Tel. 01599 53 02 05, DZ 55 £. 2 heimelige Zimmer ensuite.

Weitere B & B an der Straße nach Plockton.

Benannt nach einem Keltenhelden – **Independent Backpacker's Hostel Cuchulainn's**: Kyle of Lochalsh, Station Rd., Tel. 01599 53 44 92, 12 Betten.

Essen & Trinken

Seafood in Kyle – **Seagreen Restaurant**: Pockton Rd., Tel. 01599 53 43 88, 20–30 £, und **The Seafood Restaurant**: Railway Building, Tel. 01599 53 48 13, 20–30 £. Zwei gute Meeresfrüchte-Lokale, deren Konkurrenz untereinander die Köche beflügelt.

Aktiv & Kreativ

Seehund-Watching – **Calum's Plockton Seal Trip**: Plockton, Tel. 01599 54 43 06, www.calums-sealtrips.com. Bootsfahrten zu den Seehundkolonien an der Küste, Start in Plockton, rd. 9 km von Kyle entfernt.

Glasbodenboot – **Seaprobe Atlantis**: Tel. 0800 98 04 864, www.seaprobeatlantis.com. Das Glasbodenboot legt von Ostern bis September am Pier von Kyle ab, angeboten werden Fahrten zu Wracks, Lachsfarmen und Seehundkolonien. Mit etwas Glück schwimmen Tümmler unter dem Boot durch; Buchungen auch über die Tourist Information von Kyle.

Mein Tipp

Sandwich mit guter Aussicht
Anstatt im Visitor Centre von Eilean Donan Castle ein pappiges Sandwich zu essen, sollte man zum 2 km entfernten Weiler Dornie fahren und dort im Pub des Dornie Hotels (Tel. 01599 55 52 05) frische Seafood Snacks zum Lunch einnehmen.
Kurz vor Dornie zweigt rechts eine schmale Straße ab, die bergaufwärts führt. Nach wenigen Minuten Fahrt hat man von einem hoch gelegenen Aussichtspunkt eine hervorragende Fotoperspektive auf Eilean Donan Castle.

Infos

Tourist Information: Am Car Park, Tel. 01599 53 42 76.
www.lochalsh.co.uk: Gut gemachte Seite mit einer Fülle an Informationen über die Region, Sehenswürdigkeiten, Aktivitäten ... Diese Seite macht Lust auf Kyle!
Bahn: am Hafen, Zug von Inverness.
Bus: am Hafen, Citylink-Verbindung.

Isle of Skye! ▶ A 4/5

Die Insel Skye – der gälische Name bedeutet ›geflügelte Insel‹ – ist 80 km lang und zwischen 5 und 35 km breit. Arbeitsstellen gibt es hier nur wenige: Wer von den 8000 Bewohnern nicht als Farmer (*crofter*) oder Fischer seinen Lebensunterhalt verdient oder saisonal im Tourismussektor Arbeit gefunden hat, dem bleibt nur die Abwanderung aufs Festland.

Isle of Skye

Geschichte

Die ältesten Besiedlungsspuren weisen in das 3. Jt. v. Chr. zurück, um 1000 v. Chr. erreichten die Kelten die Insel. Im 8. Jh. setzten sich die Wikinger fest, deren Macht erst 1263 in der Schlacht von Largs gebrochen werden konnte. In den folgenden Jahrhunderten lagen die lokalen Clans in dauernder Fehde miteinander, den schottischen Königen gelang es immer nur kurze Zeit, die Lords of the Isles zu disziplinieren. Erst im 18. Jh. trat langsam Ruhe ein, in den folgenden Jahrzehnten wurden mit behördlicher Unterstützung die Böden kultiviert, die Schafzucht und die Fischerei intensiviert sowie eine kleine Kelp-Industrie aufgebaut. Während des 18. Jh. war entlang der schottischen Küsten die Kelp-Brennerei von großer wirtschaftlicher Bedeutung und diente der Glasherstellung.

Anfang des 19. Jh. öffnete ein erster Laden seine Pforten im Örtchen Kyleakin. Seit 1932 führt die Forest Commission ein groß angelegtes Aufforstungsprogramm durch. Diese Kultivierungsbestrebungen sichern einige Arbeitsplätze. Seit einigen Jahren bringt aber vor allem der Tourismus Geld. Die Schönheit der Insel mit ihren schroffen Gebirgszügen, den tief ins Land reichenden Buchten und den hohen Klippen zieht Jahr für Jahr mehr Besucher an, vor allem Amateur-Geologen, Hobby-Ornithologen und viele Wanderer.

Inselrundfahrt

Für eine Rundfahrt auf der Isle of Skye muss man mindestens einen ganzen Tag ansetzen und morgens schon sehr früh aufbrechen. Besser jedoch ist es, die Insel in aller Ruhe während einer Fahrradtour kennenzulernen.

Von Kyleakin führt die Straße malerisch am Meer entlang und folgt dem

Seehunde an der schottischen Küste

Die Western Highlands und die Isle of Skye

Uferverlauf mehrerer tief ins Land eingeschnittener Buchten. Rechts und links blüht gelb der Ginster, man sieht die Erfolge der letzten Baumpflanzungen und hat gute Ausblicke auf zwei kleine, der Küste vorgelagerte Inseln. **Scalpay** ist unbewohnt, nach **Raasay** kann man vom Sconser-Pier übersetzen.

Portree ► A 5

Weiter nun geht es nun teils am Meer entlang, teils durch Hochmoorebenen, schließlich durch das Glen Varragill nach Portree, mit 1300 Einwohnern der größte Ort der Insel. In dem kleinen, natürlichen Hafen dümpeln die Fischerboote, und während der Saison flanieren Besucher scharenweise durch die wenigen Straßen, vorbei an den in kräftigen, bunten Farben gestrichenen Häuschen. Portree verfügt über eine gute touristische Infrastruktur, viele kleine Hotels mit Restaurants und Pubs, Food and Craft Shops sowie kleinen Coffee Houses.

Einkaufen

Für Warmduscher – **Skye Soap Company:** Somerled Square, handgemachte Seifen, ätherische Öle, Öko-Kosmetika, viele kleine Sachen, die dem Körper und der Haut gut tun.
Jenseits des Regenbogens – **Over the Rainbow:** Quay Brae, am Hafen. Schottische Textilien und Strickwaren, Harris Tweed Stoffe, Jackets aus Tweed, Pullover, Decken etc. aus Mohair und Cashmere, Accessoires wie Ledertaschen und viele nette Kleinigkeiten für das eigene Heim sowie Gold- und Silberarbeiten.
Aus der Wollmühle – **Skye Woollen Mill:** Dunvegan Rd., große Auswahl an

hochwertigen Strickwaren und viele Tartan Souvenirs.
Von der Töpferscheibe – **Carbostcroft Pottery:** Bayfield Rd., riesige Auswahl an handgetöpferten Artikeln, wie Obstschalen, Krüge, Teekannen, ganze Services, Butterschälchen, Zuckerdöschen etc.; neben der Talisker Distillery befindet sich ein weiteres Geschäft.

Trotternish-Halbinsel ► A 4

Von Portree führt eine einspurige Straße entlang der Küste nach Norden auf die Trotternish-Halbinsel. Bisweilen erkennt man *peat banks* im Hochmoor, Stellen, an denen Torfstecher ihr Brennmaterial für den Winter abgebaut haben. Rechts und links der Spur grasen Schafe. Es geht direkt auf den mächtigen, 719 m hohen Bergkegel The Storr zu, an dessen Hang die spitze Felsnadel **Old Man of Storr** 50 m in den Himmel ragt und oft von tief hängenden Wolken verdeckt ist.

Etwas weiter – entlang hoher Klippen – erreicht man den **Kilt Rock View Point**. An diesem fallen die Klippen senkrecht ins Meer, und aus einer Höhe von 100 m rauscht ein Wasserfall in die See.

Durch das Straßenörtchen Staffin nähert sich die Straße dem nördlichsten Punkt der Halbinsel. Viele weiße Häuschen liegen in der Landschaft verstreut; mit dem idyllischen Bild jedoch kontrastiert die harte, alltägliche Arbeit der hier lebenden *crofters*. Man passiert das unterhalb der Straße liegende **Flodigarry House** (heute ein Hotel), in dem die Nationalheldin Flora MacDonald (s. S. 211) 1751 bis 1756 mit ihrer Familie lebte.

Kilt Rock View Point

Auf Entdeckungstour

Die ›Black Houses‹ der Tagelöhner

Bei einer Schottland-Rundfahrt trifft man noch auf etliche der so genannten ›black houses‹, in denen früher die Bauern ein mehr als armseliges Leben führten. Im Museum of Island Life auf der Isle of Skye kann man einige ›black houses‹ besichtigen.

Reisekarte: ▶ A 4

Öffnungszeit: Ostern–Okt. Mo–Sa 9.30–17 Uhr

Eintritt: 2,50 £

Info: www.skyemuseum.co.uk

Auf ihrer Reise durch Schottland passierten Dr. Samuel Johnson – Englands bedeutendster Intellektueller des 18. Jh. – und sein späterer Biograph James ›Bozzy‹ Boswell an einem Augusttag des Jahres 1773 eine dunkle Kate. Johnson, interessiert an den Lebensumständen der Hochländer, stieg vom Pferd und betrat mit seinen Führern die Hütte.

Ein Augenzeugenbericht

»Es war ein armseliger Haufen Erde, und als Fenster diente nur ein kleines Loch, das mit einem Stück Torf ausgestopft worden war und das gelegentlich herausgenommen wurde, um Licht hereinzulassen. In der Mitte des Raumes – oder besser – jenes Flecks, auf dem wir standen, war ein Torffeuer. Der Rauch entwich durch ein Loch im Dach. Die alte Frau hatte einen Topf mit Ziegenfleisch auf dem Feuer. Am anderen Ende, aber unter einem Dach und nur durch eine mit Lehm beworfenes Flechtwerk getrennte Wand war eine Art Verschlag, und darin sahen wir einen Haufen Kinder.« Die beiden Reisenden waren entsetzt von dieser Unterkunft. Doch noch fast 200 Jahre lang fristeten Menschen unter solch unwürdigen Umständen ihr Leben.

Leben im ›black house‹

Black houses nennt man diese düsteren Cottages, deren ca. 1,80 m hohen Doppelwände aus unbehauenen Feldsteinen ohne Mörtel aufgeschichtet sind. Zwischen den beiden Mauern dient eine dicke Torfschicht zur Isolation. An den Ecken sind die Außenwände abgerundet, um dem Sturm wenig Widerstand entgegenzusetzen. Auf den inneren Mauern ruht das niedrige Strohdach, sorgfältig mit dicken Hanfseilen befestigt und mit Ankersteinen beschwert, damit auch hier

die Böen keinen Schaden anrichten können. An der Längsseite befindet sich der Eingang, gleichermaßen genutzt von Mensch und Vieh, die sich die Hütte teilten, voneinander getrennt nur durch eine halbhohe Flechtwand. Die Tiere spendeten in den kalten Wintermonaten Wärme und es musste weniger geheizt werden. Erst um 1830 begannen die *crofters*, feste Wände zwischen Stall- und Wohnbereich einzuziehen, und noch im Jahre 1947 lebten auf der Hebriden-Insel Lewis 40 % der Bewohner mit ihrem Vieh unter einem Dach.

Vieh: der kostbarste Besitz

In der Mitte des rechten Hausteils befand sich auf dem Steinboden ein offenes Torffeuer, das ein wenig Licht und Wärme spendete, die Hütte aber vor allem mit beißendem Rauch füllte, der seinen Weg nach draußen durch offene Löcher in den Giebelecken fand. Oft gab es auch direkt über der Feuerstelle ein Loch im Dach. Bis Mitte des 19. Jh. verteilten die Bauern das vom Torfrauch vollgesogene Stroh des Daches als Dünger auf ihren Feldern und deckten ihre Hütte dann neu. An der hinteren Längsseite schloss sich die Scheune – oder ein größerer Vorratsraum – an. Dort lagerten Hafer, Gerste, Brot und Butter.

Wenige Gegenstände nur nannten die Bewohner ihr eigen: Betten, einen Tisch, einige Stühle und eine Bank sowie die notwendigen Koch- und Backutensilien. Abends versammelte sich die Familie nah am Torffeuer und fuhr angstvoll auf, wenn jemand von trockenem Husten geschüttelt wurde. Tuberkulose war in den feuchtkalten Cottages eine der Haupttodesursachen. Man mag kaum glauben, dass auf der Hebriden-Insel Lewis noch bis 1975 ein *black house* bewohnt war.

Die Western Highlands und die Isle of Skye

Skye Museum of Island Life ▶ A 4
www.skyemuseum.co.uk, Ostern–Okt.
Mo–Sa 9.30–17 Uhr, 2,50 £
Nach Umrundung der felsigen Nord-spitze von Skye gelangt man zum Skye Museum of Island Life. Einige *black houses* stehen zur Besichtigung offen. Im Innern dokumentieren viele alte Fotos die Lebensumstände auf der Isle of Skye im 19. Jh (s. S. 222).

Nur wenige hundert Meter landein-wärts vom Museumsdorf befindet sich auf dem Friedhof von Kilmuir die letzte Ruhestätte von Flora MacDonald, der schottischen Hochlandheldin, die Bonnie Prince Charlie nach der verlorenen Schlacht von Culloden die Flucht vor den Engländern ermöglichte.

Die Straße führt weiter an der West-küste der Trotternish-Halbinsel nach Süden, und weit schweift der Blick über die große Bucht Loch Snizort. Vom Hafenörtchen Uig verkehren Fähren auf die Äußeren Hebriden-Inseln North Uist und Harris. Wenige Kilometer weiter liegt der Weiler **Kingsburgh**, in dem Flora MacDonald von 1756 bis zur Auswanderung nach North Carolina 1774 mit ihrem Ehemann und sieben Kindern lebte.

Waternish-Halbinsel ▶ A 4

Auf der Waternish-Halbinsel thront 2 km nördlich von Dunvegan das Dunvegan Castle auf einem Felsen direkt am Meer.

Dunvegan Castle ▶ A 5
www.dunvegancastle.com, Mitte März–Okt. tgl. 10–17.30, Mitte Okt.–Mitte März tgl. 11–16 Uhr, 7,50 £
Dunvegan Castle ist seit 700 Jahren der Stammsitz des MacLeod-Clans. Die Art und Weise, wie sich die einstige Festung heute präsentiert, geht dies

auf umfangreiche Umbauten im Jahr 1840 zurück.

Das Schloss bietet dem Besucher in seinen Räumen altes Mobiliar, die umfangreiche Ahnengalerie der Clanchefs, eine Bibliothek und alte Wandgobelins. Der wichtigste Schatz des Hauses ist allerdings die schon arg verschlissene mythenbesetzte Fairy Flag, die von Elfen gewebt und den MacLeods zu ihrem Schutz übereignet worden sein soll. Historiker gehen davon aus, dass das Stück zwischen dem 4. und 6. Jh. im Orient hergestellt wurde und die Standarte des norwegischen Herrschers Harald III. war, der 1066 in Nordengland während einer Schlacht zu Tode kam. Auf verschlungenen Umwegen kam die so genannte Fairy Flag dann in den Besitz der Mac-Leods. Weitere kuriose Memorabilien sind eine Haarlocke von Bonnie Prince Charlie und das Korsett von Flora MacDonald.

Hobbygärtner werden einen längeren Besuch in dem umgebenden, im Sommer prachtvoll blühenden Park nicht auslassen.

Vorbei an den wenigen Häusern des Weilers Dunvegan sowie am **Giant Angus MacAskill Museum** (*April–Okt. tgl. 9.30–18.30 Uhr, 1,50 £*), das den 1863 gestorbenen, mit 2,36 m größten Mann der Welt würdigt, biegt man etwa 2 km hinter dem Örtchen in die A 884 ein, die nordwärts zum Dunvegan Head führt.

Piping Heritage Centre ▶ A 4
Sommer 10–18, Winter 10–16 Uhr, 2 £
Im Weiler Boreraig informiert das MacCrimmon Piping Heritage Centre über den Dudelsack. Zwischen dem 16. und dem 18. Jh. befand sich hier eine Piping School, die weit über die Grenzen von Skye bekannt war und vortreffliche Meister hervorbrachte. Sie-

Isle of Skye

ben Jahre dauerte die Ausbildung, und 300 Melodien gehörten zum Standardrepertoire eines Absolventen der Schule.

Colbost Folk Museum ▶ A 5
April–Okt. tgl. 10–18.30 Uhr, 2 £
Auf dem Rückweg kann man sich im Calbost Folk Museum (10–18.30 Uhr) über die Alltags- und Lebensumstände der Insulaner informieren.

Talisker Destillery ▶ A 5
Ostern–Okt. Mo–Fr 9.30–17 Uhr, 5 £
Weiter gen Süden ist bald Drynoch erreicht. Man sollte hier Richtung Westen nach Talisker abbiegen und der einzigen Malt Whisky Distillery von Skye einen Besuch abstatten.

Die Hauptroute führt über Sligachan zurück nach Kyleakin. Im Weiler Skulamus zweigt die A 851 nach Süden Richtung Armadale ab. Das ob seiner Präsentation der Exponate mehrfach preisgekrönte, im Armadale Castle eingerichtete **Clan MacDonald Centre** (*www.clandonald.com, April–Okt. tgl. 9.30–17.30, Nov.–März Mo–Fr 11 . 15 Uhr, 5,60 £*) informiert über die Lords of the Isle. Vom Armadale Pier verkehrt mehrmals täglich eine Autofähre nach Mallaig.

Wanderungen

Alpinisten werden sicher die beiden höchsten Gipfel von Skye in den Cuillins Mountains bezwingen wollen. Dies ist einmal der 986 m hohe Inaccessible Pinnaccle, der nicht so unzugänglich ist, wie sein Name vermuten lässt, und zum anderen der Sgurr Alasdair, mit 993 m das höchste Felsmassiv der Insel. Ausgangspunkt für die Touren ist **Sligachan** mit dem guten Sligachan Hotel.

Sprachkurse

Wer Gälisch lernen möchte, der findet dafür im Süden der Isle of Skye, in **Sleat**, die besten Voraussetzungen. Das Sprachcollege Sabhal Mor Ostaig (Tel. 01471 88 82 40, www.smo. uhi.ac.uk) ist mehrfach ausgezeichnet worden und bietet in den Sommermonaten 5-Tages-Kurse für Anfänger (Fun with Gaelic for Complete Beginners) und Fortgeschrittene an. Die Klassen sind auf 12 Schüler begrenzt, die aus der ganzen Welt kommen. Es werden auch regelmäßig in Zusammenarbeit mit dem Deutschen Zentrum für Gälische Sprache und Kultur (www.schottisch-gaelisch.de) Sprachkurse speziell für Deutsche angeboten, Unterkünfte können vermittelt werden.

Übernachten

Wo Flora MacDonald lebte – **Flodigarry House Hotel**: bei Staffin, Tel. 01470 55 22 03, www.flodigarry.co.uk, DZ ab 120 £. Geschichtsbeladenes Haus, denn hier wohnte einst Flora MacDonald, 11 geschmackvoll eingerichtete Zimmer im Haupthaus, 7 im Flora MacDonald Cottage, alle en suite.
Wo früher Fischer schliefen – **Rosedale Hotel**: Beaumont Crescent, Portree, Tel. 01478 61 31 31, www.rosedaleho telskye.co.uk, DZ ab 100 £. Einst drei Fischercottages, heute miteinander verbunden und zu einem feinen Hotel umgebaut, das oberhalb des Hafens gelegen ist, 19 gemütlich eingerichtete Zimmer en suite, die keine Wünsche offenlassen.
Gute Ausblicke – **Glenview Hotel**: Cu-

The Storr, Trotternish-Halbinsel ▶

Die Western Highlands und die Isle of Skye

nacnoc, bei Staffin, Tel. 01470 56 22 48, www.glenviewskye.co.uk, DZ ab 90 £. Kleines, geschmackvoll restauriertes und familiengeführtes Inselhotel mit 5 Zimmern en suite auf der Trotternish-Halbinsel.

Ausgangspunkt für Wanderer – **Sligachan Hotel**: Sligachan, Tel. 01478 65 02 04, www.sligachan.co.uk, DZ ab 80 £. 21 moderne Zimmer.

Gutes Preis-Leistungs-Verhältnis – **The Tables Hotel: Dunvegan**: Tel. 01470 52 14 04, www.tableshotel.co.uk, DZ ab 72 £. Kleines Hotel mit 4 Zimmern en suite in einem über 100 Jahre alten Haus im Zentrum von Dunvegan.

Bei Gill und David Cudworth – **Ben Tianavaig**: 5 Bosville Terrace, Portree, Tel. 01478 61 21 52, www.bentianavaig. co.uk, DZ ab 60 £. Von allen vier Räumen (en suite) in dem 160 Jahre alten Haus hat man einen guten Blick über den Hafen von Portree und auf die Cuillin Mountains.

Preiswert übernachten – **Independent Backpacker's Hostel Portree**: Portree, Old Post Office, Tel. 01478 61 37 37. 24 Betten.

Unweit von Portree – **Torvaig Caravan & Camping Site**: Portree, 1,5 km nördlich von Portree an der A 855, Tel. 01478 61 18 49.

Essen & Trinken

Tafeln unter drei Kaminen – **Three Chimneys**: Colbost bei Dunvegan, Tel. 01470 51 12 58, Mehr-Gänge-Menü bis 40 £. Exzellentes Lokal, Seafood und Lammgerichte, große Weinkarte, hier tafelt man exzellent, umgeben von landschaftlichen Highlights in natürlicher und völlig einsamer Umgebung.

Ganz frisch – **Coruisk House**: Elgol, Tel. 01471 86 63 30, www.seafood.skye. co.uk, bis 27 £. In einem restaurierten Crofter Cottage, das bis 1997 unbe-

wohnt war und in Ruinen lag. Das kleine Seafood-Lokal wird von den Fischern des Örtchens Elgol täglich mit frischem Fang versorgt, der Hummer ist 40 Minuten nach der Anlandung auf dem Teller.

Speisen mit Meerblick – **Creeler's Seafood Restaurant**: Broadford, am südlichen Ortsausgang nahe der A 87, Tel. 01471 82 22 81, Hauptgerichte zwischen 10 und 17 £. Gutes Seafood Restaurant mit einem hervorragenden Preis- Leistungs-Verhältnis.

Einfach – **Gandhi**: Bayfield Rd., Portree, 7–10 £. Preiswerte indische Küche.

Aktiv & Kreativ

Survival Training – **Raasay Outdoor Centre:** Auf der Insel Raasay, Tel. 01478 66 02 66, www.raasayoutdoorcentre. co.uk. Hier kann man begleitete Touren buchen: Bergklettern und Abseilen, Kayak- und Kanadier-Kanutouren, Segeln und Wanderexkursionen.

Seekayak – **Skyak Adventures:** 13 Camuscross, Tel 01471 83 34 28, www.sky akadventures.com. Mit dem Kayak kann man Küstenabschnitte erreichen, zu denen keine Straßen führen.

Fahrrad – **Skye Bikes:** Tel. 01599 53 47 95. Wer die Inselrundfahrt mit dem Fahrrad unternehmen möchte, der kann direkt hinter der Brücke in Kyleakin Fahrräder am Pieranleger mieten.

Bootsfahrten – **Skye Boat Trips:** Tel. 01478 61 24 29, www.skyeboat-trips. co.uk. Mehrstündige Fahrten sowie Halbtages- und Tagestrips vom Hafen in Portree mit der MV Stardust, bspw. zur unbewohnten Insel Rona und in den Sund des größeren Eilandes Raasay.

Kunst, Tanz, Musik – **Sabhal Mòr Ostaig:** Sleat, Tel. 01471 88 8240, www.smo.uhi.ac.uk. 5-Tages-Kurse: Dudelsack, Flöte, Geige, traditionelle

Isle of Skye

Neist Point auf der Halbinsel Duirinish

Tänze, Gälische Lieder, Fotografie, Musikinstrumente selber bauen etc.

Abends & Nachts

Direkt am Hafen – **Pier Hotel:** Der Pub des Hotels direkt am Hafen von Portree ist traditionell die Kneipe der Skye-Fischer.

Auch mal Live Music – **The Isles Inn:** Somerled Square. Hier werden gute Bar Meals serviert, an kalten Tagen hat das Lokal ein knisterndes Feuer im Kamin und bietet während der Saison auch Live Music für seine Gäste.

Infos & Termine

Tourist Information: In Broadford am Car Park (Tel. 01471 82 23 61), in Portree im Bayfield House (Tel. 01478 61 21 37) und in Uig am Ferryterminal (Tel. 01470 54 24 04).
www.skye.co.uk: Diese Website bietet dem Besucher eine Fülle an Hinweisen zur Region.
August: Highland Games.
Bus: Verbindung nach Portree und Uig mit Citylink-Bussen über Kyle of Lochalsh; der Postbus verkehrt zwischen Elgol und Broadford, Glendale und Dunvegan, Gillen und Dunvegan.

Das Beste auf einen Blick

Die Northwestern Highlands

Highlights!

Ullapool: Das Ende des 18. Jh. für den Fischfang planvoll angelegte Ullapool ist bis heute mit seinen 800 Einwohnern ein ökonomisch wichtiges Dörfchen. Es hat seinen Charme bewahrt und bietet dem Besucher viele Outdoor-Aktivitäten in der näheren Umgebung. S. 237

Dunrobin Castle: Das prachtvolle Schloss mit unzähligen Zinnen und Türmchen ist hoch über dem Meer gelegen und berichtet über die Dynastie der Sutherlands, eine der größten Großgrundbesitzerfamilien Schottlands. S. 254

Auf Entdeckungstour

Inverewe Gardens: Man mag es kaum glauben, aber im hohen Norden Schottlands unmittelbar am sturmumtosten Meer gelegen, gibt es einen blühenden Landschaftspark, und das auf einem Breitengrad, der auch durch Sibirien verläuft. S. 234

Vogelinsel Handa: Der Steinsplitter im Meer steht unter Naturschutz und ist eines der populationsreichsten Vogelschutzgebiete in Schottland. Eine kurze Seefahrt dorthin und ein Spaziergang über das Eiland werden Vogelliebhaber begeistern. S. 240

Kultur & Sehenswertes

Gairloch Heritage Museum: Das preisgekrönte Museum unternimmt beträchtliche Anstrengungen, um das kulturelle Erbe der Region zu erhalten und Bewohnern wie Besuchern zugänglich zu machen. S. 233

Aktiv & Kreativ

Ausflug zu unbewohnten Inseln: Vom Hafen von Ullapool kann man Bootsausflüge zu den unbewohnten Summer Isles unternehmen und dabei Robbenkolonien, mit Glück auch Delphine, Tümmler und die ganze Palette von Seevögeln beobachten. S. 239

Genießen & Atmosphäre

Summer Isles Hotel: Weitab von der Hauptstraße liegt im einsamen Weiler Achiltibue ein freundliches Hotel mit einem exzellenten Restaurant. Das hätte man dort nicht erwartet! S. 243

Abends & Nachts

Gemütlicher Pub: In der ehemaligen Postkutschenstation Old Inn in Charlestown sitzt man abends gemütlich am Kamin und kann mit den Locals ins Gespräch kommen. S. 237

Beliebteste Pubs: Der Fischer-Pub Ferryboat Inn, in Ullapool nur kurz FBI genant, und die Kneipe vom Hotel Ceilidh Place sind die beiden beliebtesten Zapfstellen für ein abendliches Lager oder Bitter. S. 239, 237

Die Northwestern Highlands

Diese Route führt den Besucher einmal komplett um den hohen schottischen Norden herum, entlang der rauen, schärenzerfurchten West-, der stürmischen Nord- und der vergleichsweise harmlosen Ostküste. Das 800-Seelen-Dorf Ullapool ist eine wichtige Hafenbasis für die Fischtrawler, dem Besucher bietet es eine vollständige touristische Infrastruktur und macht es zu einem guten Standquartier für die Erkundung der Umgebung.

Nicht nur Ornithologen werden sich auf die unbewohnte Insel Handa übersetzen lassen, eines der größten Refugien vieler Seevögel. Dunrobin Castle zeigt die ganze Pracht des schottischen Landadels, und das Timespan Heritage Museum in Helmsdale erklärt, wie es früher im nördlichen Hochland zuging – da wurden die Kinder an Pflöcke gebunden, damit der Wind sie nicht über die Klippen wehte!

Kyle of Lochalsh

Von Kyle of Lochalsh führt die Passstraße am tief ins Land reichenden und landschaftlich sehr reizvollen Loch Carron vorbei zum Örtchen Lochcarron. Durch den sympathisch wirkenden Weiler mit seinen weißen, entlang der Uferfront aneinander gereihten Häusern geht es weiter über Ardarroch nach Tornapress. Bei klarem Wetter sollte man hier in die einspurige Straße Richtung Applecross einbiegen (ausgeschildert, nicht geeignet für Gespanne und Wohnmobile).

Bealach-na Bo ▶ B 5

An den Hängen des Meal Gorm steigt die Passstraße Bealach-na Bo (Rinderpfad) bis auf eine Höhe von 626 m hinauf – von dort oben genießt man prachtvolle Ausblicke auf die Isle of Skye sowie die im Mai noch immer Schneekappen tragenden Bergmassive der Northwestern Highlands. Dies ist eine der grandiosesten Passstraßen in Schottland. Über das kaum 150 Einwohner zählende Applecross mit schönem Sandstrand und dem gemütlichen Pub Applecross Inn fährt man weiter und trifft kurz vor Shieldaig wieder auf die Hauptroute (A 896).

Shieldaig und Glen Torridon ▶ B 4

Shieldaig, nur eine Ansammlung von wenigen Häusern, aber recht romantisch an der gleichnamigen Bucht gelegen, ist von hohen Bergen umgeben. Den Ortsmittelpunkt markiert das gemütliche Tigh-an-Eilean-Hotel (Tel. 01520 75 52 51, DZ 90 £) mit seinem guten Seafood-Restaurant.

Torridon Country Centre
www.nts.org.uk, Ostern–Sept. tgl. 10–17 Uhr, 3 £

Infobox

Internet
Informationen im Internet unter **www.visithighlands.com**, **www.skye.co.uk** und **www.isleofskye.com**.

Rundreise und Verkehr
Von Kyle of Lochalsh an der Nordwestküste hoch, die Nordküste entlang und die Nordostküste hinunter bis nach Inverness. Größere Streckenabschnitte, vor allem an der Nordküste, können nur auf *Single Track Roads* mit *Passing Places* befahren werden.

Im Weiler Torridon (kleines Hotel mit Pub und Restaurant, mehrere Bed & Breakfast-Unterkünfte, Jugendherberge, Tel. 01445 79 12 84) informiert das Torridon Country Centre über den Lebensraum des heimischen Rotwilds.

Die Route führt weiter durch das enge Glen Torridon und entlang eines kleinen Baches. Im Norden erkennt man die beiden rötlich schimmernden Sandsteinmassive der Berge Liathach (1054 m) und Beinn Eighe (1010 m), die vor 750 Mio. Jahren durch Verwerfungen der Erdkruste aufgefaltet wurden.

Kinlochewe ▶ B 4

Rund um Kinlochewe erstreckt sich das **Beinn Eighe National Nature Reserve**, das älteste Großbritanniens und 1951 eingerichtet. Man kann hier auf Naturlehrpfaden ein weites Gebiet durchwandern, und das Visitor Centre (April–Sept. tgl. 10–17 Uhr), 1,5 km nördlich von Kinlochewe informiert umfassend über die Region, Tel. 01445 76 02 54.

Loch Maree ▶ B 4

Die gut ausgebaute A 832 führt am Ufer des malerischen Loch Maree entlang, der von steil aufragenden, fast 1000 m hohen Bergen eingerahmt ist. Im Frühjahr rauschen Schmelzwasserbäche die Hänge hinunter in den See.

In Talladale kann man im Loch Maree Hotel (Tel. 01445 76 02 88) eine Lunchpause machen, übernachten oder auch Ruderboote mieten. All dieses tat im 19. Jh. auch schon die hochlandvernarrte Königin Viktoria. Die Straße windet sich nun in luftige Höhen, so dass man gute Ausblicke auf die bewaldeten Inseln im Loch Maree hat. Schilder weisen den Weg zu den Victoria Falls, die ihren Namen der britischen Königin verdanken.

Gairloch ▶ B 4

Die weiteren 10 km führen durch einen dichten, mit knorrigen alten Bäumen bestandenen Wald. Am Hafen von Gairloch, der Charlestown heißt, erblickt man wieder das Meer, und 2 km weiter ist das Ortszentrum von Gairloch erreicht.

Der beschauliche Ferienort, der in seiner näheren Umgebung schöne Sandstrände besitzt, umrahmt hübsch die Gestade der gleichnamigen Bucht.

Gairloch Heritage Museum
April–Sept. Mo–Sa 10–17, Nov.–März Mo–Fr 10–13.30 Uhr, 3 £
Im preisgekrönten Gairloch Heritage Museum können Besucher die Lokalgeschichte des 19. Jh. nachvollziehen; Attraktion der Ausstellung sind die geschliffenen Prismengläser eines Leuchtturms, aber auch die Ausstattung eines Krämerladens oder das Mobiliar einer ehemaligen Schule sind hier sehenswert.

Wanderungen

Gairloch eignet sich mit seiner relativ guten touristischen Infrastruktur für Bergwanderer, die in den Torridon Hills die Gipfel besteigen möchten. Auskünfte dazu bekommt man von der Tourist Information.

Weniger ambitionierte Wanderer können einen schönen Spaziergang vom Parkplatz am Nordufer des Flowerdale River durch ein geschütztes baumbestandenes Tal in einsamer Natur machen und dabei Adler durch die Lüfte kreisen sehen; die Tourist Information erklärt die genaue Anfahrt.

Auf Entdeckungstour

Inverewe Gardens – blühendes Paradies im hohen Norden

Kaum zu glauben, dass es hier auf der Höhe von Sibirien einen Garten mit subtropischen Pflanzen gibt, der vom Frühling bis zum Herbst in schönster Blütenpracht steht.

Reisekarte: ▶ B 4

Tipp: Man kann den Garten an mehreren Stellen verlassen und in die freie Natur wandern. Auf dem Pinewood Trail und dem Kernsery Path kann man Zugvögel beobachten.

Anfahrt: Hinter dem Örtchen Poolewe an der A 832.

Öffnungszeiten: Mitte März–Okt. tgl. 9.30–20 Uhr, Nov.–März tgl. 10–15 Uhr

Info: www.nts.org.uk

Eintritt: 8 £

Beim Dorf Poolewe pflegt heute der National Trust for Scotland die Inverewe Gardens, Schottlands bekanntesten Landschaftspark. Die 20 ha große Anlage wurde Mitte des 19. Jh. von Osgood Mackenzie angelegt, dem jüngeren Sohn des Lord of Gairloch. Osgood bekam zwar nicht den Titel, erbte aber genug, um sich unmittelbar am Loch Ewe ein Gebiet zu kaufen, das in gälisch Am Ploc Ard genannt wurde, der ›hohe Klumpen‹. Hier wollte der ehrgeizige Gärtner den Beweis für Schottlands fruchtbare Scholle erbringen, was angesichts der salzdurchtränkten Böden und der im Winter orkanartigen daherkommenden Stürme eigentlich ein aussichtsloses Unterfangen war. Der einzige Pluspunkt in Osgoods Vorhaben war, dass die Ausläufer des Golfstroms fehlende Winterfröste weitgehend garantierten.

Wie alles entstand

Der begeisterte Hortikulist ließ Mutterboden in Körben aus Irland herbeischaffen, der als Ballast für die Handelsschiffe diente. Um einen Schutzwall vor den Winterstürmen zu schaffen, pflanzte er Tausende von Kaledonischen und Skandinavischen Kiefern sowie Korsischen Pinien und legte im Zentrum seines Areals einen großen Walled Garden an, einen noch stärker geschützten, mauerumwallten Garten. Um die Jahrhundertwende war aus Am Ploc Ard mit den einst unfruchtbaren Böden mittlerweile Inverewe Garden, wahrlich ein ›Park Eden‹ gewachsen. Als Osgood 1922 starb, übernahm seine Tochter Mary den Landschaftsgarten und setzte seine Arbeit unermüdlich fort. Ein Jahr vor Marys Tod im Jahre 1952 übereignete sie die Anlage dem National Trust for Scotland, der sich seither um den Garten kümmert und immer neue Themenbeete anlegt.

Pflanzen aus der ganzen Welt

Kamen in den 1950er- und 60er-Jahren jährlich rund 3000 Besucher, so hat sich ihre Zahl heute auf über 200 000 erhöht. An sommerlich schönen Tagen kann der riesige Parkplatz nicht immer die Autos der Besucher aufnehmen. Ist man dann aber erst einmal auf dem Areal, so verlaufen sich die Massen recht schnell. Neben dem Walled Garden gibt es viele weitere Themenbeete, wie das Bambooselem, ein Bambuswald am höchsten Punkt des Parks, einen Felsen-Teich, ein Feuchttal und einen amerikanischen Garten, der einen Großteil der Flora Nordamerikas umfasst. Rund ein Dutzend weitere unterschiedliche Blumenanlagen verdeutlichen den pflanzlichen Reichtum von Inverewe Gardens.

Das ganze Gelände ist durch ein labyrinthisches Wegesystem mit sich dahinschlängelnden Pfaden gut erschlossen. Der Besucher kommt aus dem Staunen nicht mehr heraus, wenn er an Eukalyptusbäumen, Rhododendron-Hecken, riesigen Vergissmeinnicht aus dem Südpazifik, an Pflanzen und Bäumen aus China, Chile, Tasmanien und der Himalaya-Region vorbei spaziert. Ambitionierte Pflanzenfreunde können sich ohne einen Anflug von Langeweile den ganzen Tag hier aufhalten und entdecken immer wieder Neues.

Für den, der nicht selbst gärtnert und auf sachkundige Informationen angewiesen ist, gibt es mehrmals täglich Führungen. In einem Visitor Centre werden Besucher mit der Geschichte des Gartens vertraut gemacht. Man kann Samen und Pflanzen für den eigenen Garten und andere Souvenirs erstehen und findet dazu noch einen gut sortierten Buchladen. Ein Café und Restaurant komplettieren die touristische Infrastruktur.

Die Northwestern Highlands

Übernachten

Schlafen und tafeln in einer Kutschstation – **The Old Inn**: Tel. 01445 71 20 06, www.theoldinn.co.uk, DZ ab 89 £. In Charlestown, dem Hafen von Gairloch, sympathische alte Kutschstation aus dem 18. Jh. mit Zimmern im Countryside-Stil, teilweise mit Himmelbetten, alle en suite, gutes Restaurant mit frischem Seafood.

Wohnen unterm Myrtezweig – **Myrtle Bank Hotel**: Tel. 01445 71 20 04, www.myrtlebankhotel.co.uk, DZ ab 82 £. Kleines familiengeführtes Hotel mit 12 Zimmern en suite und einem guten Restaurant, das sich in den letzten Jahren viel Reputation erworben hat, gute Ausblicke auf die See.

Auch für Selbstversorger – **Millcroft Hotel**: Tel. 01445 71 23 76, www.millcroft.hotel.co.uk, DZ ab 78 £. Familiengeführtes Hotel, alle Zimmer en suite sowie drei kleine Apartments für Selbstversorger, die einen seperaten Eingang haben und räumlich von den Hotelzimmern getrennt sind, hoch gelegen und daher mit schönem Meerblick.

Für Grüne – **Kerrysdale House**: Tel. 01445 71 22 92, www.kerrysdalehouse.co.uk, DZ ab 40 £. 3 geschmackvolle und atmosphärisch dichte Zimmer en suite in einem alten Farmhaus von 1793 umgeben von einem blühenden Garten. Mrs Marie Macrae fühlt sich der Green Tourism Policy verpflichtet, die nur recycelte, lokale organische sowie fair gehandelte Produkte favorisiert.

Was Camper brauchen – **Sands Holiday Centre**: von Gairloch über die B 8021 nach Nordwesten, Tel. 01445 71 21 52, www.sandsholidaycentre.co.uk.

Essen & Trinken

Fangfrisch vom Kutter – **The Treasure Chest**: Charlestown, direkt am Pier gelegen, Tel. 01445 71 25 00, 9–30 £. Scottish Seafood Restaurant, Hummer, Muscheln, Langusten, Krabben.

Gut und preiswert – **Steading Restaurant**: Kleines Lokal am Heritage Centre, Tel. 01445 71 24 49, 8–12 £.

Aktiv & Kreativ

Delphine und Wale – **Marine Life Centre & Cruises**: Pier Rd., Charlestown, Tel. 01445 71 26 36, www.porpoise-gairloch.co.uk. Von Ostern bis September mit der MV Starquest Bootstouren, auf denen man Tümmler, Delphine und Mink-Wale zu Gesicht bekommen kann.

Pony Trekking – **Pony Trekking Centre**: Flowerdale Mains, Tel. 01445 71 26 53, www.gairlochtrekkingcentre.co.uk. Besonders mit Kindern wird sich si-

---

Atemberaubend

Hinter den Gärten von Inverewe Gardens verläuft die Strecke hoch über der Bucht Loch Ewe, und an mehreren Punkten genießt man spektakuläre Ausblicke. Hinter dem Ort Dundonnell entfernt sich die Straße von der Küste, lichte Wäldchen säumen die Straßenränder. Parallel fließt der Dundonnell River, der hier mehrere hundert Meter lang schäumend über Kaskaden sprudelt. Kurz bevor die A 832 in die nach Norden Richtung Ullapool führende A 835 mündet, hat man von einem Aussichtspunkt einen phantastischen Blick in das Tal von Strath More.

cherlich ein Ausritt durch die einsame Natur lohnen.

Abends & Nachts

Hummer und Krabben – **The Old Inn**: Charlestown, am Hafen von Gairloch, vom Ortszentrum ca. 2 km nach Süden, Tel. 01445 71 20 06. Gemütliche Kneipe mit Seafood Bar Meals, beliebtester Pub des Örtchens.

Infos

Tourist Information: neben dem Heritage Centre, Tel. 01445 71 21 30.
www.gairloch.com: Die Website informiert über Unterkünfte, lokale Attraktionen und bietet Links zu weiteren Seiten mit Inhalten über Gairloch und die Region.

Falls of Measach ▶ C 4

Etwa 1 km nachdem die A 832 in die A 835 (Richtung Ullapool) mündet, passiert man die Falls of Measach mit der Corrieshalloch Gorge. Wenige Minuten Fußweg führen vom Parkplatz zu einer Aussichtsplattform, von der man die 45 m hohen Fälle gut fotografieren kann. Eine kleine Hängebrücke, die allerdings nicht mehr als sechs Personen gleichzeitig trägt, überspannt ein wenig weiter direkt oberhalb der Absturzkante den Fluss und gewährt einen guten Blick in die schmale, 1,5 km lange und 60 m tief in den Felsen eingeschnittene Schlucht.

Ullapool ! ▶ C 3

Ullapool – 1788 von der Fisheries Association zur Intensivierung des Herings-

fangs gegründet und heute ein wichtiger Fischerei- und Fährhafen – ist mit knapp 1000 Einwohnern der Hauptort an der Nordwestküste. Von April bis Oktober verkehrt dreimal täglich (sonntags keine Überfahrt) die Autofähre zur Äußeren Hebriden-Insel Lewis.

Die Fischer von Ullapool landen pro Jahr fast 100 000 t Fisch an, entsprechend geschäftig geht es im Hafen zu. Dank der vielen Besucher verfügt das Städtchen auch über eine vollständige touristische Infrastruktur. Entlang der sympathisch wirkenden Uferfront mit den weißen Häusern findet man Restaurants, Hotels und zahlreiche Craft Shops.

Ullapool Museum
www.ullapoolmuseum.co.uk, Ostern–Okt. Mo–Sa 10–17 Uhr, 3 £
In der West Argyle Street präsentiert ein kleines Museum in einer säkularisierten Kirche mittels vieler Fotos und Exponate Interessantes über die einstigen Fischer und Bauern – ihren Alltag, ihren religiösen Glauben und die Emigration während der *Land Clearences*.

Auf den Beinn Dearg ▶ C 4

Der Weiler Inverlael, 12 km südlich am landeinwärtigen Ende des Loch Broom gelegen, ist Ausgangspunkt für eine Bergwanderung auf den 1084 m hohen Beinn Dearg. In der Tourist Information kann man Wanderkarten der Region und Wanderführer kaufen.

Übernachten

Alles unter einem Dach – **The Ceilidh Place**: 14 West Argyle St., Tel. 01854 61 21 03, www.ceilidh place.com, DZ ab 120 £. Hotel, Pub, Café, Restaurant (re-

Die Northwestern Highlands

Im Hafen von Ullapool, der bedeutendsten Hafenstadt an der Westküste

servieren), Kunstgalerie, Buchladen, Biergarten, Lifemusik von Jazz bis Klassik und ein Bunkhouse mit Schlafsaal auf der anderen Straßenseite, Lunch-Gerichte in der Bar, atmosphärereiche Infrastruktur, 13 Zimmer en suite.

Guter Ausblick – **Dromnan Guest House**: Garve Rd., Tel. 01854 61 23 33, www.dromnan.com, DZ ab 70 £. 5 Doppel- und 2 Familienzimmer, alle en suite, 5 Min. vom Ortsanfang gelegen, 3 Zimmer mit Meerblick, Gerichte werden im Wintergarten vor der Kulisse von Loch Broom serviert.

Abends besonders schön – **Harbour Lights Hotel**: Garve Rd., Tel. 01854 61 22 22, www.harbour-lights.co.uk, DZ ab 65 £. 19 Zimmer en suite in einem modernen Gebäude 5 Min. vom Ort entfernt, nach Sonnenuntergang schaut man von dort auf die lange Uferpromenade von Ullapool.

Für Wanderer – **Point Cottage**: 22 West Shore Steet, Tel. 01854 61 24 94, www.pointcottage.co.uk, DZ 60. 3 Zimmer in einem restaurierten Fischer-Cottage am ruhigen, westlichen Ende der Uferstraße; hier kann man Wanderkarten mit markierten Routen ausleihen, und die passenden Tipps dazu kommen von den Vermietern.

Zelte gut befestigen – **Broomfield Holiday Park**: West Shore St., Tel. 01854 61 20 20, www.broomfieldhp.com. 5 Gehminuten vom Zentrum entfernt, direkt am Meer, daher kann es windig bis stürmig werden, Ostern bis Ende September geöffnet.

Ullapool

Essen & Trinken

Großes Angebot – **The Seaforth Inn**: nahe der Kreuzung von Shore und Quay St., Tel. 01854 61 21 22. Pub, Café, Restaurant, Bar Meals 4–9 £, Dinner 9–14 £, im angeschlossenen Kiosk Fish & Chips 4 £.

Einkaufen

Wanderausrüstung – **North West Outdoors**: West Argyle St., Wanderkleidung und -schuhe für Männer und Frauen, Zelte, Campingausrüstung etc.
Für Outdoor-Freunde – **Hillbillies**: The Strath. Alles, was man für Unternehmungen in der freien Natur braucht: Bekleidung, Campingartikel, Wanderbücher und Karten.
Leinen und Wolle – **Unlimited Colour Company:** 2a Latheron Lane. Reiche Auswahl an feinen Leinenartikeln und handgestrickten, schön gemusterten Wollpullovern sowie weitere Wollprodukte.
Musik des Meeres – **Ceol na Mara:** Shore St.. Neben vielen Geschenkartikeln ist der Laden auf gälische Musik und Folk spezialisiert und hat ein großes Angebot an CDs.

Aktiv & Kreativ

Zur Summer Isles – **Summer Queen**: Tel. 01854 61 24 72, www.summerqueen.co.uk. Mehrstündige Bootsfahrt im Kabinenboot zu den Summer Isles, einer unbewohnten Inselgruppe, während der man Robben, Delphine und Tümmler zu Gesicht bekommen kann.
Summer Isles für Eilige – **Centaur fast Rib Boats**: Tel. 01854 63 37 08, www.sea-scape.co.uk. Die oben beschriebene Fahrt in einem enorm schnellen Schlauchboot. Buchungskiosk am Hafen.
Wanderungen – **North West Frontiers**: Garve Rd., Tel. 01854 61 26 26. Marco de Man begleitet Wanderungen aller Art in der näheren Umgebung von Ullapool.

Abends & Nachts

Ullapools lebhafteste Kneipe – **The Ferryboat Inn**: Shore St., Tel. 01854 61 23 66, www.ferryboat-inn.com. Lebhafte Kneipe aus dem 18. Jh.; das Free House wird von den Locals nur kurz und prägnant FBI genannt. die linke Hälfte des Erdgeschosses beherbergt den Pub, die rechte das Restaurant, darüber einige Zimmer.

Auf Entdeckungstour

Handa – die Vogelinsel Schottlands

Kaum sonst an einem anderen Ort in Schottland bekommt man so viele Seevögel in ihrer natürlichen Umgebung zu Gesicht. Die Insel beherbergt eine der größten Seevögelkolonien von ganz Nordeuropa.

Reisekarte: ▶ C 2

Anreise: Zwischen Scourie und dem Weiler Laxford Bridge zweigt von der A 894 eine unklassifizierte Stichstraße zur Anlegestelle von Tarbet ab. Ab hier verkehrt ein Boot zur Insel: Ostern/1. April–Sept. Mo–Sa 9.30–14 Uhr, letzte Rückfahrt 16.30 Uhr. Info: Tel. 01971 50 23 47.

Tipp: Bootsfahrten rund um das Eiland ab Fanamore: Mai–Sept. Mo–Sa 10, 12, 14 Uhr, Juli/Aug. zus. 16 Uhr, Auskünfte unter Tel. 01971 50 22 51.

Das felsige, unter Naturschutz stehende Eiland ist eines der bedeutendsten Vogelreservate in Schottland, darüber hinaus eine Site of Special Scientific Interest (SSSI) und es wird derzeit vom Scottish Wildlife Trust (SWT) überwacht. Handa ist in Privatbesitz und gehört der Familie Balfour, die in der Vergangenheit den 309 Hektar großen Steinsplitter im Meer für 25 Jahre an die Royal Society for the Protection of Birds (RSPB) vermietet hatte. Als der Pachtvertrag auslief, wünschten sich die Besitzer eine schottische Institution und keine britische, die die Insel unter ihre Fittiche nahm.

In frühester Zeit diente Handa – der Name bedeutet „sandige Insel" als Begräbnisplatz. Bis 1848 lebten 65 Crofter auf dem Eiland und bauten Kartoffeln, Hafer und Gemüse an und ernährten sich darüber hinaus vom Fischfang, von den Seevögeln und von deren Eiern. Heute ist die Insel unbewohnt, lediglich im Sommer lebt hier ein Wildhüter des SWT, übernachten dürfen nur er sowie freiwillige Helfer und Wissenschaftler.

Auf Birdwatching-Tour

An der Anlegestelle werden die Besucher vom Ranger erwartet, der eine kurze Einführung in die Flora und Fauna gibt, ein Informationsblättchen für die Route verteilt und dann um Spenden für die Unterhaltung des Eilandes bittet. Ein 6 km langer Pfad, den man ohne Begleitung des Rangers begehen, aber nicht verlassen darf, führt in einem ca. dreistündigen Rundkurs über die Insel. Bei den nördlichen Klippen ist Vorsicht geboten, da sie etwa 30 m steil ins Meer abfallen und an einigen Stellen auch überhängen. Hier ragt der Stack an Seabhaig auf, die isoliert im Meer stehende „Steinsäule des Falken", an der im Gegensatz zu ihrem

Namen keine Falken, sondern ebenfalls viele Seevögel nisten. Im Süden und im Osten gibt es sandige Strände.

Brutzeit bis Mitte Juli

Auf Handa brüten neben vielen anderen Arten Papageientaucher, Tordalk, Basstölpel, die zu den Kormoranen zählenden Krähenscharben, Sturmschwalben, Trottellummen, Große Sturmtaucher und die unermüdlich ihren englischen Namen Kittiwake rufende Dreizehenmöwe. Die Trottellummen sind die weitaus größte Population dieser Vögel in Großbritannien, pro Jahr nisten auf Handa rund 120 000 Paare und ziehen ihren Nachwuchs groß. Viele der Seevögel, die ein Alter von bis zu 20 Jahren erreichen können, kehren jedes Jahr an ihren angestammten Platz zurück.

Die Insel besteht aus so genannten Torridonian Sandsteinklippen, und die jahrtausendelange Erosion durch Wind und Wetter hat horizontal verlaufende Kerben in die Felsen gefräst, in denen die Vögel auf wenigen Quadratzentimetern einen störungsfreien Nistplatz haben. Insgesamt kommen pro Jahr an die 250 000 Seevögel zur Nesthege nach Handa. Ab Mitte Juli dann, wenn die Aufzucht vorbei ist, verlassen viele Vögel die Insel und verbringen den Winter draußen auf See.

Aggressive Möwen

Das moorige Innere des Eilandes ist das bevorzugte Gebiet der Großen Raubmöwe, ein kräftiges Tier, das kleineren Vögeln die erbeuteten Fische abjagt und ihnen Nistplätze streitig macht. Auch picken Große Raubmöwen die Eier von anderen Artgenossen auf oder attackieren Nester mit bereits geschlüpften Küken. Aggressiver noch als die Große Raubmöwe ist ihre arktische Verwandte, die sich fast ausschließlich vom räuberischen Diebstahl ernährt und, wenn die eigene Brut in Gefahr vermutet wird, auch Wanderer und Birdwatcher angreift.

Unterschiedlichste Nester

Eissturmvögel sind besonders elegante Flieger und können fast bewegungslos im Wind am Himmel stehen. Männchen und Weibchen brüten abwechselnd für einen Zeitraum von acht Wochen das einzige Ei aus, jeder Vogel in Perioden von zwei bis vier Tagen, während der jeweils andere Vogel auf Nahrungsbeschaffung ist. Die Dreizehenmöwe brütet an tiefergelegenen Klippenorten und legt dort ihre Grasnester an, die sie mit ihrem Kot zementiert. Auch dieser Vogel kommt nur zum Brüten auf festes Terrain, die restliche Zeit verbringt die Hochseemöwe auf dem Meer.

Die freundlichsten und lustigsten Piepmätze sind zweifellos die kleinen schwarzweißen Papageientaucher mit ihren kräftigen orangefarbenen Schnäbeln, die übrigens zur Mauser abgeworfen werden und sich dann erneuern. Auch sie sind Zugvögel, die außerhalb der Brutzeit auf der See bleiben. Papageientaucher leben in Brutgemeinschaften entweder in natürlichen Höhlen oder in gegrabenen Gängen und Grotten unter der Grasnarbe, die sie mit ihrem kräftigen Schnabel anlegen. Wird ein Vogel während der Brutzeit getötet, so springt eine Amme ein, ein einjähriger Jungvogel, der selbst noch kein Ei gelegt hat.

Man sollte bei einem Besuch daran denken, dass das Gelände auf Handa sehr rau ist: Wanderschuhe sind die richtige Fußbekleidung, und gegen die Unbillen des oft schnell umschlagenden Wetters ist eine Regenjacke hilfreich. Wer plant, etwas länger zu bleiben, sollte auch Proviant und Getränke mitnehmen. Eine Toilette gibt es auf Handa nicht.

Papageientaucher verlieren zur Mauser ihren orangefarbenen Schnabel

Infos

Tourist Information: Argyle St., Tel. 01854 61 21 35.
www.ullapool.co.uk: Die ausführliche Website gibt Reise -und Unterkunfts-informationen, Hinweise zu Attraktionen und zum Leben in der Kommune sowie weitere nützliche Links.
Busverbindung: Von Inverness mit Citylink.

Achiltibuie ► B 3

Bei genügend Zeit kann man in Drumrunie abzweigen und gelangt auf einer *Single Track Road* (ausgeschildert, nicht für Gespanne und große Wohnmobile geeignet) nach Achiltibuie. Die Strecke ist landschaftlich äußerst schön.

Hydroponicum

www.thehydroponicum.com, April–Sept. tgl. 11–16, Okt. Mo–Fr 11–16 Uhr, 4,50 £
In dem idyllisch am Meer gelegenen Zielort wachsen im Hydroponicum, einem riesigen, mit Sonnenenergie beheizten Gewächshaus ohne Verwendung von Mutterboden Blumen aller Art. Im so genannten ›Garden of the Future‹ reifen Erdbeeren und sogar Bananen. Im nahen Achiltibuie Café kann man sich mit schmackhaften Snacks stärken.

Übernachten

Mit gutem Restaurant – **Summer Isles Hotel:** Tel. 01854 62 22 82, www.summerisleshotel.co.uk, DZ 100 £. Unterkunft in geschmackvollen Räumen. Das Hotel ist eines der besten Restaurants im hohen Norden mit exzellenten Seafood-Speisen und einer um-

fangreichen Weinkarte. Davon war der Tester vom Michelin begeistert und adelte das Haus mit einem Stern. Gerichte 25–35 £.

Lochinver ► C 3

Die Strecke nach Lochinver führt durch eine grandios anmutende Landschaft, zum Teil unmittelbar am Meer entlang. Hier ist die *Single Track Road* derart schmal und kurvenreich, dass man nur sehr langsam vorankommt und zudem mit großer Umsicht fahren muss. Achtung, es gibt außerdem kaum Ausweichplätze. Lochinver überrascht mit einem großen Hafen, in dem es äußerst geschäftig zugeht. Am Pier laden die Scottish Public Bar und ein Hotel ein.

Ardvreck Castle und Loch Glencoul ► C 3

Richtung Ardvreck Castle schlängelt sich die Straße sehr schön am Loch Assynt entlang, bevor man die malerisch im See liegende Burgruine von 1490 erblickt. Einige Kilometer weiter nördlich überquert man auf einer preisgekrönten, wunderschön in die Landschaft eingepassten Brücke den Loch a Chairn Bhain.

Bootsfahrten

Unmittelbar vor dieser Brücke, an ihrem südlichen Ende, sollte man rechts einbiegen zum Kylesku Hotel (2 km). Dort starten vom kleinen Pier während der Saison So–Do um 11 und 15, Fr/Sa um 11 und 14 Uhr zweistündige Bootsfahrten. Der Ausflug führt in das von hohen Bergen eingeschlossene **Loch Glencoul**. Mit etwas Glück sieht man

Die Northwestern Highlands

Die Bucht vor der Smoo Cave bei Durness

Rotwild, Robben oder einen kreisenden Adler. Die eigentliche Attraktion jedoch ist der leider nur von Ferne sichtbare, aus einer Höhe von 200 m donnernd hinunterstürzende Eas a Chual Aluinn Fall, der höchste Wasserfall der Britischen Inseln.

Übernachten

Ausgangspunkt für Bootsfahrt – **Kylesku Hotel:** unmittelbar vor der o.g. Brücke über en Loch a Chairn Bhain rechts einbiegen, Tel. 01971 50 22 31, www.kyleskuhotel.co.uk, DZ 75 £. Hier fahren auch die Boote zum Loch Glencoul ab, hervorragendes Restaurant.

Durness ▶ C 2

Der nordwestlichste Ort Schottlands hat wenig Atmosphäre. Etwa 2,5 km westlich vom Dorfzentrum befindet sich das Balnakeil Craft Village, eine ehemalige Radarstation, in dem Kunsthandwerker ihre Produkte herstellen und verkaufen. Oberhalb der Balnakeil Bay ragt auf dem kleinen Friedhof die Ruine der 1619 erbauten Durness Old Church auf.

Auf der landschaftlich außerordentlich schönen Strecke von Durness nach Thurso bietet sich immer wieder ein phantastisches Panorama auf Gebirge und Meer.

Smoo Cave ▶ C 2

3 km östlich von Durness liegt die Smoo Cave. Ein Treppenweg führt zu einer tief eingeschnittenen Bucht, an deren Ende sich der Eingang zu den Grotten befindet. Die erste ist 60 m lang und 40 m hoch; in der zweiten rauscht ein 25 m hoher Wasserfall in einen Pool. Während der Saison bietet ein Speläologe eine Schlauchbootfahrt in die dritte Grotte an.

Ausflug zum Cape Wrath ▶ C 1

Das sturmumtoste, mit einem Leuchtturm bewehrte Cape Wrath markiert den nordwestlichsten Punkt des schottischen Festlandes. Der Name Cape Wrath geht auf das nordische Wort *hvarf* (Wende- bzw. Drehpunkt) zurück: Die Wikinger nutzten das Kap während ihrer Beutefahrten als Navigationspunkt.
Von Durness fährt man ca. 3 km Richtung Ullapool und zweigt rechts zum Cape Wrath Hotel ab. Eine Passagierfähre (ausgeschildert, Fahrräder werden mitgenommen, ab 9.30 Uhr, letzte Fahrt 16.30 Uhr, während der Saison Überfahrten entsprechend dem Besucheraufkommen) setzt dort über den Sund Kyle of Durness. Von hier bringt ein Shuttle-Bus die Ausflügler zum Kap. Wer nicht sein eigenes Rad mitgenommen hat, kann sich eines im Balnakeil Crafts Centre ausleihen. Wanderfreunde werden einen Weg zum oder vom Kap spazieren wollen.

Übernachten

Rooms and Restaurant – **Mackay's Hotel**: Tel. 01971 51 12 02, www.visit mackays.com, DZ ab 100 £. Bestes Haus am Platze mit sieben Zimmern en suite in einem 150 Jahre alten, restaurierten Gemäuer am westlichen Ortsrand, dazu jeden Abend ein hervorragendes, wechselndes Menü mit Seafood, Lamm- oder Rindfleisch. Besser kann man an Schottlands nordwestlichster Spitze nicht schlafen und essen.
Einfach und rustikal – **Smoo Cave Hotel**: nahe der Höhle, Tel. 01971 51 12 27, www.smoocavehotel.co.uk, 30 £ pro Person. Einfaches Haus etwas außerhalb, 2 Doppelzimmer ohne Bad und ein Familienzimmer mit Bad.
Bei Francis Morrison – **Orcadia**: Tel. 01971 51 13 36, www.orcadiadur ness.com, DZ 60 £. 3 Zimmer en suite mit spektakulärem Ausblick über die See und die zerklüftete Landschaft in einem modernen Bungalow.
Übernachten bei einem Crofter – **Glengolly B & B**: Tel. 01971 51 12 55, www.glengolly.com, DZ 26 £ pro Person. 2 Doppel-, 1 Familienzimmer im schottischen Cottage-Stil eingerichtet.
Camping – **Sango Sands Caravan & Camping Site**: im Ortszentrum direkt am Strand, Tel. 01971 51 12 62.

Essen & Trinken

Oase am Strand – **Sango Sands Oasis**: am Dorfstrand gelegen, Tel. 01971 51 12 22, 4–10 £. Einfaches Lokal und Pub, kleine Gerichte.
Bei den Kunsthandwerkern – **Balnakeil Bistro**: Im Balnakeil Craft Village, 9–14 £. Freundliches kleines Lokal mit guten Gerichten und Seafood.

Einkaufen

Schöne Souvenirs – **Balnakeil Craft Village**: Hier kann man alle möglichen Sachen aus Leder bekommen, Hand-

Die Northwestern Highlands

getöpfertes, Holzschnitzereien aller Art sowie handgefertigte Kunstdrucke. Der Buch- und Schokoladenladen sind ganzjährig geöffnet, die Kunsthandwerksläden nur von Ostern bis Oktober.

Aktiv & Kreativ

Golfen im hohen Norden – **Durness Golf Club:** Tel. 01971 51 13 64, www.durnessgolfclub.co.uk. Der nördlichste Golfplatz Großbritanniens, direkt am Meer gelegen.

Abends & Nachts

In dem Dorf gibt es für Nachtschwärmer nur einen einzigen Pub: **Sango Sands Oasis** am Dorfstrand.

Infos & Termine

Tourist Information: im Zentrum, Tel. 01971 51 12 59.
www.durness.org: Schöne Website mit ansprechenden Fotos und Informationen rund um Unterkünfte, Aktivitäten und Sehenswürdigkeiten. Auf der Website des Ortes kann man sich ein Walking Network Booklet für die Erkundung der näheren Umgebung herunterladen.
Juli: Highland Games.

Tongue ▶ D 2

In dem recht gemütlich und beschaulich wirkenden Tongue reihen sich einige Geschäfte entlang der kurzen Hauptstraße. Am Ufer finden sich die Ruinen einer alten Festung der MacKays, deren Anfänge bis in die Wikingerzeit zurückreichen sollen.

Übernachten

Benannt nach dem Hausberg – **Ben Loyal Hotel:** Tel. 01847 61 12 16, www.benloyal.co.uk, DZ 80 £. 11 Zimmer, alle en suite.
Am Strand – **Tongue Youth Hostel:** Tel. 01847 61 17 89. 34 Betten.

Bettyhill ▶ D 2

Die Route führt durch das Dorf Bettyhill an der Torrisdale Bay. Dort wurden während der *Land Clearances* einige *crofter*-Familien zwangsangesiedelt. Das **Strathnaver Museum** (*www.strathnavermuseum.org.uk, April–Okt. Mo–Sa 10–13, 14–18 Uhr, 1,90 £*) vermittelt Interessantes zu den Zwangsumsied-

Menschenleere Strände am Sandwood Bay südlich von Cape Wrath

lungen, den *Land Cleareances* im 19. Jh, und dem MacKay-Clan.

Melvich und Umgebung ▶ D/E 2

Weiter Richtung Thurso fährt man durch Melvich. Von der Hauptstraße bietet sich ein schöner Blick auf die gleichnamige Bay und schroff aufragende Klippen.

Hinter dem Weiler Reay erkennt man schon von weitem den riesigen ›Golfball‹ des Dounreay Fast Reactor. Er wurde als erster schneller Brüter der Welt Ende 1955 Jahre errichtet, 1977 stillgelegt und durch ein größeres Kernkraftwerk ersetzt, was wiederum 1994 stillgelegt wurde. Seitdem ist man dabei, die strahlende Ruine zurückzubauen, was nach Angaben der Betreiber noch bis 2036 dauern soll und viele Milliarden Pfund kosten wird. Somit war und ist noch für viele Jahre das Atomkraftwerk der größte Arbeitgeber der Region.

Dass hier, an der dünnbesiedelten Nordküste, ein Atomkraftwerk hingeklotzt wurde, hatte natürlich seinen Grund. Für den Fall, dass mit der neuen, noch ungewohnten, zudem hochgefährlichen Technik etwas schief gehen sollte, hätte es vergleichsweise nur wenige Menschen getroffen. Und von denen regte sich kein Widerstand, denn die nukleare Anlage versprach Arbeitsplätze für gleich drei Generationen in einer extrem strukturschwachen Region.

247

Lieblingsort

Northwestern Highlands
In dieser bevölkerungsarmen Region wie hier bei Tongue hat die grandiose Landschaft das Sagen und hält die Menschen in ihrem Bann. Hinter jeder Biegung und Kurve ändert sich das Panorama, stetig wechselt das Landschaftsbild, dunkle Glens (Täler), unergründlich tiefe Lochs (Seen) und schroffe hohe Bens (Berge) verschmelzen zusammen mit den Kapriolen des Wetters zu einem Gesamtkunstwerk.

Die Northwestern Highlands

Ruine der St. Peter's Kirk

Thurso ▶ E 2

Das 7000 Einwohner zählende Thurso geht auf eine Wikingergründung um das Jahr 1000 zurück. Der Name, abgeleitet vom nordischen Thjorsa, bedeutet soviel wie ›Fluss des Bullen‹.

Seit 2006 findet in Thurso ein internationales Spektakel statt, denn dann reisen die Surf-Profis aus Hawaii, Kalifornien, Australien und Neuseeland an, um bei der so genannten Highland Open Weltranglistenpunkte im Rahmen der World Qualifying Series (WQS) zu erringen. Die wiederum sind wichtig, damit die Surfer Chancen haben, sich für die ASP World Tour zu qualifizieren. Jedes Jahr fliegen 16 Wellenreiter aus dieser Königsklasse heraus, und die weltbesten Surfer versuchen im Rahmen der WQS auf ihre Punkte zu kommen.

Mittlerweile wissen alle Teilnehmer, was sie an Schottlands Nordküste im Frühjahr zu erwarten haben. Das war im ersten Jahr noch anders, als die sonnenverwöhnten Wellenreiter mit einem für das vier bis sechs Grad kalte Wasser nur ungenügenden Equipment anreisten und sich sogleich Erfrierungen zuzogen. Heute sorgen 7 mm dicke Neopren-Anzüge, Fuß- und Handschuhe sowie Mützen aus Kautschuk für Isolierung.

Von Thurso führt die A 882 schnell nach Wick. Schöner ist die Strecke über John O'Goats. Es lohnt sich ein Abstecher zum **Kap Dunnet Head**, wo Abertausende von Seevögeln in den Klippen nisten.

Thurso Heritage Museum

Jun–Sept. Mo–Sa 10–13, 14–17 Uhr, 2£
In Thurso lohnt sich ein Besuch im Heritage Museum der Town Hall sowie ein Blick auf die mittelalterliche Ruine der St. Peter's Kirk. Das Museum zeigt Funde aus piktischer und christlicher Zeit und das Innere eines *crofter*-Haushaltes.

Küstenspaziergang

Ein etwa einstündiger Spaziergang führt entlang der Küste und Klippen mit weiten Ausblicken über die See nach Scrabster.

Radtour

Eine Radtour zum Dunnet Head wird insbesondere Ornithologen begeistern. Auf dem Weg dorthin kann man im Weiler Castlehill dem Flagstone Interpretative Trail folgen und erfährt etwas über die Bearbeitung der Flagstones – steinerne Bodenplatten, die hier über die Jahrhunderte gebrochen wurden.

Übernachten

Bestes Haus – **The New Weigh Inn Hotel & Lodges:** ca. 1,5 km westlich von Thurso an der Kreuzung nach Scrabster gelegen, Tel. 01847 89 37 22, www.weighinn.co.uk, DZ ab 80 £. Modernes Haus mit 16 Zimmern, auf dem 1 Hektar großen Areal Lodges für Selbstversorger, 3 Bars sowie 1 Restaurant.
Übernachten im Pub – **The Ferry Inn:** in Scrabster am Fähranleger, Tel. 89 28 14, www.ferryinnscrabster.co.uk, DZ ab 70 £. 9 moderne Zimmer.
Gut schlafen und essen – **Murray House:** 1 Campbell St., Tel. 01847 89 57 59, www.murrayhousebb.com, DZ 60 £. 5 En-suite-Räume in einem Stadthaus von 1835 im Zentrum, auf Wunsch bekommt man ein abendliches 3-Gänge-Menü für 15 £.
Einfach und preiswert – **Orcadia:** 27 Olrig St., Tel. 01847 89 43 95, DZ 50 £. Alteingesessenes B&B, nur wenige Minuten Fußweg vom Zentrum entfernt liegend.
Gutes Preis-Leistungs-Verhältnis – **Independent Backpacker's Hostel Sandra's:** Princess St., Tel. 01847 89 45 75, 38 Betten in 8 Räumen, zwei Doppelzimmer, zentrale Lage.
Nicht weit vom Strand – **Thurso Caravan & Camping Site:** Scrabster Rd., an der Straße nach Scrabster, Tel. 01847 89 46 31.

Essen & Trinken

Mediterran – **Le Bistro:** Trail St., Tel. 01847 89 37 37, 5–13 £. Da es in Thurso kaum Auswahl gibt, ist Le Bistro das populärste Lokal; eingerichtet im mediterranen Stil mit Lunch und Dinnergerichten, auch vegetarisch.
Auf dem Oberdeck – **The Upper Deck im Ferry Inn:** in Scrabster am Hafen, Tel. 01847 87 28 14, bis 22 £. Saftige Steaks und gute Seafood-Gerichte.

Aktiv & Kreativ

Surfen – **Tempest Surf:** Riverside Rd., Tel. 01847 89 25 00, www.tempestsurf.co.uk. Verleih von Surfbrettern und Wetsuits, hier werden auch Anfängerkurse angeboten.
Mountain Bikes – **Bike & Camping Shop:** High St., Tel. 01847 89 61 24. Hier kann man sich Mountain Bikes ausleihen oder findet Zubehör für das eigene Rad.

Die Northwestern Highlands

Abends & Nachts

Pubs – **The Newmarket Bar:** Trail St. sowie **The Ferry:** in Scrabster am Hafen versorgen diese beiden Pubs die Durstigen am Abend.

Infos

Tourist Information: Riverside Rd., Tel. 01847 89 23 71.
Bahn: Züge von Inverness.
Bus: Citylink-Verbindung von Inverness.
Fähre: 3 km nordwestlich von Thurso verkehrt vom kleinen Fähr- und Fischereihafen Scrabster während der Saison mehrmals täglich die Autofähre zur größten Orkney-Insel Mainland.

John O'Groats ▶ F 1

Die Häuseransammlung John O'Groats ist Großbritanniens nordöstlichste Siedlung. Sie wurde nach dem Holländer Jan de Groot benannt, der schon im 16. Jh. einen Fährdienst zu den Orkneys eingerichtet hatte. Heute noch verkehrt eine Personenfähre mehrmals täglich zu dem Archipel.

Etwa 4 km entfernt sind die **Stacks of Duncansby** die Attraktion, frei im Meer stehende Steinnadeln.

Wanderung

Eine rund drei Kilometer lange Wanderung (sechs Kilometer pro Richtung) führt entlang der Küste östlich von John O'Groats zum Leuchtturm Duncansby Head Lighthouse und weiter zu den Stracks of Duncansby. Die Wanderung startet beim Campingplatz, und mit etwas Glück sieht man Seehunde und Otter im Küstengewässer spielen.

Die Wegbeschreibung erhält man bei der Tourist Information.

Übernachten

Familiengeführt – **Sinclair Bay Hotel**: Keith, Tel. 01955 63 12 33, www.sinclair-bay-hotel.co.uk, DZ ab 50 £. Auf halber Strecke zwischen John O'Groats und Wick an der A 99. Ausblicke auf die Sinclair Bay, alle Zimmer en suite.
Preiswert – **In Canisbay**: wenige Kilometer westlich von John O'Groats, Tel. 08 70 00 41 129. 42 Betten, Schlafsäle mit 4 und 5–8 Betten, April–Okt.

Einkaufen

Alles aus Wolle – **Barrock Knitwear**: im Craft Centre. Pullover, Jacken und Strümpfe aus Naturwolle und natürlich Wolle zum Selberstricken.
Strickwaren und Souvenirs – **John O'Groats Knitwear**: County Rd. Große Auswahl an Strickwaren aus Naturwolle, Souvenirs und Geschenken, die auch per Post verschickt werden können.
Kerzen – **Caithness Candles:** im Craft Centre. Unglaubliche Auswahl an unterschiedlichsten Kerzen mit unterschiedlichsten Geruchsrichtungen.
Porzellan und Ton – **John O'Groats Pottery:** im Craft Centre, www.jogpot.co.uk. Geschenke, Souvenirs und Kunst aus Ton und Porzellan, darüber hinaus Landkarten, Seifen, Bücher und eine ungewöhnliche Auswahl an schottischen Bieren und Weinen aus aller Welt.

Infos

Tourist Information: im Zentrum am Parkplatz, Tel. 01955 61 13 73.

www.visitjohnogroats.com: Ansprechende Website mit einer Fülle an Informationen zum Örtchen.

Wick ►F 2

Über die schöne Küstenstraße erreicht man Wick, benannt nach dem nordischen Wort für Bucht. Es war im 19. Jh. der Heimathafen vieler Heringsfischer. Der Nordseefisch brachte Arbeit und Wohlstand – damit ist es aber schon lange vorbei.

Wick Heritage Centre
www.wickheritage.org, Ostern–Okt. tgl. 10–17 Uhr, 3 £
Das Wick Heritage Centre in der Bank Row nahe am Hafen zeigt Exponate vor allem aus der Zeit der Heringsfischerei und eine umfassende Ausstellung der Caithness Glass Factory, die vor einigen Jahren geschlossen wurde.

Hill o' Many Stones ►E 2

Weiter führt die A 9 gen Süden, rechts und links gesäumt von grünen Wiesen mit Kühen und Schafen. Man passiert die bronzezeitlichen, einst wohl astronomischen Beobachtungen dienenden Steinsetzungen Hill o' Many Stones und kann etwas landeinwärts die beiden Ganggräber Grey Cairns of Camster aus dem 4. Jt. v. Chr. besuchen.

Dunbeath und Umgebung ►E 2

Kurz vor dem Weiler Dunbeath informiert das **Lhaidhay Caithness Croft Museum** (*April–Okt. Thl. 10–17 Uhr, 3 £*) in einer alten Kate über das bäuerliche Alltagsleben. Im **Dunbeath Heritage Centre** dokumentiert eine inte-

ressante Ausstellung ebenfalls vergangene Zeiten. Etwa 10 km südlich von Dunbeath weist eine Ausschilderung zum Ruinendorf **Bad Bea**. Während der *Land Clearances* wurden hier viele *crofter*-Familien zwangsangesiedelt.

Helmsdale ►E 3

Timespan Heritage Centre
www.timespan.org, April–Okt. Mo–Sa 10–17, So 12–17 Uhr, 5 £
Die Attraktion des kleinen Dörfchens ist das Timespan Heritage Centre, das in einer audiovisuellen Vorführung über den Heringsboom und die *Land Clearances* berichtet. Auch die kurze Zeit der Goldfunde, die im 19. Jh. die Bevölkerung der Region in einen ›Schürfrausch‹ versetzte, ist anschaulich und lebensnah dokumentiert.

Übernachten

Komfortabel – **Bridge Hotel**: Dunrobin St., Tel. 01431 82 11 00, www.bridge hotel.net. Im Ortszentrum, in einem 1816 errichteten Haus, 19 komfortabel eingerichtete En-suite-Zimmer, 1 Appartment für Selbstversorger, Kamine in den Aufenthaltsräumen, gutes Seafood-Restaurant, DZ ab 105 £.
Pittoreskes B & B – **Broomhill House**: Navidale Rd., Tel. 01431 82 12 59, www.blancebroomhill.com, DZ 60 £. In einem alten Crofter Cottage, 2 Doppelzimmer en suite, große Gäste-Lounge, Wintergarten und Garten mit Terrasse, auf Wunsch abendliches 3-Gänge-Menü.

Essen & Trinken

Pittoreskes Restaurant – **La Mirage**: Dunrobin St., am Heritage Centre, Tel.

Die Northwestern Highlands

01431 82 16 15, Lunch 5–8 £, Dinner 10–15 £. Durch seine einstige Besitzerin bekannt gewordenes Lokal. Sie hat sich wie die Schmonzettenschreiberin Barbara Cartland (1901–2000) ausstaffiert, die 60 Jahre lang ihren Urlaub in Helmsdale verbrachte.

Aktiv & Kreativ

Angeln – **River Helmsdale Fishing Tackle Shop:** 11 Dunrobin St.. Der Helmsdale River ist seit jeher für seinen Reichtum an Fischen bekannt, vor allem an Lachsen. Im Shop kann man das notwendige Equipment ausleihen.

Goldwäsche – **Tourist Information:** Verleih von Goldwäscherpfannen, denn der Fluss ist goldhaltig, wie der Goldrausch vom Ende des 19. Jh. zeigt.

Abends & Nachts

Treffpunkt für Jung und Alt – Die Bar vom **Bridge Hotel** und der Pub **Bannockburn Inn** (Stafford St.) sind die Treffpunkte der Einheimischen.

Infos & Termine

Tourist Information: Strath Ullie, The Harbour, Tel. 01431 82 14 02.
August: Highland Games.
Bus: Citylink-Verbindung.
Bahn: Helmsdale liegt an der Stecke von Inverness nach Thurso.

Dunrobin Castle❗ ▶ D 3

www.dunrobincastle.co.uk, März–Mai, Sept., Okt. Mo–Sa 10.30–16.30, So 12–16.30, Juni–Aug. Mo–So 10.30–17.30 Uhr, 7 £
Über den Weiler **Brora**, der im Sommer

wegen seines schönen, langen Sandstrands gern besucht wird, gelangt man nach **Golspie**, wo eines der prächtigsten Schlösser Schottlands zu besichtigen ist. Hoch über dem Meer liegt, umgeben von weiten Parkanlagen, Dunrobin Castle, der Stammsitz der Sutherland-Familie, die sich vor allem negativ während der *Land Clearances* hervortat. Karl Marx schrieb damals in London für die New York Herald Tribune den Artikel ›Die Herzogin von Sutherland und die Sklaverei‹.

Die ältesten Gebäudeteile datieren um das Jahr 1275, sein heutiges Aussehen erhielt das Schloss zwischen 1845 und 1850. Das prachtvolle Mobiliar und die vielen Gemälde in den insgesamt 189 Zimmern lohnen einen längeren Besichtigungsrundgang. Zum Schluss sollte man einen Spaziergang im großen Park machen, der im Frühjahr und Sommer eine unvergleichliche Blütenpracht zeigt.

Dornoch ▶ D 3

Dornoch ist ein beliebtes Ferienörtchen mit einem langen Sandstrand. Berühmt wegen der Fenster und Steinmetzarbeiten ist die kleine Kirche, die 1224 geweiht und im Laufe der Jahrhunderte mehrfach sorgfältig renoviert wurde. Im nahen Craft Centre kann man einen Blick in das ehemalige Stadtgefängnis werfen.

Einkaufen

Alles garantiert schottisch – **Craft Centre:** Town Jail Castle St. Tweed-Stoffe, Bekleidung aus Tweed, keltischer Silberschmuck, schottische Glas- und Kristallwaren, weitere schottische Produkte, wie Strickwaren, feine Lebensmittel, Bücher. Kleine Art Gallery.

Dornoch

Wie aus einem Zeichentrickfilm: Dunrobin Castle

Aktiv & Kreativ

Golf – **Royal Dornoch Golf Club:** Golf Rd., Tel. 01862 81 02 19. Traditionsreicher Club aus dem Jahre 1877, schön unmittelbar am Meer gelegen.
Angeln – **Dornoch Outdoor:** Castle St., Tel. 01862 81 11 11. Hier erhält man Angelscheine und die nötige Ausrüstung.

Infos & Termine

www.visitdornoch.com: Informative Seite mit kostenlosen Downloads zu organisierten Wanderungen und zum Thema Bird Watching.
August: Highland Games.

Falls of Shin ▶ D 3

Weiter geht es auf einer Alternative Scenic Route hoch oben entlang des Dornoch Firth nach Bonar Bridge. Etwa 8 km nördlich gurgeln die Falls of Shin eine Schlucht hinunter. Von Mai bis September sieht man Lachse flussaufwärts die Kaskaden überwinden. Ohne diesen pittoresken Umweg kann man direkt der A 9 nach Inverness folgen.

Das Beste auf einen Blick

Entlang des Great Glen

Highlight!

Loch Ness: In dem dunklen, enorm tiefen See, so weiß es jedes Kind der Welt, treibt ein Saurier sein Unwesen, nämlich das Monster von Loch Ness. Gäbe es das Untier wirklich, so wäre das ein Plesiosaurus. S. 258

Kultur & Sehenswertes

West Highland Museum: Macht in Fort William mit der Geschichte des Kaledonischen Kanals, der Flora und Fauna der Ben-Nevis-Region und der Historie von Fort Augustus bekannt. S. 261

MacCaig's Tower: Hoch über Oban ließ ein Bankier zur Linderung der Arbeitslosigkeit einen Nachbau des Kolosseums errichten. Die Aussicht von dort oben über Oban, das Meer und die Inseln ist phantastisch. S. 268

Aktiv & Kreativ

Loch Ness: Von der Anlegestelle in Fort Augustus aus können Monster-Freunde zu Bootsfahrten auf dem Loch Ness aufbrechen. S. 259

Road to the Isles: Mit dem Jacobite Steam Train schnaufend von Fort William nach Mallaig. S. 261

Genießen & Atmosphäre

Crannog Seafood Restaurant: Fangfrische Meeresfrüchte werden am Pier von Fort William angelandet und im Crannog lecker auf den Tisch gebracht. S. 263

An Crann: Ein Edel-B & B bei Fort William in einer alten Steinscheune von 1896 direkt am Ufer des Kaledonischen Kanals. S. 262

Abends & Nachts

Schottische Lebensart: Hochland-Shows mit Tänzen zur Dudelsackmusik bei einem abendlichen Dinner in Oban und dann einen letzten Gute-Nacht-Drink im ältesten Pub, dem Oban Inn von 1790. S. 272

Entlang des Great Glen

Am Loch Ness kann man sich umfassend über das berühmteste Monster der Welt informieren. Fort William ist Ausgangspunkt für diejenigen, die Großbritanniens höchsten Berg, den 1344 m messenden Ben Nevis, besteigen möchten. Alpinisten mögen über die Höhe müde lächeln, doch der Aufstieg beginnt auf Meereshöhe und die nahe See bringt rasche und gefährliche Wetterumschwünge. Von Oban aus sollte man das Naturwunder der Basaltinsel Staffa besuchen sowie das Klostereiland Iona. Vorbei an Schottlands größtem See, dem Loch Lomond, geht es in die Bilderbuchlandschaft der Trossachs, die Sir Walter Scott mit seiner Versromanze ›The Lady of the Lake‹ weltberühmt machte.

Loch Ness ! ► C/D 5

Etwas südlich von Inverness liegt das weltberühmte Loch Ness (s. S. 62). Das

Infos

Internet
Informationen für Besucher über die Seiten
www.visithighlands.com,
www.nessie.co.uk,
www.visitlochness.com,
www.mountainwalk.co.uk/bennevis walk,
www.lochlomond-trossachs.org,
www.trossachs.co.uk.

Rundreise und Verkehr
Die Strecke von Inverness über Oban und die Trossachs nach Glasgow hat eine Länge von 375 km, und auch zweitklassige Straßen sind relativ gut ausgebaut.

Official Loch Ness Monster Exhibition Centre (www.lochness.com, Febr.–Mai, Okt. tgl. 9.30–17, Juni & Sept. tgl. 9–18, Juli/Aug. tgl. 9–18.30 Uhr, 7 £) in Drumnadrochit präsentiert recht eindrucksvoll die Theorien über die Existenz von Nessie – da kann man schon ins Grübeln kommen!

Urquhart Castle ► D 5

www.historic-scotland.org.uk, April – Sept. tgl. 9.30–18, Okt. Tgl. 9.30–17. Nov.–März tgl. 9.30–16.39 Uhr, 6.50 £
Nur wenige Kilometer weiter überragt auf einem Landvorsprung die düster und verwunschen wirkende Ruine von Urquhart Castle den See. Schon im 12. Jh. kontrollierte an dieser strategisch bedeutsamen Stelle ein Fort das Great Glen. 300 Jahre später sorgten umfangreiche Befestigungsarbeiten dafür, dass die Burg als uneinnehmbar galt. 1691 wurde das mächtige Bollwerk schließlich gesprengt, damit es den Jakobiten nicht als Stützpunkt dienen konnte.

2 km weiter ehrt am Straßenrand ein kleines Steindenkmal John Cobb, der 1952 bei dem Versuch ums Leben kam, auf dem Loch Ness den Geschwindigkeitsweltrekord für Wasserfahrzeuge zu brechen.

Fort Augustus ► C 5

Das Südende des Loch Ness markiert der sympathische, nur 500 Seelen zählende Ort Fort Augustus. In seinem Zentrum heben fünf Schleusen die Freizeitsegler und Hobbykapitäne mit ihren Booten vom Niveau des Loch Ness auf die Höhe des Caledonian Canal.

Der Kaledonische Kanal führt von Inverness entlang der Bruchlinie des

Fort Augustus

Schleusenanlage bei Fort Augustus

Great Glen und verbindet die drei Seen Loch Ness, Loch Oich und Loch Lochy. Schon 1773 unternahm James Watt erste Vermessungen, doch war es der Ingenieur Thomas Telford, der Ende des 18. und Anfang des 19. Jh. die Infrastruktur des schottischen Hochlands umfassend ausbaute und den Kanal vollendete. 1803 bis 1822 dauerten die Arbeiten an der mit 29 Schleusen bestückten, 6 m tiefen und bis zu 30 m breiten Wasserstraße. 19 Jahre lang hatten viele Highlander einen sicheren Arbeitsplatz; die Fischer konnten nun ungefährdet vom Atlantik in die Nordsee gelangen, und ersparten sich die gefährliche Fahrt um die Northwestern Highlands. Heute dient der Kanal ausschließlich den Hobby-Kapitänen.

Clansman Centre
April–Sept. tgl. 11–17 Uhr, 3 £
Direkt am Kanal informiert das interessante Clansman Centre über das Leben im 17. Jh.

›Monstersuche‹

Mit der Royal Scot geht es vom Pier am Clansman Centre über den Loch Ness. Die Yacht hat Sonargeräte an Bord und scannt die Unterwasserwelt, um den Geheimnissen des Monsters auf die Spur zu kommen. Die Ergebnisse werden auf Monitoren sichtbar gemacht. Buchung über Tel. 01320 36 62 77, www.cruiselochness.com.

Übernachten

Ideal für die Suche nach dem Monster – **Inchnacardoch Lodge Hotel**: am Loch Ness, Tel. 01320 36 62 58, www.inchnacardoch.com, DZ ab 80 £. Majestätisches Country House Hotel, schön gelegen am Loch Ness mit guten Ausblicken über den See. Das Gebäude wurde 1868 als Jagdschlösschen von Lord Lovat, Chieftain des Fraser Clans, erbaut und ist seit 1953 ein Hotel. Der

Entlang des Great Glen

Name bedeutet ›Insel des Kirschbaums‹ und bezieht sich auf das künstlich angelegte Eiland im See, 2 Familien- und 8 Doppelzimmer.

Für Outdoor-Freunde – **Lorien House**: Station Rd., Tel. 01320 36 67 36, www.lorien-house.co.uk, DZ 70 £. Modernes Haus im Ortszentrum mit guten Ausblicken auf Loch Ness und die Schleusenstufen des Caledonian Canal, 3 Doppelzimmer en suite. In der Gäste-Lounge gibt es eine kleine Bibliothek mit Wander-, Radfahr- und Kletterführern.

Preiswert übernachten – **Youth Hostel**: südlich von Fort Augustus nahe Spean Bridge, South Laggan, Tel. 08 70 1 55 32 55. 60 Betten, Schlafsäle mit 5–8 und 9 Betten.

Essen & Trinken

Bechern im Post Office – **The Lock Inn**: Canalside, Tel. 01320 36 63 02, 9–15 £. Ehemals das Post Office von Fort Augustus, heute ein sehr atmosphärereicher, netter Pub mit preiswerten Bar Meals sowie dem Gilliegorm Restaurant.

Einkaufen

Großes Angebot – **Mill Shop**: In einer säkularisierten Kirche am Caledonian Canal, Cashmere-Artikel, Strickwaren, Schmuck, hausgemachte Marmeladen und Gebäck.

Aktiv & Kreativ

Am Loch Lochy – **Monster Activities**: 10 km südlich von Fort Augustus im Weiler Laggan, Tel. 01809 50 13 40, www.monsteractivities.com. Verleih von Fahrrädern, Wassersportequipment und Kanus, Hinweise für Touren.

Abends & Nachts

Bechern im Post Office – **The Lock Inn**: Canalside, Tel. 01320 36 63 02. Bei Einheimischen wie Touristen beliebter Pub.

Infos

Tourist Information: am zentralen Parkplatz, Tel. 01320 36 63 67.
www.fortaugustus.org: Informative Website mit zahlreichen Tipps für Reisende.
Bus: Citylink-Verbindung nach Oban und Inverness.

Commando Memorial

Nach schöner Fahrt das Ufer des Loch Lochy entlang erreicht man das Commando Memorial. Die 1952 von Scott Sutherland geschaffene Skulptur – eine Gruppe von Infanteristen – erinnert an die gefallenen Kämpfer. Während des Zweiten Weltkriegs wurden in dieser Gegend alliierte Soldaten für die Invasion gedrillt. An klaren Tagen hat man von dem Denkmal einen phantastischen Blick auf den 1344 m hohen Ben Nevis, Großbritanniens höchsten Berg.

Fort William ▶ C 6

Die Strecke folgt weiter der A 82 über den Weiler Spean Bridge und verläuft vorbei am Fuße des 1200 m hohen Aomach Mor.

Fort William wird im Westen von der langen Meeresbucht Loch Linnhe und im Osten vom Bergmassiv des Ben Nevis eingerahmt. Das sympathisch wirkende, 5000 Einwohner zählende Städtchen verdankt seinen Namen einer Befestigungsanlage, die einst den Zugang zum Great Glen kontrollierte, im 19. Jh. dann der Eisenbahntrasse weichen musste.

Da Fort William sich als Standquartier für Ausflüge in die Umgebung anbietet, ist das Örtchen während der Saison meist überlaufen. Man sollte rechtzeitig eine Unterkunft reservieren.

Auf gar keinen Fall darf man eine Fahrt in das wildromantische Nevis-Tal versäumen. Eine etwa 12 km lange Stichstraße führt von Fort William in südöstlicher Richtung durch das landschaftlich ungemein schöne Glen Nevis, und Gipfelstürmer werden sicherlich Großbritanniens höchsten Berg besteigen wollen.

West Highland Museum

www.westhighlandmuseum.org.uk, Juni–Sept. Mo–Sa 10–17, Juli/Aug. So 14–17, Okt.–Mai Mo–Sa 10–16 Uhr, 3 £

Die einzige Attraktion des Ortes ist das West Highland Museum, das die Arbeiten am Caledonian Canal dokumentiert, über Flora und Fauna der Ben-Nevis-Region informiert und die Geschichte des alten Forts erzählt.

Ben Nevis ▶ C 6

Passionierte Wanderer wollen sicherlich Großbritanniens höchsten Berg, den 1344 m hohen Ben Nevis, besteigen. Der Gipfelsturm beginnt am Visitor Centre im Glen Nevis, hier hängt täglich ein aktueller Wetterbericht aus. Eine zweite Route beginnt einige Kilometer weiter ins Tal hinein an der Jugendherberge. Auf- und Abstieg dauern ca. sechs bis acht Stunden. Vollständige Bergwanderausrüstung sowie bergsteigerische Erfahrung sind unerlässlich. Wetterumschwünge geschehen innerhalb von Minuten; es kann sogar im August schneien. Achtung: Auf dem Ben Nevis kommen jedes Jahr Wanderer ums Leben, und viele Personen werden alljährlich von der Bergwacht gerettet. Informieren Sie den Leiter im Youth Hostel, Ihren Hotelier oder eine andere vertrauensvolle Person, dass sie diese Tour unternehmen wollen!

Aomach Mor

Eine lohnenswerte Route führt auch auf den 1200m hohen Aomach Mor. Wer den Berg nicht besteigen möchte, kann mit einer Kabinenbahn bis auf eine Höhe von 655 m hinauffahren (hier das Snowgoose Restaurant). An schönen Tagen bietet sich von dort oben ein weiter Blick über die Landschaft. Die Bahn ist auf der A 82 Richtung Fort William ausgeschildert.

Steam Train ▶ B/C 6

Wer die Road to the Isles nicht mit dem Auto fahren möchte, kann während der Saison fast täglich mit dem dampfgetriebenen Jacobite Steam Train (Tel. 01463 23 90 26, www.steamtrain.info) von Fort William nach Mallaig und zurück fahren. Dabei geht es auch über das Glenfinnan Viaduct, das in den Harry-Potter-Filmen bekannt wurde.

Übernachten

Art Gallery with Rooms – **Lime Tree Hotel**: Achintore Rd., Tel. 01397 70 18 06, www.limetreefortwilliam.co.uk, DZ 80–110 £. 9 große individuell und komfortabel eingerichtete Zimmer en suite in ehemaligem Pfarrhaus im viktoria-

Entlang des Great Glen

Eine Herausforderung für Wanderer: der Ben Nevis, Großbritanniens höchster Berg

nischen Stil, oberhalb von Loch Linnhe, gutes Restaurant, mit Kunstgalerie.

Übernachten in der Destille – **Distillery Guest House**: Nevis Bridge, North Rd., Tel. 01397 70 01 03, www.stayinfortwilliam.co.uk, DZ ab 70 £. Am nördlichen Ortsrand, 7 Minuten Fußweg ins Zentrum, atmosphärereiche Pension in der ehemaligen Old Glenlochy Destillery, 10 individuell eingerichtete Zimmer en suite.

Preiswert übernachten – **Independent Backpacker's Hostel Fort William**: Alma Rd., Tel. 01397 70 07 11, 38 Betten.

Campen im Glen Nevis – **Glen Nevis Caravan & Camping Park**: im Glen Nevis, am ersten, nördlichen Kreisverkehr in Fort William (von Inverness kommend) links in Richtung 9 Uhr ab, nach ca. 5 km auf der rechten Seite, Tel. 01397 70 21 91, www.glen-nevis.co.uk. Ganzjährig geöffnet.

Essen & Trinken

Beliebt – **No. 4 Cameron Square**: 4 Cameron Square, Tel. 01397 70 42 22. Freundliches Lokal mit leckeren Gerichten bis 20 £.

Relaxte Atmosphäre – **An Crann**: Im Weiler Banavie, wenige Kilometer

Fort William

nordwestlich von Fort William, Seangan Bridge, Tel. 01397 77 20 77, bis 20 £. Atmosphärereiches Lokal in einer ehemaligen Steinscheune von 1896, das rustikale Ambiente kontrastiert mit den feinen Gerichten, Seafood, Lamm und Vegetarisches.
Hervorragend – **Crannog Seafood Restaurant**: Town Pier, Tel. 01397 70 55 89, Hauptgerichte 15–20 £. Das beste Restaurant am Platz; Steaks von Aberdeen Angus-Rindern, aber wirklich gut ist das Seafood: täglich werden drei bis vier je nach Fang wechselnde Fischgerichte angeboten. Am späten Nachmittag werden die frischen Fänge von den Trawlern am Pier ausgeladen und ins Lokal gebracht.
Preiswert indisch – **Indian Garden**: High St., Tel. 01397 70 50 11, Hauptgerichte 7–11 £. Große Palette an preiswerten indischen Gerichten.

Einkaufen

Entlang der High Street reihen sich zahlreiche Geschäfte, Craft Shops sowie Läden, in denen man seine Wander- und Fotoausrüstung komplettieren kann.
Von allem etwas – **The Granite House:** 74 High St.. Beliebt bei den Locals und den Besuchern: im Erdgeschoss Gold- und Silberwaren und eine Menge anderer Geschenkartikel, oben u. a. Bekleidung, Porzellan, Glas- und Kristallwaren, CD's mit Folk Music sowie Musikinstrumente.

Aktiv & Kreativ

Wer es sportlich mag – **Snowgoose Mountain Centre:** 5 km westlich von Fort William in Corpach, Tel. 01397 77 24 67, www.highland-mountain-guides.co.uk. Kletterkurse, Wanderungen und Expeditionen auf den Ben Nevis, Wassersport und Kayakfahrten unter Anleitung, Ausrüstungsverleih.
Über den Loch Linnhe – **Crannog Seafood Restaurant:** Town Pier, Tel. 01397 70 55 89. Der Betreiber des Restaurants bietet auch mit seinen Seal Island Cruises Bootsfahrten über den Loch Linnhe an, wo es Robben, Lachsfarmen, Tümmler und Seevögel zu sehen gibt.
Mountainbikes und Kanadier – **Rhiv Goch:** Banavie, Tel. 01397 77 23 72, www.rhivgoch.co.uk. Im Weiler Banavie, das die Schleusenstufen Neptun's Staircase des kaledonischen Kanals überblickt, 4,5 km nordwestlich von

263

Entlang des Great Glen

Fort William an der A 830. Der Betreiber des Bed & Breakfast vermietet Mountain Bikes und Kanadier-Kanus.

Abends & Nachts

Voll mit Wanderern und Locals – **Ben Nevis Pub**: High St.. Gemütliche Kneipe mit kleinem Restaurant in 200 Jahre altem Gebäude, während der Saison Do/Fr Livemusik.
Mit Tex-Mex Restaurant – **The Grog & Gruel**: High St.. Traditionelles Ale House, gemütliche Kneipe mit Restaurant im ersten Stock (Gerichte 7–13 £).

Infos & Termine

Tourist Information: High St., Tel. 01397 70 37 81.
www.visit-fortwilliam.co.uk: Gute Website, eine Fundgrube für Reisende.
1. Samstag im September: Ben Nevis-Lauf, seit 1895 sprinten von Fort William aus Sportler im Laufschritt den Berg hoch und wieder hinunter; der derzeitige Rekord für die beschwerliche Tour liegt bei unglaublichen 1:25 Stunde.
Bahn: Von Glasgow über Crianlarich sowie von Mallaig nach Fort William.
Bus: Citylink-Verbindung von Oban, Inverness, Glasgow.

The Road to the Isles ▶ B/C 6

Von Fort William bietet sich ein Ausflug an Richtung Westen nach Mallaig über eine der schönsten Panoramastraßen Schottlands. Man passiert Neptun's Staircase: Die letzten acht Schleusenbecken des Caledonian Canal senken die Boote in den Meeresfjord Loch Linnhe ab. Von hier hat man bei klarem Wetter auch einen guten Blick auf das mächtige Bergmassiv des Ben Nevis.

Die Fahrt führt weiter am malerischen Loch Eil entlang zum symbolträchtigen Glenfinnan Monument am Nordende des Loch Shiel. Der hohe, runde Turm mit der Figur eines Highlanders auf der Plattform markiert die Stelle, an der Bonnie Prince Charlie am 19. 8. 1745 sein Banner in den Boden rammte und die Clans zum Kampf gegen England mobilisierte. Nur einige Tage zuvor war der junge Stuart-Spross wenige Kilometer weiter westlich unbemerkt an Land gegangen. Fast auf den Tag genau ein Jahr später floh der geschlagene und gedemütigte Prinz von der gleichen Stelle – statt Schottland sein Reich zu nennen, blieb ihm gerade das, was er auf dem Leibe trug.

1815 errichtete ein gewisser MacDonald of Glanaladale, dessen Großvater in der Schlacht von Culloden sein Leben gelassen hatte, das Denkmal. Wie die Überlieferung berichtet, benutzte er als Baumaterial die Cairns, jene Steinpyramiden, welche der vielen Toten von Culloden gedachten. Als nämlich die Mannen der Clans zum Kampf gegen die Engländer rüsteten, legte jeder, der in die Schlacht zog, einen Stein auf einen Haufen; kehrte er lebend zurück, so nahm er ihn wieder fort – nach der Schlacht von Culloden war es allerdings kaum einem Hochländer vergönnt, seinen Stein aus dem Cairn herauszunehmen.

Glenfinnan Visitor Centre

www.nts.org, April–Okt. tgl. 10–17, Juli/Aug. tgl. 9.30–17.30 Uhr, 3 £
Ein kleines Besucherzentrum am Glenfinnan Monument informiert über diese entscheidenden Tage der schottischen Geschichte, ebenso wie über die Flora und Fauna der Region.

Es geht weiter durch eine rauh anmutende Gebirgslandschaft und am Loch Eil entlang. Dann passiert man den Cairn, der jene Stelle markiert, von der Bonnie Prince Charlie das rettende französische Schiff ›L'Heureux‹ erreichte (einige Minuten Fußweg von der A 830 entfernt).

Durch einen lichten Wald, der rechts und links die Strecke säumt, gelangt man in den Weiler Arisaig, an dessen angenehmer Uferstraße sich einige Hotels und kleine Restaurants aneinander reihen. Hinter dem Dorf beginnt der schönste Teil der an landschaftlichen Höhepunkten reichen Strecke. Es geht an der zerfurchten Schärenküste entlang, man passiert wunderschöne, von Felsen eingefasste Sandstrände, bevor das Fischer- und Fährörtchen Mallaig erreicht ist.

Während der Saison verkehrt mehrmals täglich die Autofähre nach Armadale auf der Isle of Skye. Auch die so genannten *Small Isles* **Eigg**, **Muck** und **Rhum**, auf denen man herrlich wandern kann, werden in dieser Jahreszeit mit großen Fährschiffen angefahren.

Mallaig ► B 6

Mallaig Heritage Centre
Mo–Sa 9.30–16.30, So 12–16 Uhr
Das Heimatmuseum zeigt archäologische Funde und Exponate zur Geschichte der Stadt und der Region.

Wanderung

Ein 30minütiger Wanderweg führt zur kleinen Mallaigmore-Bucht, wo sich an einem weißsandigen Strand ein Picknick lohnt. Dabei spaziert man die Straße vom Hafen in Mallaig Richtung Norden und zweigt dann bei einem Hinweisschild nach rechts ab.

Übernachten

Einst ein Eisenbahnhotel – **West Highland Hotel**: Tel. 01687 46 22 10, www.westhighlandhotel. co.uk, DZ ab 85 £. Seit 27 Jahren familiengeführtes Haus oberhalb des Städtchens, erbaut wurde es Anfang des 20. Jh., als die Eisenbahnstrecke angelegt wurde. 40 charmante Zimmer en suite, die meisten mit Seeblick und auf die Cuillin Mountains von Syke.

Bei Jenny und Martin – **Moorings Guest House**: East Bay, Tel. 01687 46 22 25, www.road-to-the-isles.org.uk, DZ 50 £. Zentral gegenüber der Tourist Information gelegen, 5 Zimmer en suite, beim Frühstück im luftigen Wintergarten hat man einen schönen Blick auf die Isle of Skye.

Hostel mit Seafood – **Independent Backpacker's Hostel Sheena's Lodge**: Harbour View, Tel. 01687 46 27 64. 10 Betten, Tea Garden für Lunch und nachmittäglichen Cream Tea, einfaches Seafood Restaurant für das abendliche Dinner.

Essen & Trinken

Seafood – **The Fish Market Restaurant**: Tel. 01687 46 22 99, Hauptgerichte 12–22 £. Für Mallaigs bestes Lokal lohnt allein schon die Anreise, neben frischem Fisch und Krustentieren sollte man einmal die Cullen Skink probieren, eine Suppe, die früher täglich auf die Tische der Fischerfamilien kam und die aus geräuchertem Schellfisch, Kartoffeln, Zwiebeln und Milch besteht.

Aktiv & Kreativ

Auf Delphinsafari – **MV Grimsay**: Tel. 07780 81 51 58. Fahrten zu Robben-, Delphin- und Walbeobachtungen, Bu-

chungen sind auch über die örtliche Tourist Information möglich, nur während der Saison.

Abends & Nachts

Kneipen mit Live Music – Die **Central Bar** und der Pub **Clachan Inn** sind zwei Fischerkneipen, in denen während der Saison manchmal auch Live Music geboten wird.

Infos & Termine

Tourist Information: am Hafen, Tel. 01687 46 21 70.
www.road-to-the-isle.org.uk: Informationen zu Mallaig und zur Umgebung.
August: Highland Games.
Bahn: Verbindung nach Fort William.
Fähre: Auf die Isle of Skye.

Glencoe Village ▶ C 7

Von Fort William folgen wir der A 82 weiter nach Süden Richtung Oban. Die Straße verläuft am Ufer der tief ins Land eingeschnittenen Meeresbucht Loch Linnhe. Beim Weiler North Ballachulish verbindet eine Brücke die Gestade des Loch Leven. Bei genügend Zeit lohnt sich der Umweg den malerischen Loch Leven entlang über das Dörfchen Kinlochleven nach Glencoe Village. Das Tal von Glencoe symbolisiert eines der düstersten Kapitel der schottischen Geschicht: Hier ließen die Engländer den ganzen MacDonald-Clan umbringen.

Glencoe Village Museum
Mai–Sept. Mo–Sa 10–17.30 Uhr, 3 £

Das ›Tal der Tränen‹ von Glencoe

In Glencoe Village dokumentiert ein kleines Folkmuseum die Lokalgeschichte, insbesondere auch über das Massaker der Engländer 1692 am Clan der MacDonalds.

Glencoe Visitor Centre
www.nts.org, März–Aug. tgl. 9.30–16.30, Sept./Okt. 10–17 Uhr, 5 £
Fährt man einige Kilometer in das Tal hinein, so erreicht man das vom National Trust for Scotland unterhaltene Glencoe Visitor Centre, das über die Tier- und Pflanzenwelt sowie über die vielfältigen Wandermöglichkeiten im Tal informiert.

Castle Stalker und Sea Life Centre ▶ B 7

Auf der A 828 geht es weiter nach Süden vorbei am **Castle Stalker** aus dem 15. Jh. Recht düster und trutzig ragt es wie verwunschen auf einer winzigen Insel im Loch Linnhe empor. Etwa 14 km vor Oban wirbt das **Sea Life Centre** (*www.sealsanctuary.co.uk, März–Okt. Tgl. 10–17 Uhr, 8,50 £*) mit dem Slogan ›The Leading Attraction on the West Coast‹. Dort kann man Atlantikfische in Aquarien bestaunen. In einem Robbenbecken tummeln sich vor allem zur Freude der Kleinen die Tiere recht munter während der dreimal täglich stattfindenden Fütterungen.

Oban ▶ B 7

Oban ist mit 8000 Einwohnern einer der Haupttouristenorte an der Westküste. Er besitzt einen wichtigen Fischereihafen und ist Ausgangspunkt für die Fähren zu den Hebriden-Inseln Mull, Coll, Tiree, South Uist und Barra – deshalb hat der sympathische Ort den Beinamen ›Gateway to the Isles‹.

Entlang des Great Glen

Einzige Sehenswürdigkeit in dem netten Ort ist der kurios anmutende **MacCaig's Tower** hoch über dem Hafen. Um die Arbeitslosigkeit in der Stadt zu bekämpfen und zur Mehrung des eigenen Ruhms, ließ der Bankier MacCaig 1897 bis 1900 dieses an das Kolosseum in Rom erinnernde Monument errichten. Nach dem Tode des Philanthropen stoppten die Erben seine Geld verschlingende Arbeitsbeschaffungsmaßnahme. Vom ›Kolosseum‹ hat man einen prachtvollen Blick auf Oban, den Hafen und das Meer. Das gesamte Hafenareal soll in den nächsten Jahren im Zuge des Oban Waterfront Project Tourismus fördernd umgestaltet werden.

Oban Destillery
Ostern–Okt Mo–Sa 9.30–17, Juli–Sept. So 12–17, 5 £
Wer bisher noch keine Whisky-Destille besucht hat, kann im Ortszentrum an der Stafford Street die zum irischen Guinness-Konzern gehörende Oban Distillery auf einer geführten Tour kennen lernen. Im Gegensatz zu den Hochland-Brennereien kostet hier der Besuch allerdings Eintritt.

Die Drei-Insel-Tour

Nicht versäumen sollte man die Drei-Insel-Tour (Mull, Staffa, Iona), die man im Tourist Office und in den Reisebüros von Oban für ca. 45 £ buchen kann. Um 10 Uhr verlässt die Fähre den Hafen, etwa 40 Min. später legt sie in Craignure auf der Insel Mull an.

Mull ▶ A/B 7/8
Bevorzugte Ziele sind dort nahe dem kleinen Hafen Craignure das Torosay Castle, ein von schönen Gärten umgebener viktorianischer Herrensitz aus der Mitte des 19. Jh., sowie Duart

Castle, seit 700 Jahren die Familienburg des MacLean-Clans. Von Craignure geht es mit dem Bus entlang einer landschaftlich ausgesprochen reizvollen Strecke gen Westen quer über die Insel bis zum Pier von Fionnphort. Im Juli findet auf der Insel das lokale Highland Game statt.

Staffa ▶ A 7
Mit einem kleinen Boot gelangt man von Fionnphort nach 45 Min. schaukelnder Fahrt zur Insel Staffa. Auch bei schönem Wetter ist der Wellengang beträchtlich. Man benötigt unbedingt einen wärmenden Pullover und eine wasserdichte Jacke gegen Spritzwasser. Viele Passagiere werden während der Überfahrt seekrank. Wer nicht in der geschützten Kabine Platz findet, für den halten die Matrosen Ölzeug bereit. Nicht immer gelingt es dem Skipper, das Boot an dem kleinen Eiland festzumachen, zu sehr hüpft die Nussschale wie ein Ball auf den Wellen. Staffa besteht aus regelmäßig geformten Basaltsäulen, die dem Eiland den Namen Stabinsel einbrachten, und diese versetzen seit 1772 die Besucher in Erstaunen.

In jenem Jahr besuchte Sir Joseph Banks, der mit James Cook die Welt umsegelt hatte, den Felssplitter im Meer und berichtete seinen staunenden Zeitgenossen davon. Als man dann noch der großen Inselhöhle auf dem Höhepunkt der Ossian-Verehrung den Namen ›Fingal's Cave‹ gab, strömten die Neugierigen zu Tausenden dorthin, unter ihnen viele große Geister: John Keats, William Turner, William Wordsworth, selbstverständlich Königin Viktoria, Walter Scott, der Hofdichter Alfred Tennyson und Felix Mendelsohn-Bartholdy. Letzterer war so angetan von dem rauhen Naturereignis, dass er sich zu der Hebriden-Ouvertüre inspirieren ließ – und die hört man auf der

Die Drei-Insel-Tour

Bootsfahrt nach Staffa vom CD-Player des Kapitäns.

Iona ▶ A 7/8

Im kleinen Hafen des berühmten Klostereilands Iona ist erst einmal wieder fester Boden unter den Füßen erreicht.

Im Jahr 563 landete der irische Abt Columban d. Ä. mit zwölf Anhängern auf dem Inselchen. Der Heilige befand sich auf dem Weg in die selbstgewählte Verbannung. Seine Halsstarrigkeit gegenüber dem Herrscher von Ulster hatte eine militärische Auseinandersetzung provoziert, in der nach der Überlieferung 3000 Recken ihr Leben ließen. Dafür Buße zu tun, war fortan das Lebensziel des Kirchenmanns. Die gläubigen Männer errichteten Unterkünfte, ihre Kirche und machten das Land urbar. Im Laufe der Jahrhunderte überfielen die Wikinger ein um das andere Jahr diesen geistlichen Ort, drangsalierten die Mönche, zerstörten Felder sowie Gebäude und raubten die kostbaren liturgischen Gerätschaften. Immer wieder bauten die Brüder ihr Kloster neu auf. Dann allerdings, Anfang des 9. Jh., kam es zu einem blutigen Massaker. Die überlebenden Glaubensbrüder flohen nach Irland und suchten Schutz in der Abtei von Kells. Im Gepäck hatten sie das fast fertige Evangelienbuch, das heute unter dem Namen ›Book of Kells‹ weltbekannt ist.

Über 200 Jahre lang ließen sich Könige auf dieser abgelegenen Insel begraben – Iona wird auch Icolmkille, Insel der Zelle Columbans genannt. Insgesamt ruhen hier die sterblichen Überreste von 48 schottischen, vier irischen und acht norwegischen Herrschern. Diese Tradition begann 860 mit der Bestattung von Kenneth MacAl-

Blick von Mull nach Iona – Strände fast wie in der Karibik

Entlang des Great Glen

pin, dem ersten König der Pikten und Schotten. 1057 fand Macbeth hier die ewige Ruhe, unmittelbar neben seinem Opfer Duncan. Erst 900 Jahre später sorgte Iona wieder für Furore. Der Duke of Argyll, Eigentümer des kleinen Eilands, benötigte Geld, um seine hohen Erbschaftssteuern zu begleichen. So schaltete der Adlige 1979 Anzeigen im ›Wall St. Journal‹ sowie in der ›New York Times‹ und bot Iona für 3 Mio. Pfund zum Verkauf an. Ein Aufschrei der Entrüstung durchzog das Inselreich. Der National Trust publizierte einen Spendenaufruf nach dem anderen, doch kamen nur 600 000 Pfund zusammen. Eine nationale Katastrophe bahnte sich an, derweil neureiche Amerikaner ihre Angebote ständig erhöhten. Da sprang Sir Hugh Fraser, Eigner des Londoner Kaufhauses Harrod's, in die Bresche und stiftete dem Trust die rettenden 1,5 Mio. Pfund.

Möchte man Iona besichtigen, passiert man nicht weit vom kleinen Pier entfernt auf dem Weg zur Abteikirche die Ruinen eines um 1200 errichteten **Nonnenklosters**, spaziert an einem kleinen Heritage Centre und am MacLean's Cross vorbei und erreicht dann das Gelände der **Iona Abbey**, deren älteste Teile aus dem 14. Jh. datieren. Im Laufe der Jahrhunderte verfiel die geistliche Stätte zusehends. 1890 übergab der achte Duke of Argyll die Anlage der Church of Scotland, die erste Restaurierungen einleitete. Es ist jedoch vor allem dem Engagement der Iona Community zu verdanken, dass die Kirche und das angrenzende Kloster wieder vollständig erneuert wurden. 1994 wurde der charismatische, früh verstorbene Führer der Labour Party, John Smith, neben der Abtei bestattet.

Gegen 17 Uhr fährt die kleine Fähre zurück nach Mull, dort wartet der Bus nach Craignure, und mit der großen Autofähre wird gegen 19 Uhr wieder Oban erreicht, das dann von den Strahlen der untergehenden Sonne beschienen wird.

Iona Abbey, St. Columbans Kloster

Übernachten

Neogotische Hotelvilla – **Dungallan Country House**: Gallanach Rd., Tel. 01631 56 37 99, www.dungallanhotel-oban.co.uk, DZ ab 130 £. Hoch über Oban in einem 2 ha großen Park mit Rasen, Bäumen und Klippen in einer majestätischen viktorianischen Villa, 12 luxuriös eingerichtete Zimmern mit atemberaubendem Blick über den Sund von Kerrera.

Hier wohnte der Erbauer des Kolosseums – **Barriemore Hotel**: Esplanade, Tel. 01631 56 63 56, www.barriemore-hotel.co.uk, DZ ab 80 £. Familiengeführtes Haus in einer renovierten viktorianischen Villa, die 1895 von John Stuart MacCaig, der auch den Folly MacCaig's Tower errichten ließ, für seine Familie erbaut wurde, alle Zimmer individuell eingerichtet und en suite.

Schlafen im Pfarrhaus – **Old Manse Guest House**: Dalriach Rd., Tel. 01631 56 48 86, www.obanguesthouse.co.uk, DZ ab 72 £. 5 Zimmer, alle en suite, in einem 1863 für die Church of Scotland erbauten Haus nur 4 Minuten vom Ortszentrum entfernt.

Am Meeresufer – **Kilchrenan House**: Corran Esplanade, Tel. 01631 56 26 63, www.kilchrenanhouse.co.uk, DZ ab 60 £. 10 gemütlich eingerichtete Zimmer en suite in einer viktorianischen Villa aus dem späten 19. Jh. direkt am Meeresufer.

Gute Lage – **Youth Hostel**: Corran Esplanade, Tel. 0870 15 53 255. 122 Betten, Schlafsäle mit 4, 5–8, 9 und mehr Betten.

Essen & Trinken

Seafood fangfrisch angeliefert – **The Waterfront Restaurant**: Railway Pier, an der Anlegestelle der Fähre, Tel. 01631 56 31 10, Seafood 13–15 £, Hummer/Langusten je nach Größe 15–20 £. Frischer Fisch direkt vom Pier, dort befindet sich auch ein Kiosk für Selbstversorger.

Romantisch – **Coast**: 102 George St., Tel. 01631 56 99 00, 13–15 £. Gemütlich rustikales Lokal mit ganz hervorragenden Seafood-Gerichten: Austern, Langusten, Muscheln, Seafood-Platte, Seezunge ...

Unterhaltung beim Essen – **MacTavish's Kitchen**: George St., Tel. 01631 56 30 64, unten preisgünstiges Selbstbedienungs-Restaurant 5–10 £, oben Dinner-Restaurant, 8–14 £. Ab 20 Uhr beim Dinner während der Saison eine Scottish Show mit Musik von Quetschsack, Fiedel und Akkordeon sowie Gesang und Highland-Tänzen.

Mit Entertainment – **The Gathering Scottish Restaurant**: Breadalbane St., Tel. 01631 56 54 21, Seafood und Steaks ab 12 £. Laut Eigenwerbung ›Oban's Premier Steak and Seafood Restaurant‹, besteht seit 1883, regelmäßig abendliches Entertainment.

Preiswert indisch – **Taj Mahal**: George St., Tel. 56 64 00, 8–13 £. Indische Küche mit einer großen Palette an Reisgerichten.

Einkaufen

Die George Street ist die Haupteinkaufsstraße, an der sich nicht nur Geschäfte für den täglichen Bedarf finden, sondern auch Läden, in denen man die Foto- und Wanderausrüstung komplettieren kann.

Aktiv & Kreativ

Tagesausflüge – **Bowman's Tours:** am Railway Pier, Tel. 01631 56 32 21, www.bowmanstours.co.uk, organi-

Entlang des Great Glen

siert die Drei-Insel-Tour (s.o.) und interessante Tagesausflüge nach Mull und Iona, zu den Vogelkolonien auf den Treshnish Isle, eine Mull Circular Tour (mit Besichtigung von Torosasy Castle und Duart Castle).

Delphin-Watching – **Chalice Charters:** North Pier, Tel. 01631 72 06 09, www.mvchalice.com. Wildlife and Island Cruises durch die »letzte natürliche Wildnis Europas«, bei denen man Delphine, Tümmler und sogar Wale zu sehen bekommen kann.

Fahrradverleih – **Oban Cycles:** 29 Lochside St., Tel. 01631 56 65 53. Die Tourist Information hält Handzettel mit ausgearbeiteten Fahrradtouren bereit.

Abends & Nachts

Best Pub in Town – **The Oban Inn**: Esplanade. Urtümlicher und gemütlicher kleiner Pub von 1790, lokaler Szenetreff, unten Kneipe, oben werden preiswerte, aber gute Bar Meals serviert (4–8 £).

Alternative zum Oban Inn – **Aulay's Bar**: Aird's Pl.; Sehr charaktervoller Pub unter niedriger Decke, in dem sich sommertags die Locals mit den Touristen mischen, die Wände sind mit alten Fotografien behängt, welche die maritime Vergangenheit Obans lebendig halten.

Infos & Termine

Tourist Information: Argyll Sq., in einer säkularisierten Kirche, Tel. 01631 56 31 22.

www.oban.org.uk: Ansprechende Website in fünf Sprachen mit wertvollen Informationen.

Ende August: Argyllshire Highland Games

Bahn: Von Mallaig über Fort William

und Crianlarich sowie von Glasgow über Crianlarich.

Bus: Citylink-Verbindung von Glasgow und Inverness.

Kilmartin und Crianan ▸ B 8

Von Oban führt die A 816 in südlicher Richtung zum Weiler Kilmartin. Auf dem Friedhof der kleinen Dorfkirche gibt es eine Reihe sehr schön gearbeiteter Grabsteine und Steinkreuze aus dem 14. bis 16. Jh.

Museum of Ancient Culture
www.kilmartin.org., Sommer tgl. 10–17 Uhr, 4,60 £
Neben dem Gotteshaus befindet sich das Kilmartin House Museum/Museum of Ancient Culture, das alte Handwerkstechniken der prähistorischen Siedler vorstellt.

Wenige Kilometer hinter Kilmartin zweigt die Single Track Road B 8025 nach Südwesten ab (nicht geeignet für Gespanne und große Wohnmobile), die auf einer sehr schmalen Drehbrücke den Crinan-Kanal überquert und zur Ansiedlung Bellanoch führt. Dort liegen in einer kleinen Kanalausbuchtung an mehreren Laufstegen viele Segelyachten vor Anker. Entlang der künstlichen Wasserstraße ist nach wenigen Minuten der hübsche Ort Crinan erreicht. Direkt am Crinan Hotel (Tel. 01546 83 02 61, www.crinanhotel.com) mit seinem empfehlenswerten Seafood-Restaurant (20–30 £) gibt die Schleuse Nr. 15 den Freizeitkapitänen den Weg in den Atlantik frei. Der 1801 eingeweihte Durchstich war seinerzeit vor allem für die Fischer von Bedeutung, die auf dem Weg nach Glasgow nun nicht mehr die lange Halbinsel Mull of Kintyre umsegeln mussten.

Am östlichen Endpunkt des Crinan-Kanals findet man beim Dorf Lochgilphead prähistorische Steinsetzungen. Landschaftlich schön verläuft die A 83 nun in Richtung Norden entlang der Meeresbucht Loch Fyne.

Auchindrain Museum
April–Okt. tgl. 10–17 Uhr, 4,50 £
Einige Kilometer vor Inveraray passiert man das nahe der Straße gelegene Auchindrain Open Air Museum. Auf dem Freilichtareal dokumentieren strohgedeckte Cottages, die mit alten Möbeln aus verschiedenen Epochen eingerichtet sind, die vergangenen Zeiten.

Inveraray ▶ C 8

Inveraray liegt mit seinen weißen Häusern entlang der Seefront recht hübsch am Loch Fyne. Besuchern hat das 500-Seelen-Dorf drei große Attraktionen zu bieten.

Inveraray Jail
April–Okt. tgl. 9.30–18, Nov.–März tgl. 10–17 Uhr,
www.inverarayjail.co.uk, 7,25 £
Im alten Gerichtsgebäude informieren einige Gefängniszellen aus unterschiedlichen Epochen über den Strafvollzug im Lauf der letzten Jahrhunderte. Biographien von ehemals einsitzenden Häftlingen, zahlreiche Gerichtsprotokolle, die originalgetreuen Einrichtungen und teils skurrile Gerätschaften zur Disziplinierung der Kriminellen verdeutlichen den Weg in eine zunehmend sozialer werdende Gesellschaft.

Arctic Penguin
April–Sept. tgl. 10–18 Uhr, 4 £
Am Pier ist in dem alten Segler ›Arctic Penguin‹ das Maritime Heritage Museum untergebracht und informiert Touristen über die vergangenen Tage der Seefahrt; nicht nur für Segler interessant.

Inveraray Castle
www.inveraray-castle.com, April–Okt. Mo–Sa 10–17.45, 6,80 £
3 km außerhalb des kleinen Dörfchens darf man eine ausführliche Besichtigung von Inveraray Castle keinesfalls auslassen. 1743 engagierte der dritte Duke of Argyll den Architekten Roger Morris. Der ließ kurzerhand das alte Fischerdorf niederreißen, um Platz für den hochherrschaftlichen Neubau zu gewinnen. Parallel zur Errichtung des Schlosses entstand auch die planmäßig angelegte Siedlung Inveraray. In dem prachtvoll ausgestatteten Palast residiert heute der 13. Duke of Argyll, das Oberhaupt des Campbell-Clans.

Übernachten

Ein guter Platz – **George Hotel**: Main St., Tel. 01449 30 21 11, www.thegeorgehotel.co.uk, DZ ab 70 £. 15 große Zimmer, die alle während der vergangenen Jahre umfassend renoviert wurden, alle en suite, mit geschmackvoller Einrichtung aus viktorianischem Mobiliar, manche Räume mit Himmelbett. Restaurant und Pub.
Am Loch Fyne – **Creag Dhubh**: etwas außerhalb an der A 83 Richtung Süden, neben dem Loch Fyne Hotel, Tel. 01449 30 34 30, www.creagdhubh.com, DZ ab 56 £. 1 Einzel-, 2 Doppel- und 1 Familienzimmer, alle en suite, mit unschlagbarem Blick auf den Loch Fyne.
Preiswert übernachten – **Youth Hostel Inveraray**: Dalmally Rd., Tel. 08 70 15 53 255. 28 Betten, Schlafsäle mit 4 Betten, Familienräume.
Camping – **Argyll Caravan Park**: 5 km südlich an der A 83, Tel. 01499 30 28 26, www.argyllcaravanpark.com.

Entlang des Great Glen

Essen & Trinken

An der Seefront – **The Poacher Restaurant & Coffee House**: am kleinen Hafen, 4–8 £. Einfache Gerichte.

Eine Institution – **Loch Fyne Oyster Bar & Shop**: im Weiler Cairndow, 9 km nordöstlich von Inveraray an der A 83 Richtung Glasgow, Tel. 01499 60 02 36, 12–19 £. Aus einem kleinen Fischkiosk an der A 83 ist in wenigen Jahren ein Restaurant-Imperium der Kette Loch Fyne Restaurants (www.loch-fyne.com) entstanden, die in ihren Lokalen und per Post das meiste Seafood Großbritanniens verkauft. Das Restaurant in Cairndow bietet Fisch- und Seafood-Gerichte, im Laden können Selbstversorger Meeresfrüchte kaufen oder die Grundlagen für ein Picknick am Ufer des Loch Fyne erwerben.

Einkaufen

Whisky – **Loch Fyne Whiskies**: Main St., gegenüber dem George Hotel, Mo–Sa 10–17.30, So 12.30–17 Uhr, www.lfw.co.uk. Wer sich mit Schottlands Nationalgetränk noch nicht eingedeckt hat, findet im Laden eine große Auswahl an Loch Fyne Whiskies.

Abends & Nachts

Im George Hotel – **George Hotel**: Main St. Sympatischer Pub mit Steinfußboden und Bruchsteinwänden, Kneipentreff des Ortes, mit Biergarten.

Infos & Termine

Tourist Information: Front St., Tel. 01449 30 20 63.
Juli: Highland Games.
Bus: Citylink-Verbindung.

Loch Lomond ▶ C/D 8

Die A 83 führt an der Nordspitze des Loch Fyne vorbei nach Tarbert. Hier, am Nordwestufer des Loch Lomond, kann man zu Bootsausflügen auf Schottlands größtem See aufbrechen. Das 33 km lange Loch Lomond misst an seiner breitesten Stelle 8 km.

Balloch ▶ C 8

Am südlichen Ende des Loch Lomond liegt der kleine Ort Balloch. Der Ort hat

Loch Lomond

Leuchtturm an Crinan-Kanal

sich selbst den werbewirksamen Namen ›Gateway to Loch Lomond‹ gegeben. Mit einer vollständigen touristischen Infrastruktur und einer guten Verkehrsanbindung an Glasgow eignet sich Balloch hervorragend als Ausgangsstation für die Erkundung der Region rund um den See.

Bootsfahrt

In Balloch warten Ausflugsdampfer auf Passagiere, und im großen Jachthafen liegen Hunderte von Booten vor Anker.

Wanderungen

Möchte man auch die östlichen Gestade des Loch Lomond kennenlernen, so folgt man der A 811 nach Drymen und biegt dort Richtung Balmaha ab. Von dort dürfen nur Autos noch einige Kilometer weiter bis zum Weiler Rowardennan fahren, wo die Straße endet. Auf Wanderungen kann man nun die weitere Umgebung entlang des Ufers und den Queen Elizabeth Forest Park erkunden.

Wer Berge liebt, mag den 974 m hohen Ben Lomond erklimmen. Die Wan-

Lieblingsort

Loch Lomond ▶ C/D 8
Theodor Fontane notierte in seinem Reisetagebuch: »Der Loch Lomond ist eine schöne, noble Wasserfläche, und es kommt ihm zu, dass er der König der Seen heißt.« Im Volksmund wird er allerdings Queen of Scottish Lochs genannt. Auch Queen Victoria äußerte sich in den höchsten Tönen über das liebliche Gewässer, dessen »bonnie, bonny banks« in einem Volkslied gepriesen werden. Übrigens: Von den 33 Inseln im See sind nur drei nicht in Privatbesitz!

Entlang des Great Glen

derung beginnt in Rowardennan am Parkplatz des Rowardennan Hotels.

Fahrradtour

Es gibt in der Region zahlreiche Routen, beispielsweise die 15 km lange Radtour entlang des Westufers des Loch Lomonds nach Tarbet. Einen Radverleih gibt es im Loch Lomond Shores Visitor Centre.

Übernachten

Öko-Hotel in traumhafter Lage – **Lodge on Loch Lomond**: Nördlich von Balloch im Weiler Luss, an der Westseite von Loch Lomond, Tel. 01436 86 02 01, www.loch-lomond.co.uk, DZ ab 105 £. Holzhaus-Hotel im skandinavischen Stil, 1992 erbaut und 2004 erweitert, direkt am Ufer des Loch Lomond, 56 Zimmer, alle en suite, einige mit eigener Sauna, wunderschöne Ausblicke, Restaurant, Fitness- und Wellness-Bereich.
Ferien auf dem Bauernhof – **Sheildaig Farm**: am Stoneymollen-Kreisverkehr vor Balloch die dritte Ausfahrt nehmen, ab dort ausgeschildert, Tel. 01389 75 24 59, www.sheildaigfarm.co.uk, DZ ab 60 £. En-suite-Zimmer in einem sehr ansprechenden Farmhouse, 5 Fußminuten vom Loch Lomond entfernt.
Übernachten im Herrenhaus – **Loch Lomond Youth Hostel**: Arden, Tel. 0870 1 55 32 55. Jugendherberge in einem eindrucksvollen viktorianischen Herrenhaus, 3 km nordwestlich zwischen Balloch und dem Weiler Arden direkt am Seeufer und der A 82 gelegen, 153 Betten, Schlafräume mit 4–9 Betten.
Camping – **Lagganbeg Caravan Park**: von Balloch auf der A 811 Richtung Gartocharn, Tel. 01389 83 02 81, www.lagganbeg.co.uk.

Essen & Trinken

Bengalisches Feuer – **The Golden Star Tandoori Restaurant**: 100 Balloch Rd., Tel.01389 72 10 77, 5–10 £. Nach eigenem Bekunden bietet dieses Restaurant feine indische Küche nach authentischen Rezepten.
Preiswerte Snacks – **Corries**: Balloch Rd., Tel. 01389 75 35 52, 2–6 £. Kleines Billigrestaurant.

Einkaufen

Im Loch Lomond Shores Visitor Centre befinden sich verschiedenste Geschäfte. Sie bieten neben Souvenirs auch Schönheitsaccessoires, Porzellan, schottische Glaswaren, Schmuck, Bekleidung, Strickwaren etc. an.

Aktiv & Kreativ

Touren über den See – **Sweeney Cruises**: in Balloch, Tel. 01398 75 23 76, www.sweeney.uk.com.
Fahrt mit dem Schaufelraddampfer – Vom Pier in Balloch startet der 1953 erbaute Schaufelraddampfer Maid of the Loch mehrmals täglich seine Fahrt über den See.
Fahrrad und mehr – **Can you Experience**: im Loch Lomond Shores Visitor Centre, 1 km nördlich von Balloch, Tel. 01398 60 25 76, www.canyouexperience.com. Hier werden alle möglichen Aktivitäten angeboten und auch Fahrräder und Kanus ausgeliehen.

Abends & Nachts

Bechern in der Hundehütte – **The Dog House**: Balloch Rd.; Beliebte Kneipe bei den Locals, mit Biergarten und Live Music während der Saison.

Infos

Tourist Information: The Old Station Building, Balloch Rd., Tel. 01389 75 35 33.
Loch Lomond Shores Visitor Centre: 1 km nördlich von Balloch (ausgeschildert), www.lochlomondshores.com, mit National Park Gateway Centre, das über den Nationalpark informiert.
www.visit-balloch.com: Informative Internetseite mit vielen Anregungen zu Aktivitäten und Hintergrundinformationen.
Bus: Citylink-Verbindung.
Bahn: Zugverbindung von Glasgow.

Die Trossachs ► C/D 7/8

Nicht fehlen bei einem Schottland-Besuch darf eine Fahrt in das nördlich von Glasgow gelegene, wildromantische Trossachs-Gebiet, das Sir Walter Scott mit dem Roman ›The Lady of the Lake‹ (1810, ›Das Mädchen vom See‹) weltbekannt machte. Von Balloch aus führen die A 811 und die A 81 nach Norden Richtung Aberfoyle, im Zentrum der Trossachs gelegen.

Trossachs bedeutet ›hartes, rauhes Land‹, und Anfang des 19. Jh. war die Region noch völlig unzugänglich. Der Clan der MacGregors, der in den einsamen, dicht bewaldeten Tälern und Schluchten herrschte, wusste sein Territorium zu verteidigen – ein idealer Handlungsrahmen für den Historienerzähler Scott. Der Roman ›The Lady of the Lake‹ brach alle Auflagenrekorde, die Leser pilgerten zu Tausenden an den Handlungsort Loch Katrine.

Untrennbar mit den Trossachs verbunden ist der Name Rob Roy, der als schottischer Robin Hood seine Beute mit den Armen teilte. Red Robert MacGregor, ein Viehhändler, machte Anfang des 18. Jh. bankrott und floh vor seinen Gläubigern in die Einsamkeit. Der Duke of Montrose konfiszierte seinen Hof, vertrieb seine Familie und erklärte Rob Roy für vogelfrei. Der Geächtete schlug sich nun raubend durch die Region und wurde so zur Symbolfigur für die Armen.

Callander ► D 8

In Callander, wenige Kilometer nordöstlich von Aberfoyle, informiert das **Rob Roy and Trossachs Visitor Centre** (Ancaster Square, Tel. 01877 33 03 42) sowohl über die Region als auch über das Leben des schottischen Michael Kohlhaas. Im Souvenirladen des Visitor Centres gibt es Mitbringsel und Literatur über die Trossachs.

Loch Katrine ► C/D 8

Etwa 2 km hinter Callander zweigt die A 821 gen Westen ab. Die Fahrt führt vorbei an den Ufern des Loch Venachar zum herrschaftlichen Trossachs Hotel. Dort erreicht man nach wenigen hundert Metern den von bewaldeten Hügeln umgebenen, wunderschön in die Landschaft eingebetteten Loch Katrine.

Vom Trossachs Pier fährt während der Saison täglich um 11 Uhr der im Jahr 1900 in Dienst gestellte Dampfer ›Sir Walter Scott‹ zum Westufer des Sees. Von dort kann man auf einem etwa 23 km langen, sehr einsamen Wanderweg (Verpflegung mitnehmen) entlang des Nordufers wieder zum Pier gelangen. Fußmüde Besucher bringt das Dampfschiff um 12 Uhr zurück zum Ausgangspunkt. Um 13.45 und 15.15 Uhr startet der Steamer eine Seerundfahrt über den Loch Katrine. Vom Loch Katrine ist schnell Glasgow erreicht.

Sprachführer

Allgemeines

guten Morgen	good morning
guten Tag	good afternoon
guten Abend	good evening
auf Wiedersehen	good bye
Entschuldigung	excuse me/sorry
hallo/grüß dich	hello
bitte	you're welcome/ please
danke	thank you
ja/nein	yes/no
Wie bitte?	Pardon?
Wann?	When?
Wie?	How?

Unterwegs

Haltestelle	stop
Bus	bus
Auto	car
Ausfahrt/-gang	exit
Tankstelle	petrol station
Benzin	petrol
rechts	right
links	left
geradeaus	straight ahead/ straight on
Auskunft	information
Telefon	telephone
Postamt	post office
Bahnhof	railway station
Flughafen	airport
Stadtplan	city map
alle Richtungen	all directions
Einbahnstraße	one-way street
Eingang	entrance
geöffnet	open
geschlossen	closed
Kirche	church
Museum	museum
Strand	beach
Brücke	bridge
Platz	place/square
Schnellstraße	dual carriageway
Autobahn	motorway
einspurige Straße	single track road

Zeit

3 Uhr (morgens)	3 a.m.
15 Uhr (nachmittags)	3 p.m.
Stunde	hour
Tag/Woche	day/week
Monat	month
Jahr	year
heute	today
gestern	yesterday
morgen	tomorrow
morgens	in the morning
mittags	at noon
abends	in the evening
früh	early
spät	late
Montag	Monday
Dienstag	Tuesday
Mittwoch	Wednesday
Donnerstag	Thursday
Freitag	Friday
Samstag	Saturday
Sonntag	Sunday
Feiertag	public holiday
Winter	winter
Frühling	spring
Sommer	summer
Herbst	autumn

Notfall

Hilfe!	Help!
Polizei	police
Arzt	doctor
Zahnarzt	dentist
Apotheke	pharmacy
Krankenhaus	hospital
Unfall	accident
Schmerzen	pain
Panne	breakdown
Rettungswagen	ambulance
Notfall	emergency

Übernachten

Hotel	hotel
Pension	guesthouse
Einzelzimmer	single room

Doppelzimmer	double room	teuer	expensive
mit zwei Betten	with twin beds	billig	cheap
mit/ohne Bad	with/without bathroom	Größe	size
mit WC	ensuite	bezahlen	to pay
Toilette	toilet		
Dusche	shower		
mit Frühstück	with breakfast		
Halbpension	half board		
Gepäck	luggage		
Rechnung	bill		

Zahlen

1	one	17	seventeen
2	two	18	eighteen
3	three	19	nineteen
4	four	20	twenty
5	five	21	twenty-one
6	six	30	thirty
7	seven	40	fourty
8	eight	50	fifty
9	nine	60	sixty
10	ten	70	seventy
11	eleven	80	eighty
12	twelve	90	ninety
13	thirteen	100	one hundred
14	fourteen	150	one hundred and fifty
15	fifteen		
16	sixteen	1000	a thousand

Einkaufen

Geschäft	shop
Markt	market
Kreditkarte	credit card
Geld	money
Geldautomat	cash machine
Bäckerei	bakery
Metzgerei	butchery
Lebensmittel	food
Drogerie	chemist's

Die wichtigsten Sätze

Allgemeines

Sprechen Sie Deutsch?	Do you speak German?
Ich verstehe nicht.	I do not understand.
Ich spreche kein Englisch.	I do not speak English.
Ich heiße …	My name is …
Wie heißt Du/ heißen Sie?	What's your name?
Wie geht's?	How are you?
Danke, gut.	Thanks, fine.
Wie viel Uhr ist es?	What's the time?
Bis bald (später).	See you soon (later).

Unterwegs

Wie komme ich zu/nach …?	How do I get to …?
Wo ist bitte …	Sorry, where is …?
Könnten Sie mir bitte … zeigen?	Could you please show me …?

Notfall

Können Sie mir bitte helfen?	Could you please help me?
Ich brauche einen Arzt.	I need a doctor.
Hier tut es weh.	Here I feel pain.

Übernachten

Haben Sie ein freies Zimmer?	Do you have any vacancies?
Wie viel kostet das Zimmer pro Nacht?	How much is a room per night?
Ich habe ein Zimmer bestellt.	I have booked a room.

Einkaufen

Wie viel kostet …?	How much is…?
Ich brauche …	I need …
Wann öffnet / schließt …?	When does … open/ … close?

Kulinarisches Lexikon

Zubereitung

baked	im Ofen gebacken
broiled/grilled	gegrillt
deep fried	frittiert (meist paniert) gebraten)
fried	in Fett gebacken, oft paniert
hot	scharf
rare/medium rare	blutig/rosa
steamed	gedämpft
stuffed	gefüllt
well done	durch

Frühstück

bacon	Schinken
boiled egg	hart gekochtes Ei
cereals	Getreideflocken
(Full) English Breakfast	englisches Frühstück
eggs (sunny side up/ over easy)	Spiegeleier (Eigelb nach oben/beidseitig)
jam	Marmelade (alle außer Orangenmarmelade)
marmalade	(ausschließlich) Orangenmarmelade
scrambled eggs	Rührei

Fisch und Meeresfrüchte

bass	Barsch
clam chowder	Venusmuschelsuppe
cod	Kabeljau
crab	Krebs/Krabbe
flounder	Flunder
haddock	Schellfisch
halibut	Heilbutt
prawn	Garnele
lobster	Hummer
mussel	Miesmuschel
oyster	Auster
prawn	Riesengarnele
salmon	Lachs
scallop	Jakobsmuschel
shellfish	Schalentiere
shrimp	Krabbe
sole	Seezunge
swordfish	Schwertfisch
trout	Forelle
tuna	Thunfisch

Fleisch und Geflügel

bacon	Frühstücksspeck
beef	Rindfleisch
chicken	Hähnchen
drumstick	Hähnchenkeule
duck	Ente
ground beef	Hackfleisch vom Rind
ham	Schinken
meatloaf	Hackbraten
porc chop	Schweinekotelett
prime rib	saftige Rinderbratenscheibe
roast goose	Gänsebraten
sausage	Würstchen
spare ribs	Rippchen
turkey	Truthahn
veal	Kalbfleisch
venison	Reh bzw. Hirsch
wild boar	Wildschwein

Gemüse und Beilagen

bean	Bohne
cabbage	Kohl
carrot	Karotte
cauliflower	Blumenkohl
cucumber	Gurke
aubergine	Aubergine
chips	Pommes frites
garlic	Knoblauch
lentil	Linse
lettuce	Kopfsalat
mushroom	Pilz
pepper	Paprikaschote
peas	Erbsen
potatoe	Kartoffel
fried potatoes	Bratkartoffeln
squash/pumpkin	Kürbis
sweet corn	Mais
onion	Zwiebel
pickle	Essiggurke

Obst

apple	Apfel
apricot	Aprikose
blackberry	Brombeere
cherry	Kirsche
fig	Feige
grape	Weintraube
lemon	Zitrone
melon	Honigmelone
orange	Orange
peach	Pfirsich
pear	Birne
pineapple	Ananas
plum	Pflaume
rasberry	Himbeere
rhubarb	Rhabarber
strawberry	Erdbeere

Käse

cheddar	kräftiger Käse
cottage cheese	Hüttenkäse
goat's cheese	Ziegenkäse
curd	Quark

Nachspeisen und Gebäck

brownie	Schokoplätzchen
cinnamon roll	Zimtschnecke

french toast	Toast in Ei gebacken
maple sirup	Ahornsirup
muffin	Rührteiggebäck
pancake	Pfannkuchen
pastries	Gebäck
sundae	Eisbecher
waffle	Waffel
whipped cream	Schlagsahne

Getränke

beer (on tap/draught)	Bier (vom Fass)
brandy	Kognac
coffee	Kaffee
(decaffeinated/decaf)	(entkoffeiniert)
lemonade	Limonade
icecube	Eiswürfel
iced tea	gekühlter Tee
juice	Saft
light beer	alkoholarmes Bier
liquor	Spirituosen
milk	Milch
mineral water	Mineralwasser
red/white wine	Rot-/Weißwein
shandy	Alterwasser/Radler
soda water	Selterswasser
sparkling wine	Sekt
tea	Tee

Im Restaurant

Ich möchte einen Tisch reservieren.	I would like to book a table.
Bitte warten Sie, bis Ihnen ein Tisch zugewiesen wird.	Please wait to be seated.
Essen nach Belieben zum Einheitspreis	all you can eat
Die Speisekarte, bitte.	The menu, please.
Weinkarte	wine list
Die Rechnung, bitte.	The bill, please.
Frühstück	breakfast
Mittagessen	lunch
Abendessen	dinner
Vorspeise	appetizer/starter
Suppe	soup
Hauptgericht	main course
Nachspeise	dessert
Beilagen	side dishes
Tagesgericht	meal of the day
Gedeck	cover
Messer	knife
Gabel	fork
Löffel	spoon
Glas	glass
Flasche	bottle
Salz/Pfeffer	salt/pepper
Zucker/Süßstoff	sugar/sweetener
Kellner/Kellnerin	waiter/waitress
Trinkgeld	tip
Wo sind die Toiletten?	Where are the toilets please?

Register

Abbotsford House 137
Aberdeen 203ff.
  – Art Gallery & Museum 205
  – James Dunn's House 205
  – Marischal College 205
  – Maritime Museum 205
  – Old Town House 205
  – Provost Skene's House 205
  – Satrosphere 206
  – Abernethy 202
Achiltibuie 243
Achnasheen 215
Adam, Robert 123
Adam, William 133
Agricola 40
Ailsa Craig 147
Albert von Sachsen-Coburg 43, 109, 184
Alexander II., König 40
Alexander III., König 41, 129
Alloway 138f.
Andreas, Heiliger 192
Angeln 28
Anreise 20f.
Aomach Mor 261
Apotheken 31
Ardvreck Castle 243
Arisaig 265
Ärzte 31
Auto 20f.
Autonomie 44ff.
Aviemore 169f.
Ayr 148f.

Bad Bea 253
Bahn 21, 22
Balado 192
Ballachulish 267
Ballater 184ff.
Balloch 274ff.
Balmoral Castle 43, 178, **184**
Bannockburn 41, 150, **157f.**
Bealach-na Bo 232
Beaton, David, Kardinal 193
Beauly 68, **214**
Beinn Dearg 237f.
Beinn Eighe 233
Bellanoch 272
Ben Lawers 163
Ben Nevis 260, **261**
Ben Vrackie 163

Ben Wyvis 215
Bettyhill 247
Blair Atholl 19, 61, **165ff.**
  – Atholl Estates 162
  – Blair Castle 168
Blair, Tony 47
Bonnie Prince Charlie (Prinz Charles Edward Stuart) **42**, 210, 264, 265
Boreraig 50, **225**
  – MacCrimmon Piping Heritage Centre 50, **225**
Boswell, James 223
Bothwell, Lord 67, 191
Botschaften 31
Braemar **58**, 61, **178ff.**
  – Braemar Castle179
  – Braemar Royal Highland Gathering 58
Braveheart 157
Brechin 202
Brodie, William 89
Brora 254
Bruce, George 199
Bruce, Robert (König Robert I.) 41, 87, 135, 154, 157f., 190f.
Brusey, Gregory 63
Burke, William 89
Burns, Robert 57, 85, 92, 109, 128, 138ff., 142, 148, 181, 183
Bus 21, 22

Cairngorm Mountains 178
Cairnwell 178
Caledonian Canal 259, 261, 264
Callander 279
Camping 25
Cape Wrath 245
Cardu Distillery 181
Carlyle, Thomas 141
Carnegie, Andrew 191
Carrbridge 19, **170**
Cäsar, Julius 40
Castle Kennedy Gardens 145
Castle Stalker 267
Castlehill 250
Cawdor Castle 172, **209**
Charles, Prinz 163
Churchill, Winston 172

Claverhouse, John Graham of 165
Columban, Abt 62, 171, 269
Connery, Sean 46
Craig Choinich 58
Crathie 178
Crinan 272
Cromwell, Oliver 42, 81, 87, 203
Culloden **42**, 49, 50, 172, 264
Culloden Moor 210f.
Culross 192ff.
Culzean Castle 18, **147f.**
Cumberland, Herzog von 210
Cupar 192

Dali 92
Dallad Dhu Historic Distillery 181
Darnley, Lord 67
David I., König 40, 108, 113, 129, 133, 135, 153, 190
Dewar, Donald 46
Dinsdale, Tim 63
Diplomatische Vertretungen 31f.
Dornoch 19, **254f.**
Drumlanrig Castle 18, **144f.**
Drumochter, Pass of 169
Dryburgh Abbey 134f.
Dudelsack 50
Dufftown 186
Duke of Argyll 270, 273
Duke of Atholl 168
Dumfries 18, **142ff.**
Dunbeath 253
Duncan 40, 201, 209, 270
Dundee 201
Dunfermline 190f.
Dunkeld 162
Dunnottar Castle 202f.
Dunrobin Castle 230, **254**
Dunvegan Castle 212, 214
Dürer 116
Durness 19, 244

Edinburgh 18, 47, 53, **78ff.**
  – Arthur's Seat 93, 102
  – Book Festival 53
  – Calton Hill 94
  – Canongate Church 92

284

Register

- Canongate Tolbooth 92
- Dean Gallery 92
- Edinburgh Castle 68, 81, **86ff.**
- Film Festival 53
- Fringe Festival 53
- Gladstone's Land 85
- Grassmarket 85
- High Kirk of St. Giles 91, 102
- Holyrood Palace 68, 81, 92, 93
- Holyrood-Park 93
- John Knox's House 91
- Kultur Festival **53f.**, 80
- Lady Stair's House 57, 85
- Museum of Childhood 91
- Museum of Edinburgh 91
- Museum of Scotland 89
- Museum The People's Story 92
- National Gallery of Scotland 85
- Outlook Tower 85
- Parlament 47
- Parliament House 91
- Princes Street 81
- Royal Mile 89
- Royal Museum of Scotland 89
- Royal Scottish Academy 84
- Royal Yacht Britannia 92
- Scott Monument 84
- Scottish National Gallery of Modern Art 92
- Scottish National Library 89
- Scottish National Portrait Gallery 92
- Scottish Whisky Heritage 85
- Waverley Shopping Centre 84
- Waverley Bridge Shopping Centre 80

Eduard I., König 41, 87, 159
Eduard II., König 87, 135
Eduard III., König 205
Edward I., König 157
Edwin, König von Northumberland 80
Eigg 265

Eilean Donan Castle 213, **216f.**
Elektrizität 32
Elgin 208
Elgin Cathedral 208
Elisabeth I., Königin 42, **66ff.**
Elisabeth II., Königin 43, 47, 159, 178, 202
Erich III., Magnusson von Norwegen 41
Essen 26

Fähre 20, 23
Fahrrad 23, 28
Falkirk 41
Falkland Palace 191
Falls of Measach 237
Falls of Shin 255
Ferguson 116
Ferguson, Robert 92
Ferienhäuser 25
Feste 30
Finnlaech, Feldherr 40
Fischerei 72
Floors Castle 133
Fontane 201
Forres 209
Fort Augustus 19, 63, **258ff.**
Fort George 172, **210**
Fort William 19, 174, **260f.**
- West Highland Museum 257, **261**
Fraser, Sir Hugh 270
Fremdenverkehrsämter 14

Gairloch 233
- Gairloch Heritage Museum 231, **233**
Garve 19, **215**
Geld 32
Georg II., König 210
Giacometti 92
Gibson, Mel 157
Girvan 146f.
Gladstone, William 109
Glamis 201f.
- Glamis Castle 201
Glasgow 18, 69, **106ff.**,
- Art Gallery and Museum Kelvingrove 116
- Art Lover's House 119
- Burrell Collection 117

- Gallery of Modern Art 109
- George Square 109
- Glasgow Cathedral 108, 113
- Hill House 119
- Hunterian Museum 116
- Hutcheson's Hall 113
- Martyrs Public School 119
- Museum of Education 119
- Princess Square Shopping Centre 109
- Provond's Lordship 116
- St. Enoch Shopping Centre 109
- St. Mungo Museum of Religious Life and Art 116
- Tenement House 116
- The Lighthouse, Centre for Architecture, Design and the City 119
- The People's Palace 113, 115
- Tolbooth Steeple 113
- Transport Museum 116
- Trongate 113
Glen Grant Distillery 181
Glen Moray Distillery 181
Glen Muick 184
Glen Torridon 232
Glencoe Village 267
Glenfiddich Distillery 181
Glenfinnan Monument 264
Glenfinnan Viaduct 261
Glenlivet Distillery 181
Glenluce Abbey 145
Glenshee 178
Golf 28
Gray, Hugh 63
Great Glen 64, **212ff.**
Gretna Green 128
Guest Houses 24

Hadrian, Kaiser 40
Halbinsel Fife 190
Handa 230, **240ff.**
Harald III., norwegischer König 224
Hebriden 268
Heinrich II., König 40

285

Register

Heinrich VII., König 41
Heinrich VIII., König 42, 80
Helmsdale 19, **253f.**
Heston, Charlton 173
Highland Games 58ff.
Hill o' Many Stones 253
Hogg, James 141
Holyrood Palace 80
Hopetoun House 150, 153
Hotels 24
Hunter, William 116

Informationsquellen 14
Inveraray 273f.
Inverewe Gardens 230, **234f.**
Inverness 19, **170ff.**, 187, 244
– Abertarff House 172
– Inverness Museum & Gallery 172
– Town House 172
Iona 190, **269f.**
Isle of Skye 19, 212, **219ff.**, 265
– Armadale 225
– Boreraig 225
– Museum of Island Life **222f.**, 224
– Trotternish-Halbinsel 220
– Waternish-Halbinsel 224
Jakob I., König 153
Jakob II., König 87, 133
Jakob III., König 133
Jakob IV., König 41, 42, 153
Jakob V., König 66, 91, 153, 191
Jakob VI. (Jakob I.), König 42, 67, 80, 87f., 153, 199
Jakob VII., König 165, 210
Jedburgh 18, 68, **129ff.**
– Jedburgh Abbey 129
– Maria-Stuart-House 68, **129f.**
John O'Groats 252
Johnson, Dr. Samuel 223
Jugendherbergen 25

Kap Dunnet Head 250, 252
Karl I., König 42, 81, 191
Karl II., König 42, 91, 92
Karten 29
Keith 186

Kelso 18, **132ff.**
– Kelso Abbey 133
Kilmartin 272f.
Kilt 48f.
Kincraig 169
Kingussie 19, 169
Kinlochewe 233
– Beinn Eighe National Nature Reserve 233
Kinlochleven 267
Kinneff 203
Kinross 191
Kirkoswald 147
Klima 16
Knox, John 42, 91, 109, 193
Kyle of Lochalsh 19, **218**

Langer, Bernhard 195
Leighton, Bischof 199
Lewis 237
Liathach 233
Linlithgow 153
– Linlithgow Palace 66, 153
Loch a Chairn Bhain 244
Loch Assynt 243
Loch Broom 237
Loch Carron 215, **232f.**
Loch Eil 264, 265
Loch Fyne 274
Loch Glencoul 244
Eas a Chual Aluinn Fall 244
Loch Katrine 279
Loch Leven 191, 267
Loch Leven Castle 191
Loch Linnhe 174, 260, 264, 267
Loch Lochy 174, 259, 260
Loch Lomond 274ff., 277
Loch Luichart 215
Loch Maree 233
Loch Muick 184
Loch Ness 19, **62ff.**, 63, 64, 174, 256, 258, 259
– Drumnadrochit 64, 258
– Loch Ness Exhibition Centre 64
Loch of the Lowes 162
Loch Oich 259
Loch Ordie 162
Loch Rannoch 163
Loch Shiel 264
Loch Tay 163
Loch Tummel 166

Loch Venachar 279
Lochgilphead 273
Lochinver 243
Lochnagar 184
Lockhart, John Gibson 134
Lorimer, Robert 91

MacAlpin, Kenneth, König 40, 159, 270
Macbeth 40, 171, 190, 201, 209, 270
MacCaig 268
MacDonald 267
MacDonald of Glanaladale 264
MacDonald, Flora 172, 211, 224
MacDonald, Gorm 216
MacDonald, Margaret 120
MacGowan, Dr. Christopher 65
Mackay, General 165
Mackenzie, Osgood 235
Mackintosh, Charles Rennie **118ff.**
MacLehose, Agnes 92
MacNairn, Herbert 120
MacRea, Duncan 216
MacTaggert 116
Madonna 173
Magritte 92
Major, John 46
Malcolm II., König 40
Malcolm III., König 40, 58, 87, 190
Malcolm IV., König 129
Mallaig 264, 265
Malt Whisky Trail 180ff.
Margaret, Königin 87, 190
Margaret, Prinzessin 202
Margarete, Königin 41, 153
Maria Stuart 42, **66ff.**, 88, 92, 132, 153, 154, 191, 214
Marx, Karl 254
Maßeinheiten 33
Matisse 92
Max Ernst 92
McKelvey, William 46
Medien 33
Melrose 18, **135ff.**
– Melrose Abbey 50, 135, 191

286

Register

Melvich 247
Mietwagen 21
Miralles, Enric 47
Miró 92
Moffat Water Valley 137
Mondrian 92
Muck 265
Mull 268
Mungo, Heiliger 108, 116, 199
Murdoch, Rupert 44
Murray, Lord 210

New Lanark 18, **130f.**
Notruf 33

Oban 19, **267ff.**
– MacCaig's Tower 268
Öffnungszeiten 33
Öl 73
Orkney 174
Owen, Robert 130, 131

Park, Mungo 141
Pass of Killiecrankie 165
Peebles 142
Perth 19, 41, **159ff.**
Picasso 92
Pitlochry 19, **163ff.**
Playfair, William 84, 133
Poolewe 234
Portree 220
Post 34

Queen Mum 201
Queen's View 166

Raasay 220, 229
Randolph, Sir Thomas 87
Reisekosten 34
Reisezeit 17
Reiten 29
Rembrandt 116
Rennie, Sir John 132
Rhum 265
Riccio, David 67
Richard II., König 135
Road to the Isles 257, 261, **264f.**
Rob Roy, eigentlich MacGregor, Red Robert 279

Robert Burns Heritage Park 18
Robertson, Malcolm 178
Rogie Falls 215
Rona 229
Roslin 141f.
– Roslin Chapel 50, **141f.**
Rotwild 74f.
Rubens 116
Rundreisen 18f.

Scalpay 220
Schiehallion 163, 166
Schopenhauer, Johanna 49
Scone 40
Scone Palace 159
Scott, Robert 201
Scott, Sir Walter **55ff.**, 84, 88, 109, 132, 134, 135, 137, 141, 279
Scott's View 134
Scrabster 250
Sea Life Centre 267
Selkirk 141
Shakespeare 54, 201, 209
Shieldaig 232
Sicherheit 34
Smith, Adam 92
Smoo Cave 245
Sondertarife 22
South Queensferry **152**, 190
Souvenirs 34
Spartipps 34
Speyside Cooperage 181
St. Andrews 41, **195ff.**
– Golf Museum 196
– Kathedrale 196
– Royal and Ancient Golf Club 199
– Sea Life Centre 196
– St. Andrews Castle 196
St. Mary's Loch 137, 141
Stacks of Duncansby 252
Staffa 268f.
Stevenson, Robert Louis **55ff.**, 89, 91, 141, 178
Stewart, Alexander 208
Stewart, Robert, König 41
Stirling 19, 154ff.
Scone Palace 151f.
Stirling Castle 68, **151**, 154
Stonehaven 202
Stranraer 145

Strathisla-Brennerei 181, 186
Strathpeffer 214
Stromeferry 216
Summer Isles 231
Sutherland, Scott 260

Tarbert 274
Taxi 23
Telefon 35
Telford, Thomas 162, 171, 259
Thatcher, Maggie 45
Threave Garden & Castle 145
Thurso 19, **247ff.**
Tiere 20
Tongue 247f.
Torridon 233
Torridon Hills 233
Tossing the Caber 60
Treshnish Isle 272
Trinken 26
Trinkgeld 35
Trossachs 279

Uig 224
Ullapool 19, 230, 237
Unterhaltung 30
Urquhart Castle 258

Verkehrsmittel 20
Viktoria, Königin 43, 58, 109, 163, 168, 184

Wallace Monument 150, **157f.**
Wallace, William 41, **157**
Walsingham, Sir Francis 68
Wandern 29
Wanlockhead 142
Watt, James 109, 259
Wellness 29
Westlife 101
Whisky **27**, 71, 72, **180ff.**
Wick 19, 253
Wilhelm I., König 40, 41
Wilhelm von Oranien 165
Wirtschaft 71
Woods, Tiger 195

Zeit 35
Zollbestimmungen 20

Abbildungsnachweis/Impressum

Abbildungsnachweis

Bildagentur Huber, Garmisch-Partenkirchen: Titelbild (Sirmione, G.)
Bilderberg, Hamburg: S. 28, 36/37, 72/73 (Fuchs, W.), 69, 106 re. (Zielske, H. & D.),
dpa Picture-Alliance: S. 262/263 (Campbell, L.), 104, 212 li., 219 (Cheskin, D.), 10 o. li., 78 re., 86, 94/95 (Huber/Giovanni), 158 (Milligan, A.), 103 (Reents, S.), 231 re., 240 (Williams),
F1 online, Frankfurt/Main: S. 126 re., 135 (AGE), 106 li., 112 (Bowman, C.), 81 (Dominguez, A.), 129 (Gingnagel, R.), 66 (Pixtal)
Getty, München: S. 189 li., 192 (Denholm, G.), 47 (Furlong, C.), 62/63 (Kristof, E.), 52, 79 li., 180 (Mitchell, J.), 65 (Stoddart, T.)
Hackenberg, R., Köln: S. 169, 150 li., 151 li.
HB Verlag, Ostfildern: S. 71, 147 (Modrow, J.)
istockphoto.de: Umschlagklappe vorn (Hepburn, C.)
Laif, Köln: S. 256 li., 274/275 (Amme, M.), 17 (Hemispheres), 90 (Hirsch, E.), 187 (Hoa-qui), 48 (Kirchgessner, M.), 54, 55, 60, 124/125, 126 li., 138, 168, 170/171, 188 re.,

202/203, 212 re., 221, 226/227, 229, 230 li., 238, 246, 250, 266, 269, 270 (Krinitz, H.), 10 o. re., 23, 44/45, 98/99 (Modrow, J.), 188 li., 208 (Polaris) 9, 51, 78 li., 93, 100, 197, (Raach, K. H.), 256 re., 259 (Specht), 11 u. re., 257 li., 276/277 (TCS)
Look, München: S. 11 o. re., 59, 74, 96/97, 150 re., 166/167, 177 li., 183, 198 (age fotostock), 12/13 (van Dierendonck, B.), 11 u. li., 18, 35, 230 re., 248/249 (Johaentges, K.), 173 (Pompe, I.), 10 u. re., 213 li., 217 (Terra Vista), 156 (Wohner, H.)
Mauritius Images, Mittenwald: S. 155
Lyons, D., Loughrigg: S. 107 li., 117, 168, 176 re., 184/185, 211, 244, 255, Umschlagrückseite
Poling, A., Asendorf: S. 10 u. li., 11 o. li., 114/115, 118, 130, 127 li., 140, 175, 176 li., 222, 234
Semsek, Hans Günter, Köln: S. 8
Tschirner, S., Niederkassel-Rheidt: S. 242
White Star, Hamburg: S. 76/77 (Hackenberg, R.)

Kartografie

DuMont Reisekartografie, Fürstenfeldbruck
© DuMont Reiseverlag, Ostfildern

Umschlagfotos

Titelbild: Kilchurn Castle und Loch Awe
Umschlagklappe vorn: Blick auf Edinburgh

Hinweis: Autor und Verlag haben alle Informationen mit größtmöglicher Sorgfalt geprüft. Gleichwohl sind Fehler nicht vollständig auszuschließen. Alle Angaben erfolgen ohne Gewähr. Bitte, schreiben Sie uns! Über Ihre Rückmeldung zum Buch und über Verbesserungsvorschläge freuen sich Autor und Verlag: **DuMont Reiseverlag,** Postfach 3151, 73751 Ostfildern, info@dumontreise.de, www.dumontreise.de

1. Auflage 2009
© DuMont Reiseverlag, Ostfildern
Alle Rechte vorbehalten
Grafisches Konzept: Groschwitz, Hamburg
Druck: Sommer C. M., Ostfildern